旅はバンコクから始まった（タイ）

最初は見るものすべてが新鮮だった(カンボジア)

れっきとした新婚旅行なのです!(ベトナム)

大陸の東端で26歳になった（上海・中国）

羽目を外してばかり（麗江・中国）

言葉が通じずとも、気持ちは通じる？（ウイグル）

行きたいところを行き尽くしたい!(チベット)

節操なく山に登るし、海でも遊ぶ(ネパール)

アジアの居心地の良さに魅了される(ネパー

結構ミーハーな旅人なのだと自覚(エローラ・インド)

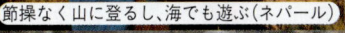

世界は広い！　驚きと発見の連続なのだ（ケニア）

次第に日常化してくる旅（タンザニア）

旅をしているとつい童心に返る（タンザニア）

びびりながらも、行ってみて肌で感じたアフリカの真心(ジンバブエ)

楽しむときは全力で楽しむべし？(ビクトリアの滝・ザンビア)

いい意味でトラウマになりそうな絶景に出合えて感謝（ナミブ砂漠・ナミビア）

地を這うような陸路の旅だからこその感動がある（喜望峰・南アフリカ）

世界一周デート
怒濤のアジア・アフリカ編

吉田友和　松岡絵里

幻冬舎文庫

世界一周デート

怒濤のアジア・アフリカ編

吉田友和・松岡絵里

本文イラスト　たかしまてつを

もくじ

はじめに

eri

「新婚旅行は世界一周にしよう！」

「そうしよう！」と盛り上がったのは、深夜の東京、とあるカフェでのこと。

大学時代の友人だった私たちだが、大学を卒業してからはしばらく疎遠な日々が続いていた。それが、「久々にみんなで飲みましょうよ」と友人に声をかけられたのが運のツキ。気がついたら、再会したその日のうちに付き合うことになっていた。

その後、私たちは付き合ってからたった二ヶ月のうちに結婚することを決め、新婚旅行は世界一周にしようと決め、だったら会社も辞めるしかないと決めた。

「よくそんな思いきった決断ができたよね？」

旅立つ前も、旅の途中も、よく言われたことだ。確かに自分たちでもいまになって考えると、よくもまあ無謀な決断を、という気がする。

しかも当時トモちゃんは一度も海外旅行に行ったことがなかった。

「……というわけで結婚して仕事を辞めて世界一周旅行に出ようと思ってるんだ」

近しい友人に話すと、

「もうちょっと付き合って、一度ぐらい一緒に海外旅行に行ってからにしたら？」

と神妙な面持《おもも》ちでたしなめられた。いや、本当に真っ当なアドバイスだ。私たちがもし逆の立場だったら、同じようなアドバイスをすると思う。

けれども不安はまったくなかったと言うとウソになるが、私たちは人生に関わる大きな決断をした割には楽天的だった。

「なんとかなるよ」

「やればできるよ」

「いましかないよ」

当時の口ぐせである。そして私たち自身、その言葉を心の底から信じていた。付き合ってたった二ヶ月、「恋は盲目」というが、そのときの私たちは確かに周りは見えていなかった。恋のパワーは恐ろしい。

浮き足立っていた私たちの、その後の展開は早かった。お互い決意は固まっていたものの、貯金はわずか。とりあえず旅行資金を貯めるために、未来の夫は妻となる私の実家に早々と引っ越し、結婚前からマスオさん生活に入った。

それまで「宵越しの金は持たないぜ！」とお金はあればあるだけ使っていた私たちだったが、それからは生活を百八十度変え、とにかくセコくつましい生活を送り、ひたすら貯金に励んでいた。それと並行して結婚式の準備やら何やら、とにかく旅立ちまでの期間は目が回るほど忙しかったのを覚えている。

あれこれリサーチした結果、どうやら世界一周旅行は最低でも一年ぐらい見ておいた方がいいらしい、軍資金は一人二百万、二人で四百万、バックパックを背負って安宿を渡り歩く貧乏旅行スタイルなら、なんとか一年ぐらい行けそうだ、結婚式は六月でその直後に旅に出る——と具体的な目標が見え始めてきた。

目標がクリアになってきた私たちは、とにかく毎晩そのことについて話し合い、それに向かって猪も真っ青の勢いで進んでいった。そして付き合い出して七ヶ月目でとうとう結婚式を挙げ、その二週間後に世界一周旅行に旅立ったのだ。

「……で、これからどうする？」

旅のスタート地点であるバンコクに着いたとき、私たちは初めて事の重大さを悟った。とにかく結婚して世界一周新婚旅行に出るのだ！　というのを目標に突っ走っていたので、その後のことを現実問題としてシリアスに考えていなかったのだ。おずおずと周囲を見渡せば、そこは外国。手元にあるのはパスポートとバックパックの中の荷物一式、それから怒濤《どとう》の貯金生活で貯めた四百万円の軍資金だけ。

うーむ、本当にどうしよう……そのとき初めて私たちの中に「不安」という感情が浮かんできた。

「でもまあ、なんとかなるよ」

出発までの七ヶ月間、耳にタコができるほど繰り返してきた言葉をつぶやきながら、私たちはずっしりと重いバックパックを背負ってバンコクの街へ繰り出した。

この本はその後六百七日に及ぶ私たちの旅の記録だ。

東南アジア

2002年 7 月 5 日～ 8 月 8 日

ゴー・ゴー・バンコク！★出発前夜

eri

「どこから行くの？」

新婚旅行は世界一周という無謀な計画を話すと、まず相手は絶句し、それからしばらくすると漠然とこんな質問をしてくる。

その質問に対して、「バンコクから入って、ラオス、カンボジア、ベトナムに行ってそれから中国へ行って、それからね……」と真剣に説明すると、「そっかぁ……」と、なぜか相手の言葉尻は失速してしまう。

恐らくそのとき計画を話した相手の多くが、世界一周旅行という夢物語のような話に、いまいち現実感が持てなかったのだろう。

そもそもなぜ新婚旅行を世界一周にしたのか。

——勢い。そう答えるしかない。

ましてやなぜ旅の出発地をバンコクにしたのか？　と問われると、「なんとなく」という答えしか出てこないのだ。

出発前に調べた結果、貧乏旅行の定番ルートとしては船で釜山《プサン》、上海《シャンハイ》などに上陸するケースが多いようだった。ほかにも沖縄から台湾へのルートもある。船旅は正直魅力的に思えた。

けれど、なんといっても晴れて夫となるトモちゃんにとっては初めての海外旅行だ。「もうイヤだっ！」と初日から泣きべそをかいたりしたら可哀想なので、近場で、それもあまりハードではないところから旅を始めたかった。

それには、辺境の地よりもある程度文化の進んだところ。

そして何よりも「外国に来たんだ！」と高揚できる個性のある街。

そんな選択肢の中から選んだのはバックパッカーには定番の地、バンコクだった。

私自身、それまでも最も多く行っていた街だった。バンコクの、なんとも言えないパワフルさと、どことなく漂う猥雑な感じが好きだ。

実際のところ街には風俗を生業《なりわい》とするお店も多いし、渋滞も多いし、街もうるさいし、空気も悪いし、と辟易《へきえき》することもあるけれど、それでもバンコクは憎めない。

そもそも、私が「もっといろいろな世界を見てみたい」と思ったのは、大学生のときにバックパッカーとして最初に訪れたタイが、あまりに良かったからではないかと思っている。

タイ語のエキゾチックな響きが好きだし、「マイペンライ」（大丈夫の意）で済まされるタイ人のおおらかさ、ガードの低さも性に合う。

そんなことを考えていたら、世界一周旅行の初めの一歩をバンコクにしたのは、夫のことを考えた選択ではなく、結局自分が行きたい場所なのね、というのが分かった。

まずはウィークエンド・マーケット（バンコク郊外で開かれる週末だけの大型市場）に行ってタイ飯を食らい、それからムエタイを観にいって、タイマッサージを受け……考えているだけでニヤニヤしてしまう、出発直前の夜だった。

eri

十年後のコメント

その後、「旅はタイに始まりタイに終わる」というのは我が家の格言になった。ネパールに行くとき、ミャンマーに行くとき、ブータンに行くとき、その前後でバンコクで乗り換え、かの地に留《とど》まった。

そのときも、そしていまも、海外の街でいちばん多く訪れているのはバンコクだ。世界一周のスタート地点に選んだのは、何かの縁だったんだろうなあ。

成田エクスプレスはみどりの窓口で★日本

tomo

七月五日。いよいよ出発の日がやってきた。

遠足の前の日などは興奮のあまりなかなか寝つけなかったりするタチの僕だけれど、昨夜は違う理由で一睡もできなかった。旅の準備をしていたのだ。

ちょっとした小旅行なら大した準備は必要ないが、今回は一年がかりの大旅行。持って行くものはそれなりにあるし、事前にやらなければならないこともかなり多い。

それに、結婚、退職と旅以外にもビッグイベントが立て続いたため、休まる暇がなかった。この期《ご》に及んで買い忘れていたものが発覚し、ドン・キホーテまで買いに走ったのは昨夜二時、ほんの数時間前のできごとだ。もともと雑誌編集の仕事をしていた僕は、締切直前のあの殺人的な慌ただしさが脳裏をよぎった。

そういえば、一昨日《おととい》の夜もほとんど寝ていない。一昨々日《さきおととい》もだ。

人間、あまりにも寝ていないと、体力的に厳しいうんぬんに加え、精神的にも滅入ってくる。朝方、人懐っこく僕に近寄ってきた我が家の愛猫を邪険に扱ってしまった。これから一年もの長い間会えなくなるというのに……。我ながら、大人げない。

バタバタしながらも、なんとか荷物をまとめ終わり、自宅を出たのは朝七時半頃だった。モロに通勤ラッシュの時間である。

パンパンに詰まった巨大なバックパックを背負い、ぎゅうぎゅうに混雑した電車に乗り込むのは苦行だった。ほかの乗客にも迷惑だろうし。

新宿駅までの二十分は辛抱を強《し》いられた。時間以上に長く感じられた。

まあでも、こんなことでめげていたら、世界一周なんてできっこない――そう自分に言い聞かせた。

成田空港への行き方は何通りかある。この日僕たちが選んだのは、新宿から成田エクスプレスで向かう方法だ。というより、出遅れたせいで、成田エクスプレスしか選択手段がなかったと言った方が正しい。

八時三分新宿発――これに乗らないと、時間的に厳しい。

しかし新宿駅に着いたのは八時ほんの少し前だった。かなりぎりぎりである。間に

バックパックは、45リットルサイズの同じものを色違いで。

合うだろうか。出発早々、ピンチを迎えた。

近くにいた駅員を捕まえ、僕たちは訊《き》いた。

「成田エクスプレスの切符はホームで買えますか？」

「ホームでは買えないですねえ。みどりの窓口へ行って下さい」

そんなあ……。みどりの窓口まで行っていたら、百パーセント間に合わない。

「もう仕方ないよ。このままシレッと乗っちゃおう」

エリちゃんが促す。こういうときの彼女は悪知恵が働くというか、機転が利くのだ。

良心が少し痛んだが、背に腹は替えられなかった。成田エクスプレスが発着するホームへは、新幹線のように特別な改札は用意されていないようだった。ホームに辿《たど》り着くと、いままさに列車が発車しようとしていた。切符はないけれど、誰かに咎《とが》められることもなく乗車。間に合った。危機一髪である。

「堂々としてればいいよ。たぶん、こういうケースは珍しくないだろうし。車掌さんが来たら、事情を説明してお金払えば大丈夫のはず」

小心者の僕としては内心気が気でなかったのだが、エリちゃんは涼しい顔をしてそう言い、数分後には早くも舟を漕ぎ始めた。うーん、胆が据わっているのだ。

結局、彼女の言う通りの展開になった。検札に来た車掌さんに陳謝し、その場で切符を購入した。ハラハラさせられたが、無事に成田空港に到着し、僕たちは最初の目的地であるタイへと旅立ったのだ。

tomo

十年後のコメント

時間にルーズなのは、一朝一夕では直らない。足繁く海外へ出かけるようになったいまでも、空港へ向かう段階でヒヤヒヤさせられてばかりなのだ。予定していた成田エクスプレスに乗り遅れる失敗なんて一度や二度では済まない。

きちんと準備して、時間通りに動けばいいだけだとは理解しているのだが、計画性がないタイプなのだろう。いまだに同じ失敗を繰り返しているのだ。

本稿を読み直して、最初の海外旅行からそうだったのだなあと振り返ると、我ながら学習能力の低さに愕然《がくぜん》とした気分に陥るのだった。

旅はそんなに甘くない★タイ

eri

「ねぇねぇ、コレ書かなきゃダメなんだってさ」

怒濤の荷物整理を終え、間に合わない！　と髪を振り乱して飛行機に乗り込み、やっとこさ安息の時間がやってきたとウトウトしていたそのとき、隣に座っているトモちゃんに肩を突つかれ起こされた。

「なんか謎の言葉、タイ語？　それと英語がいっぱい書いてあるよ」

このたび私の夫となったトモちゃんはニコニコしながら言った。

「それは入国カード。滞在する場所とかパスポートナンバーとかを書くのっ」

私が不機嫌そのものの声で答えると、その不穏な空気を察知したのか、

「分かった」

と、トモちゃんは頷《うなず》いた。けれどもしばらくすると、

「パスポートナンバーってどれ？」

「滞在先のホテルなんて決めてないよ？」

と、無邪気な声で質問を繰り返すのだ。

結局、眠い目をこすりつつ私は自分の入国カードを渋々記入し、

「これと同じに書くんだよ」

と学校の先生よろしく、懇切丁寧に説明した。

トモちゃんは再び「分かった」と真剣な目で書類を記入し始め、しばらくすると「できた！」と嬉しそうに顔をほころばせた。

しかし記入された入国カードを見て、私はガッカリした。性別欄が「Female」にチェックが入っていたのだ。Female——女性。

「同じに書けとは言ったけどさあ、そうじゃないんだよね……」

冷たい声で非難する私に、

「だって分からないよ、こんなの！」

と、遂にトモちゃんはふてくされてしまった。

私は学生時代から旅が好きだった。学校が休みになると、いわゆるバックパッカーとしてアジアを中心にあちこち旅していた。そんな私がこれまで一度も海外旅行をしたことがない人と結婚するのは不思議な感じがしたが、惚れてしまったものは仕方がない——そう思っていた。

だいたい、「この人は旅が好きだから」とか、「この人は同じ趣味だから」とか、なんなら「この人はお金持ちだから」とか、「この人はカッコイイから」という条件で選んで結婚すると、きっとろくな目に遭わない、というのが私の信条だった。

結婚は「条件が合う」人とすればいいわけではない。「気が合う」人とすればいいわけで、人間は本質的なところで繋がっていれば諸条件は無視していいのだ！　と信じていた。

しかし、入国カードで早くも手こずっている旅の初心者トモちゃんを見ていると、果たして本当にそうだったのか？　一度も海外旅行をしたことがない人と、私はこれから長旅を続けられるのか……？　という不吉な疑問も湧いてくる。

そもそも私たちは、十代の頃から友人として付き合いはあったとはいえ、二年ぶりに再会して付き合い始め、七ヶ月で結婚し、旅に出てしまったのだ。いわば「スピード婚&旅立ち」だった。

人生の大事な決断を勢いでしてしまったが、大丈夫なんだろうか……。

私は重い頭を抱えながら、バンコクに降り立ったのだ。

バンコクで旅がスタートしてからも惨事は続いた。

それはかの有名な寺院、ワットポー近くの公園でのこと。私が一人「いよいよ旅に出たんだぁ」と悦に入りながらトモちゃんの先を歩いていると、何やらお土産《みやげ》物を手にした、いかがわしい物売りたちが近づいてきた。

「いらない、いらないよ」

私はあえて面倒くさそうな顔をして、物売りを追い払った。

バンコクのこんなメジャー観光地でお土産なんて買う必要はない。ボラれることが目に見えている。しかも私たちの旅は始まったばかりなのだ。

と、そのときだった。

「エリちゃーーーーん！」

という嬉しそうな声が、後ろから響いた。

ハッと振り返って——ビックリした。

色白のトモちゃんのそばを、黒々とした鳥たちがわんさか取り囲んでいたのだ。

よく見るとそれは鳩だったが、「よく見ると鳩」という程度の、黒々とした羽根もぼさぼさの鳩だった。そんなブサイクな鳩たちを前に、トモちゃんは楽しそうにエサをやっていた。そして、その周りをいかがわしい人たちが、いかがわしい笑顔を浮かべて取り囲んでいた。

何か、イヤな予感がした。

「ピクチャー、ピクチャー！」

訛《なま》った英語で写真を撮れとポーズをつけながら、いかがわしい軍団の中の、ひときわいかがわしいおばちゃんが私に向かって言う。

この黒々とした鳩と記念撮影——？　うーん、ぜんぜん撮りたくない。強引に私にもそのエサを渡そうとするおばちゃんを断固拒否し、トモちゃんに訊いた。

「そのエサ、買ったの？」

「いや、この少年がハイッて渡してくれた」

「それ、いくらか聞いた？」

「えっ……」

「……とりあえず歩き出した方がいいよ」

トモちゃんに耳打ちし、自分は先頭に立って歩を進め始めた。

その直後、イヤな予感は的中した。いかがわしい軍団は、歩き出そうとするトモちゃんをあっという間に取り囲んだのだ。

「五百バーツ！」

「五百バーツ！」

「五百バーツ！」

鳩のエサを指差して、口々に値段を叫ぶ。ご丁寧にも、手の五本の指を開きながら。

冗談じゃない。五百バーツは日本円で千五百円近い。なぜバンコクで鳩のエサに千五百円も払わなきゃいけないいんだ！　だいたい私たちがバンコクで取った宿は一泊二百五十バーツなのだ。鎌倉の鶴岡八幡宮だって鳩のエサは百円なのに……。

「とりあえず、十バーツ札を渡して逃げてきなよ！」

私が遠くから指示を出すと、

「二十バーツ札しかない……」

と、トモちゃんは泣きべそをかきそうになっている。

「じゃあ二十バーツ札でもいいからさ、とりあえず渡してスタスタ歩いてきなよ」

そう言うと、トモちゃんは財布から二十バーツ札を抜き出し、いかがわしいおばちゃんに渡した。おばちゃんはしっかりその札を手にとったが、すかさず「ノー！」と首を振った。

「どうしよう……」

トモちゃんは再び不安げな顔を浮かべ、私に助けを求めてくる。

もう！　私はイライラしながらトモちゃんのそばに歩み寄り、いかがわしいおばちゃんに敵意の目を向けつつ、彼の手を引いてそのままスタコラ歩き出した。

いかがわしい軍団はしばらく私たちの後にピッタリとついてきて、

「五百バーツ！」

「五百バーツ！」

「五百バーツ！」

と大合唱していたが、めげずに無視してずんずん歩いていくと、そのうちあきらめたのか、後を追ってこなくなった。

ふう、やれやれ。

トモちゃんを見ると、わけも分からないまま事件に巻き込まれてしまったショックでしょんぼりしている。

「海外はね、とくにタイみたいなアジアの国はね、知らない人がタダで物をくれるなんてことはあり得ないんだよ。日本人はいいカモだって思われてるから、あの手この手で近づいてくる輩《やから》がいっぱいいるんだよ」

そう諭すと、トモちゃんはうなだれたままコックリと頷いた。

旅に出れば楽園が待っていると夢見ていた。

決定的瞬間!?　バンコクでカツアゲに遭う海外旅行初心者の図。

旅に出れば天然ボケキャラのトモちゃんも、シャキッと世界を股にかける男になると思ったのに……。

こんな調子じゃ、この先どうなるんだろう。無事に旅を続けられるのかな……。私はバンコクのムッとした熱気の中で、一人あれこれ考えてしまった。

なかなか、旅はそんなに甘くないようだ。

eri

十年後のコメント

あれからときは過ぎ、いまやトモちゃんは「旅行作家」を名乗っている。バンコクには年に数回は足を運び、『週末バンコク！』（平凡社）というバンコクの本を執筆したこともある。トークショーなどでタイについて話すことも多く、いっぱしの「タイ通」になっている。

そんな「世界を股にかける男」に成長したトモちゃんを誇らしく思いつつ、「でも最初はバンコクで鳩のエサに千五百円もとられそうになったんだよね！」と、私はトモちゃんにときどきちょっぴりいじわるなことを言ったりしている。

バンコクでムダ毛処理に挑戦★タイ

eri

タイでの楽しみの一つにマッサージがある。

「また行くの〜？」と言うトモちゃんの非難がましい声を背に、日本を脱出した解放感にかられた私は今日もマッサージ屋に向かう。

たっぷり一時間マッサージしてもらって百四十バーツ（約四百二十円）、これは日本の十分の一以下だもの。

たまたま、泊まっているゲストハウスの向かいがマッサージ屋さんだった。通い始めて三日目、マッサージをしてくれるお姉さんがつつつと私のそばに寄ってきて、日本語で書かれたメニューを差し出し、一つの項目をそっと指差した。

脱毛、腕、百五十バーツ——と書かれていた。

お姉さんは大事な秘密を教えてくれたかのように、にんまりと笑った。

確かに旅に出てから、ムダ毛なんかに気を回す余裕がなかった。私の腕にはちょりちょりと新しく生えてきたムダ毛が、嬉しそうに顔を出していた。

そんな女としての不精を旅先で指摘されたような気がして、思わず赤面した。そして「そんなこと言うんなら、やってやろーじゃないの」と、俄然として闘争心が湧いてきたのだ。

一体、何をどうやって脱毛するんだろう？

いくらタイでも百五十バーツは安すぎるんじゃないの？

そんな不安がちらりと心をよぎったが、ここでやらなきゃ女がすたるわと意地になった。努めてキリリとした顔で、お姉さんに「オーケー、プリーズ！」と告げる。するとお姉さんは、さっきよりもっと嬉しそうににんまりと笑った。

案内されたのはマッサージ屋の部屋の隅、薄手の水色の間仕切りで仕切られた学校の保健室のような空間だった。私が入っていくのと入れ違いに、白人のでっぷりと太ったおばさんが、すっきりとした顔で出ていった。

「ここに座って」とベッドの上に座らされる。こうなるともう、まな板の上の鯉である。

お姉さんは私の腕に手際よくパッパッパッパッとベビーパウダーをかけると——、やおらそばの台にあったコンロに火をかけ、その上に置いてあった鍋を木のへらでかき回し始めた。

なるほど！　私はようやく得心した。

お姉さんは鍋に入ったドロドロの茶色い液体を私の腕に塗り、恐らくそれを引っ剝《ぱ》がしてムダ毛を抜くのだろう。先ほどまでかちかちに固まっていた茶色い液体は、熱によってぐつぐつと煮立てられている。

「熱くない？」

「大丈夫よ。心配しないで！」

不安にかられ訊いてみたが、お姉さんはあくまで笑顔だ。ドロドロの茶色い液体をかき混ぜながら笑うその姿は、魔女のようにも見えた。あんなに煮えたぎっていて、本当に大丈夫なのだろうか。

いよいよ準備が整うと、魔女お姉さんは液体をへらにたっぷりと取り、私の腕に運んだ。途中、魔女お姉さんは気休め程度に口でその液体をふーふー冷ましていたが、その仕草がむしろ私の不安を一層かき立てる。

ビビりながらも私が腕を差し出すと、魔女お姉さんはそこに容赦なくヘラで茶色い液体を塗りたくった。

「あっ……あつーい！」

飛び上がるほどではないが、それでもやっぱり熱いものは熱い。

そう思っていると間もなく、魔女お姉さんはヘラを置き、次に自分の人差し指を茶色い液体が塗られた部分に付けた。ああっと驚く間もなく、早くもパリパリに乾いていた茶色い液体部分をむんずとつかんだ。

「ギャーーーーーーーーーーー！」

腕の毛を一気に抜かれるのだから、痛くないわけがない。

そして何より恐ろしかったのが、そんな私を怯《おび》えさせる隙《すき》もなく、勢いよく剝がしにかかる魔女お姉さんの鬼気迫る表情だった。

その後も魔女お姉さんは何かに取り憑《つ》かれたかのように、私の腕に液体を塗りたくっては剝がし、塗りたくっては剝がし……を繰り返した。

先に餌食《えじき》になった左手が終わり、右手も中盤にさしかかった頃である。

鍋の液体が足りなくなってきたようだった。

どうするのかなあ、そろそろ新しい液体を足すのかなあ……。

そんな想像を巡らしていると——なんと魔女お姉さんは、いましがた剝がしたばかりのペリペリの残骸を再び鍋に放り込み、火にかけるではないか！

ぐつぐつと煮立った鍋をちらりと見ると、そこには私の死に絶えたムダ毛がグッタリと浮かんでいた。魔女お姉さんはその死んだムダ毛に意を介することなく、涼しい顔で再び塗っては剝がし、を始めた。

先ほどの白人のおばちゃんのムダ毛もこの液体の中に入っているのかしら……と不吉なことが頭をよぎった。もうこれ以上考えるのはやめよう、私はまな板の上の鯉、私は鯉なのね、とヤケになるのが一番の得策だと思われた。

作業を始めてかれこれ二十分。ムダ毛がすべてなくなり、私の腕はすっきりつるつるになった。それと共に、先ほどまでの戦意も遠い彼方《かなた》に行ってしまった。グッタリしながらマッサージ屋を後にした私に、残酷なまでにバンコクの日は照り付けてくるのだった。

eri

十年後のコメント

思えば昔から、海外ではマッサージに行ったり美容院に行ったりするのが好きだった。その後も性懲《しょうこ》りもなく、バンコクを筆頭に各地でマッサージや美容院に行きまくっている。けれども、あのときのムダ毛処理はちょっとしたトラウマで、いまだに再挑戦はできないでいる。

理想と現実の狭間で★カンボジア

tomo

「ううう、あづい！」

毎朝起きるたびに同じことを口走っている。真夏の東京もかなり暑いが、東京とはまた違った種類の熱気が漂っているのだ。

初めての熱帯気候。そもそも、初めての外国である。

見るもの、聞くもの、あらゆるものが新鮮だが、とりわけ、このうだるような暑さに僕は打ちのめされていた。汗だくになりながら目を覚まし、「そうか、ここは東京じゃなかったんだ……」と改めて思い知らされる日々。

旅立ちから一週間が過ぎたが、僕はまだ戸惑うことばかりだった。つい先週までは、東京で会社員として忙しく働いていたし、平凡ながらも、生活自体は安定していたし、居心地の良い都市生活にとくに不満はなかった。

それが、いまはこんな異国の地にいて、しかも東京の生活からすれば考えられないようなボロい部屋のボロいベッドで寝ている。泊まっている部屋にはクーラーなんてないし、シャワーだって冷たい水しか出ないし、蚊には刺されまくりだし……。

最初の移動となったタイからカンボジアまでの道中は、いきなり過酷を極めた。

僕たちはオンボロの軽トラックの荷台にすし詰め状態で乗り込み、荷台のへりに腰をかけていた。腰をかけるといっても、そこにはシートがあるわけでもなく、ただの荷台のへり、正味五センチぐらいの鉄板の上である。

荷台の上は、狭いスペースに合計十五人もの乗客が乗っていて、足元には大きなバックパックや、そのへりにすら座れなかった人たちが体を縮めて辛抱している。

おまけに道はまったく舗装されておらず、赤土が剝《む》き出しの悪路ときた。大きな石がゴロゴロ転がっているようなところを、いまにも壊れそうな軽トラックの、溝の磨り減ったタイヤで果敢にも挑むのだ。

必然的に、激しい揺れが荷台の上の僕たちを襲うことになる。石ぐらいならまだマシな方で、ところどころ道が陥没して穴ボコにもなっていた。

「遊園地のアトラクションみたいだね」

そんな軽口を叩けたのも、走り始めの数分だけだった。

ぐらぐらぐらぐら、どかん、どかっ、ぐらぐらぐら……。

揺れまくりである。シェイク、シェイク、なのである。油断したら最後、荷台の外に放り出されてしまいそうな危うさに僕は怖《お》じ気《け》づいていた。

さらに言えば、地面からもうもうと舞い上がった砂埃《すなぼこり》が、荷台の上の乗客を直撃す

初めての国境越えに浮かれる。この先に試練が待ち受けているとは知るよしもなく。

る。僕とエリちゃんは対策として、ハンカチで口と鼻を覆うドロボウ巻きにし、帽子の紐をぎゅっとアゴに結びつけた。二人ともメガネをかけているので、顔部分で見えているのはメガネだけというマヌケな姿だ。

「そういえば私たち、これが新婚旅行なんだよね……」

隣でエリちゃんが小さく声を漏らした。

新婚旅行は世界一周！　なんて言うと華やかだけれど、実際には新婚旅行という晴れやかなイメージとはかけ離れていたのだった。というより、これじゃあまるで苦行のようである。

「アナタの足が、私の足を踏んでるわ！」

「この荷物をちょっと左にやってくれないか？」

「私のつかまるところがない！」

不運にもその軽トラックに乗り合わせた乗客は、みんな口々に不平を言い合っていた。そのたびにみんなちょこっとずつ動き、走っている間じゅうずっと、荷台はもぞもぞと動いていた。結局、このツライ状態のまま、オンボロ軽トラックは五時間も走り続けたのだった。

バックパッカーの旅になると聞きながらも、旅立ち前の僕はどこか楽観視していた。みんなやってるし……とみくびっていたのが正直なところだ。海外に一度も行ったことがなかったクセに、ずいぶんと偉そうというか、舐《な》めた考えでいたものである。いざ実際にやってみて、これが結構大変なのだなあと、いまさらながら後悔の念もちらつき始めたのだった。

まず、お金に対する考え方を、いままでと百八十度切り替えなければならない。軽トラックでの移動にしても、ケチらずに飛行機を使えばなんら苦労することもなかったのだ。けれど長い旅になりそうだから、新婚旅行とはいえ、大名旅行というわけにもいかないのである。

もともと僕はお金に関してはかなり適当な方で、楽をするためなら多少無駄にお金を払ってもいい、というタイプの人間なのだ。ところが旅に出て以来、毎日それこそ十円単位でお金を切り詰める生活をしている。

「日本のように定価という概念がないから、値切るのは当たり前だし、私たちの予算からすると、あまりぜいたくな旅はできないよ」

エリちゃんから散々力説され、「そうだよね、うんうん」と頷きつつも、とはいえあまりツライ思いはしたくなかったのが本音だ。

自分自身を見つめ直す旅——みたいな、そういう大仰なテーマがあるわけでもない。この旅は単なる遊びの延長であり、なんといっても新婚旅行なのである。早くもバックパッカー旅行に喜びを見出《みいだ》し始めているエリちゃんに対し、僕はまだ理想と現実の狭間《はざま》で戸惑い続けていた。

日本と比べ、タイやカンボジアの物価があまりに安いのにも驚いた。

宿は一人一泊二百~三百円ぐらいだし、屋台で食事をすると百円もしない。激安なのは僕たちからすると天国ではあるものの、それだけ現地の人たちは貧しいということなのだろう。先進国と途上国の貧富の差について、いままであまりピンとこなかったが、いざ目の当たりにしてみると色々と考えさせられるのだった。

中でもカンボジアでのトラックの移動中に通過した村の光景には、ドーンと強烈なカルチャーショックを受けた。

ジャングルの中で車が故障して立ち往生していたときのことだった。泥だらけの服を着た子どもたちが、どこからか駆け寄ってきた。そして軽トラックの前で茫然《ぼうぜん》と立ち尽くしている僕たちに、その子たちは手のひらを差し出してきたのだ。

——物乞い？

その行為自体にも戸惑ったけれど、何よりも彼らの風貌や住んでいる家などを見て衝撃を覚えた。貧しさというものが、あまりにリアルに僕の目の前に存在していて、どうしたらいいか分からなくなってしまったのだ。

カンボジアは世界の最貧国の一つに数えられる。つい数年前まで内戦をしていたと言うし、食べ物は隣国タイと比べて見るからに貧相だ。一方で、アンコール遺跡というアジア屈指の世界遺産があって、カンボジアを訪れる観光客の数は年々増えている。皺《しわ》のないシャツを着て、高価なカメラを首にぶら下げた外国人——僕たちも含むのだけれど——を現地の人たちはどういう気持ちで見ているのだろうか。

僕たちもまさにアンコール遺跡を目当てにカンボジアへやってきていた。

月並みな感想だが、この遺跡は大変見応えがあった。ダイナミックな石造建築と、緻《ち》密《みつ》に彫られた壁画の数々。過去の産物ではあるが、いまも息をしているかのような、生命の力が漲《みなぎ》っているように感じられた。何より、途方もない広大な密林の中に点在する、そのスケール感に圧倒された。

アンコール遺跡観光の拠点となるシェムリアップ滞在中、僕たちはトゥムさんというカンボジア人に出会った。泊まっていた宿によく出入りしていたバイクタクシーの運転手で、歳《とし》を訊くと三十四だという。頭の前の方が少し禿げ上がっているので、見た目より老けて見える。

僕たちはトゥムさんと、彼の友人のバイクに分乗して、アンコール遺跡を巡った。四日間も暑い中をバイクで走り回ってもらって、料金はたったの十六ドルだった。これは平均的なカンボジア人からすると決して悪くない収入らしい。けれども、僕たちみたいな若造が十歳近くも年上の人を薄給でこき使っているみたいで、なんだかすごく申し訳ない気持ちになってしまったのだ。

ある日、トゥムさんの身の上話になった。

「両親は、内戦の際にポルポト派に殺されてしまったんだ」

彼はサラリと語ったが、その言葉の重みに僕は少なからずショックを受けた。カンボジアはポルポト派による大虐殺があった悲しい歴史を持つ国である。それも、そう

お世話になったトゥムさんと。ピースサインは三本指で！

遠くない昔の話だ。

僕たちが出会ったカンボジア人たちはみんなくったくがなく、陽気に接してくれた。カンボジアはいまでこそ平和な田舎の国というイメージだけれど、目の前にいるトゥムさんが、かつて辛《つら》い現実に立ち向かったのだと知ると、どうにもやりきれない切なさが込み上げてくるのだった。

カンボジアの貧しさをまざまざと見せつけられて、僕は心のどこかで「日本人に生まれてよかった」とも思った。我ながら、なんて矮小《わいしょう》な人間なのだろう。

慣れない暑さや、移動のあまりの辛さに悪態をついていたけれど、それはとんでもない思い違いなのかもしれない。こうして外国を旅できているだけでも幸せなことなのだ。何か社会の役に立つようなことをしているわけではない。たまたま裕福な日本に生まれたというだけなのに……。

悲しい過去を持っていても、いまは穏やかな微笑《ほほえ》みを絶やさないトゥムさん。そして威風堂々としたアンコール遺跡を見ているうちに、そんなことを少し考えるようになった。旅は始まったばかり。世界はまだまだ僕の知らないことだらけなのだ。

tomo

十年後のコメント

若いなあと感じた。青い、と言ってもいいだろう。貧しい地域を旅していると、世界の矛盾を垣間見て懊悩《おうのう》することは珍しくない。旅を続けるならば、どこかで折り合いを付けなければならない壮大なテーマとさえ言える。

旅人にできることなんて限られている。突き詰めれば、「旅をすること」ぐらいしかできないと言ってもいい。いつか何らかの形で恩返しをしたい――気持ちは逸《はや》るものの、だからといって下手に感情移入し過ぎると、旅が空回りしてしまうのだ。

とはいえ、あの頃の純粋な気持ちはいつまでも大切にしたい。初心忘るべからず、である。旅人としての処世術を身につけていくうちに、引き替えに失ったものも多いのだなあと改めて考えさせられた。

妻の家出騒動★カンボジア

tomo
&

eri

それはカンボジアの首都プノンペンで起こった大ゲンカが始まりだった。

その日、私たちは朝から市場に出かけていた。そしてトモちゃんが市場に着くなり、「パンが食べたい」と言い出した。

寝起きのまま、朝食を食べていない不機嫌な二人が異国の雑然とした市場を歩いているのだ。とくにトモちゃんはそれまで海外に出たことがなかったゆえ、いわゆるアジアの市場に慣れていなかった。両サイドにぎっしり野菜や果物が並べられ、生きたままの鶏の鳴き声が聞こえ、生肉特有の血の匂いが漂う場所だ。

つまり、二人とも不機嫌だった。

「パンあるよ！」

「う～ん、ちょっと違うんだよなあ」

そんなやりとりを何度か繰り返し、あれよあれよという間にケンカになっていた。

「私が親切で言っているのに！」

「なんでいちいち自分の食べる物まで指示されなきゃいけないんだよ！」

遂には激しい言い争いになっていた。

いま思うと、単にお腹が減っていただけな気もするが……。

その後、史上最悪のケンカが勃発した。市場でギャーギャーやり合う私たちに、周囲の市場の人たちも目を丸くしていた。

「ふん、もういいからっ」

私はそう叫び、市場からたった一人、スタスタ部屋に戻ってきたのだ。

■トモの言い分

市場で大ゲンカをしてエリちゃんが先に帰ってしまったので、僕は一人で宿へ戻ってきた。部屋の扉をノックしてみる。トントン……返事はない。ドアノブを回そうとしたが、どうやら鍵がかかっているようだ。なんだか嫌な予感がして、僕は少し慌てながらガチャガチャと扉の鍵を開けた。

もともと日当たりの悪い僕たちの部屋は電気が消えていて、ほとんど何も見えない。暗がりの中、手探りで壁のスイッチをオンにする――次の瞬間、ふと違和感を覚えた。

「あれ？　部屋を間違えたかな……」

さっきまでと何かが違うのだ。よくよく部屋を見回して、ようやく異変の正体に気がついた。部屋の中に自分のぶんの荷物しかないのである。さっきまであったはずのエリちゃんの荷物や散らかっていた着替えもろもろ、すべてが綺麗に消失している。そして、テーブルの上には十ドル札が一枚、ポツンと寂しそうに置いてあった。

――やられた！

彼女は荷物をまとめて、どこかへ出て行ってしまったらしい。カンボジアで妻に逃げられた――。

事態を冷静に把握するに及んで、さっきまでの激しい怒りもどこかへ消え去り、しょんぼりとした気持ちになってきた。

と、とにかく、エリちゃんを探しに行かなきゃ。

プノンペンは、カンボジアの中でもとくに治安が悪いと言われる。暗くなるまでには連れ戻せるだろうか。それに、そもそも女子一人で大丈夫なのだろうか。いくら彼女が旅慣れているとはいえ、僕は心配になってきたのだった。

外に出てバイクタクシーを一台捕まえた。新妻の捜索である。といっても、心当たりはほとんどない。プノンペン市内からは出ていないことを前提に考えると、とりあえずはどこかの宿で部屋をとるのが現実的な選択肢だろうか。

僕はとにかく手当たり次第当たってみることにした。

「ここに日本人の女の子が泊まっていませんか？」

ヘタクソな英語で、プノンペンの宿を一軒ずつ尋ねて回る。どこの宿でも、切羽詰まった僕の表情からにじみ出る悲壮感を感じ取ったのか、丁寧かつ真剣に応対してくれた。宿帳を見ると、日本人の女性は多数見つかったが、どれもエリちゃんではなかった。偽名を使っている可能性もあるが、筆跡も明らかに違う。その後も手当たり次第訊いて回ったものの、結局、彼女を見つけることはできなかった。

「そろそろ帰った方がいい」

　バイクタクシーの運転手がタイムアップを告げた。時計を見ると、いつの間にか夜九時を過ぎていた。捜索をあきらめ、宿へ戻るしかなかった。


　翌朝、僕は近所のネットカフェへ向かった。

　メールをチェックすると——来ていた。エリちゃんからのメールだ。

「一緒にいるのに疲れました」などと短いメッセージが書かれていた。

　疲れたって……、しかも敬語だし……。

　居所こそ明かしてはいなかったが、とりあえず無事でいるのが分かっただけでも何よりだ。後は彼女が帰ってくる気になるのを待つべきかな、と思った。帰ってきたくないならば、無理やり連れ戻しても逆効果だろう。

　気を取り直して、今日はプノンペンの街を一人でぶらついてみることにした。

　あてどもなく歩いていて、目に留まったのが「ＨＡＩＲＣＡＴ」の看板だった。「ＨＡＩＲＣＵＴ」の間違いなのは明白だが、こういったスペルミスはほかにも何度も目にしていた。細かいことは気にしないのがカンボジア流なのだろうか。

　そういえば、日本を発《た》つ前に、あまりに忙しくて髪を切る余裕がなかったのを思い出した。この後とくにすることもなかったし、伸び放題に伸びた髪の毛をカンボジアで散髪してみるのも悪くないかな、と好奇心が芽生えてきた。それに、エリちゃんに対する懺悔《ざんげ》の代わりにもなるかもしれない。

「頭を丸めるほど反省してますよ」というある種のメッセージだ。

外国で床屋に行くなんて初めての経験だった。昨日までの僕だったら躊躇《ちゅうちょ》してしまうところだが、なかばヤケクソ気味に入店した。

すると、待ってましたと言わんばかりの勢いで、あれよあれよという間に席に座らされた。よく言えば「スポーツ刈り」、悪く言えば「角刈り」な散髪屋のオヤジは、ハサミを手に何やら話しかけてくるが、英語ではない。英語だったとしても、僕の拙《つたな》い語学力では理解できない可能性も高いが、現地の言葉となるとお手上げである。

状況を察するに、どんなふうに切ればいいのか、と聞いているのだろう。僕は身振り手振りで希望の髪形を必死に説明しようと試みたのだが、さっぱり通じない。

うー、困ったのだ。僕は数少ないボキャブラリーを総動員して言った。

「おじさんみたいな髪型にしてください」

けれど、これまた通じないのだ。仕方ないのでオヤジの頭を指差し、「Same、Same」と同じ言葉を連呼し続けると、オヤジはようやく理解したのか、ニコリと頷いたのだった。

散髪屋のオヤジは慣れた手つきで僕の髪にハサミを入れていった。堂々とした動きはプロの余裕を感じさせる。客が外国人であることに動じる気配もない。

巧みなハサミさばきに、僕の髪はあっという間に角刈り……いや、スポーツ刈りに仕上がったのである。シャンプーやブローなどはもちろんなく、正味十五分ぐらいで作業は完了、これで二ドルだという。もみあげをチョキンと切られてしまったが、それもご愛嬌だろうか。

明くる日の朝、いつものネットカフェにメールをチェックしに入った。

すると――い、いたのである！　エリち

ハイ、心を入れ替えました！　懺悔、ああ懺悔なのです。

ゃんが。

何食わぬ顔をしてキーボードをカタカタと叩いていた。彼女は僕を見て、まるでいたずらが見つかった子どものような表情を浮かべた。僕が被《かぶ》っていた帽子を取ると、変わり果てた頭に目を見開いたが、次の瞬間、口元が緩んだのを見逃さなかった。

■エリの言い分

「出て行ってやる！」

私は激怒した勢いで、そう決意した。一人で部屋まで戻ってきたものの、どうにも怒りは収まらないのだ。

だいたい悪いのは私じゃない、トモちゃんなんだ！

私は自分の荷物をドカドカとバックパックに詰め込み、さっさと部屋を出た。私のぶんだけ荷物がなくなった部屋はスカスカしていて、一瞬心が痛んだが、そんなものは怒りの鼻息でフンッと吹き飛ばした。

ケンカはこれまでもしなかったわけじゃない。けれどもそのときの私は、後先を考えないモーレツな勢いで宿を飛び出していた。

外に出ると、客引きらしいお兄ちゃんが「ホテル探してるの？」と声をかけてくる。

とりあえず……と試しにお兄ちゃんの後についていくと、連れて行かれた宿は、なんと先ほど私が怒り狂って家出した宿の隣にあった。

むむむ、と一瞬怯《ひる》んだものの、「灯台下暗し」という言葉もある。まさか家出した妻が隣の宿で寛《くつろ》いでいるとはトモちゃんも考えないだろう。そう判断し、私はひとまずその宿にチェックインすることにした。

通された部屋は薄暗くどんよりとしていたが、私はあえて「家出するなら、やっぱりこれぐらい寂れた宿でなくっちゃ」と自分を納得させた。

荷物を降ろし、宿帳に記入を始める。家出妻にいつ夫の捜査の手が及ぶかもしれない。そう考えた私は、宿帳にご丁寧に「リエ・ツノダ」と偽名を使った。たまたま思いついた偽名だったが、なんだか推理小説の犯人になったようで、書きながらちょっぴりワクワクした。

と同時に、勢いで出てきてしまったものの、「いよいよ戻れないぞ」という不安が心に芽生えてきた。いまごろトモちゃんは部屋に私がいないのにビックリして、探し回っているのかな……。

でもまあ、もうチェックインしてしまったし、とりあえず今晩はここで寝よう。そう決めた私は、記帳が終わると湖の見えるテラスへ行ってみた。

そして、一瞬ギョッとした。置いてあったソファには、なぜか黒人男性がゴロリ、ゴロリと寝ていたのだ。彼らは私が入ってくるなり一斉にこちらを向いた。黒い顔と白い目のコントラストが強烈だ。

「ハ、ハーイ」とビビリながら挨拶すると、今度は全員が白い歯をニッと見せて「ハーイ」と返してくれた。

しかしなぜこんなところに黒人がいっぱいいるのだ……？

恐る恐る話してみると、彼らはみんなこの地で仕事を始めようとしているアフリカからの長期滞在者で、同じくアフリカ出身のこの宿のオーナーを慕ってやって来たらしい。

彼らはひょっこり現れた日本人が珍しいのか、好奇心でキラキラした目で私に質問をぶつけてくる。

「日本では生魚を食べるというのは本当なのか？」など、実に素朴な質問だ。

一見怖そうな黒人のお兄さんたちだったが、話してみると笑顔が絶えず、実にキュートな人たちだった。思いがけず出会った彼らとの交流が楽しくて、私はなんと次の夜もそこに泊まることにしてしまった。

トモちゃんは心配してるかな……とチラリと頭をよぎったが、朝に一度「とりあえず生きてるよ」の意味を込めて意地悪なメールを送っておいたので、まあ、大丈夫だろう。

翌日、デジカメでアフリカ青年たちを撮り、その場で再生して見せてみた。のんびり寛いでいた彼らだったが、見せるやいなや、「俺が写ってる！」と大はしゃぎだ。どうやら彼らは初めてデジカメに触れたらしい。その中の一人、ナイジェリア人のスワベさんに「日本に戻ったらコレと同じデジカメを買って、俺に送ってくれ」と言われ、メールアドレスを交換することになった。

そのとき、私は「しまった！」と心の中で声を上げた。

私は家出妻であり、この宿では「リエ・ツノダ」で通っていたのだ。悲しいことに、何かと「リエ、リエ！」と呼んでくれるオ

ナイスガイと話して、アフリカへ行くのが楽しみになった。

ーナーの奥様も近くにいて、私がメールアドレスを書くのをしっかりと見守っていた。

ああ、なんで偽名なんて使ったんだろう、なんとか言い訳できないものか……。

けれど、私のメールアドレスは旧姓の「松岡絵里」で登録したもので、素直に書けば「マツオカエリって誰？」とツッコミが入るのは必至だった。

しぶしぶ「rietsunoda＠～」とデタラメのアドレスを書くと、スワベさんは「リエツユノダ！」と大声で叫び、嬉しそうに笑っていた。

ゴメンナサイ……。


翌日、近くのネットカフェでトモちゃんにバッタリ会った。これだけ近くに泊まっているのだから、ひょっこり見つかるかもしれないとは覚悟していたが、トモちゃんはそうは思っていなかったらしく、こちらを見つめながら狐につままれたようにキョトンとしている。

あのケンカから早三日が経《た》っている。

「ごめんね、ごめんね」

と謝ってくれるトモちゃんに対し、私はもはや怒る気にはなれなかった。

むしろ、「実は楽しかったんだよ」とあれこれ話したい気分だったが、しゅんとしているトモちゃんの前ではそうもいかず……。

そしてちょっと間を置いて、トモちゃんが帽子を取った。

「あ、髪が短くなってる！」

私は思わず笑ってしまった。

結局、私たちは仲直りし、元の部屋に戻ることになった。家出というか宿出で終わった三日間だが、カンボジアの地で、遠くアフリカから来た青年たちと過ごした時間は、私の心にくっきり刻まれた。

t&e

十年後のコメント

いやはや、恥ずかしい。その一言に尽きる。

旅の間はしばしば夫婦ゲンカに見舞われたが、旅立って間もないタイミングで起こったこの事件はとくに忘れられない一件となった。

メディアでインタビューなどを受けると、

「夫婦で長い旅をしていてケンカはしませんでした？」

と訊かれるのはいまだに定番で、そのたびにカンボジアのエピソードを語る羽目になるから、痛い記憶なのに忘却できないでいる。（トモ）

思えば、世界一周中ほど派手なケンカをした日々はない。やはり暇だったからだろうか。

ただこのときの旅で散々ケンカをしてあきらめがついたというか、ケンカしても無駄だということが分かってしまったせいか、最近は昔ほど派手なケンカはない。
そう考えると、この旅の日々は、いわば「修行」だったのかもしれないな。（エリ）

危機一髪！　プノンペンのバイクタクシー★カンボジア

tomo

タイ、カンボジアと来て以来、最も驚いたことの一つが、あってなきがごとし交通ルールだ。ドライバーの運転はとにかく荒く、少しでも他人より前に、他人より前にと、後ろを振り返ることもなく突っ走る。さながら、追い越し、追い越されのチキンレースという感じだ。

そして、ドライバーだけでなく、道を往来する歩行者も、往来の激しい通りを至極当然な顔でスタスタと渡っていく。車が来ているのに急ぐそぶりを見せることもなく、極めてマイペースに、ゆっくりとだ。

バイクや車のドライバーも、そんな歩行者の間をなんら臆することなく次々にすり抜けていく。見ていてとても危なっかしいと眉をひそめる一方で、信号機のないところも多く、漫然と突っ立っていても永遠に道を渡ることはできないのも事実だった。

実際、バンコクなどは交通事故も非常に多いのだそうだ。そりゃ当然だろうなあと僕は頷くのだが、彼らからしてみれば、逆に日本の交通ルールやマナーの厳粛ぶりは信じられないかもしれない。

旅に出たら、いままで日本で常識だと信じていたことが、必ずしも世界の常識ではない場面に出くわすことが多々あるだろうと予想していたが、まさしくそんな感想を持ったのだった。ちなみに小さい頃をアジアで過ごしたエリちゃんは、僕の当惑を知る由もなく、現地の人と同じ感覚でスタスタとバイクの間を抜けて道を渡っていく。

「こういうところは走ったら余計危ないんだよ」

得意そうな顔をしながら語るエリちゃんに、畏敬の念を抱くのだった。

カンボジアで唯一都会とされている首都プノンペンは、バイクの交通量がとても多い。大通りに出ると、あたかも暴走族が暴走中であるかのような錯覚を抱くほどだ。バイクタクシーの客引きも鬱陶《うっとう》しいぐらいあちこちに出没する。

「ハロー、モト？」

モトとは、モーターサイクルが訛ったもので、僕のようないかにも外国人な風体だと、十メートルも歩けば次々にナンパされるのだ。ちょっとした人気者になった気分である。

プノンペン市街を散歩がてらぶらつき、そろそろ宿に帰ろうかと道端でバイクタクシーを拾ったときのことだった。このバイクタクシーが曲者《くせもの》だった。

道を全然知らないのだ。仮にもタクシー業なのに。

明らかに間違った方向に進むので、その都度《つど》後ろから大声を張り上げる。

「こっちじゃない！　さっきの交差点を左だよ！」

すると、とんでもないことが起こった。

その運転手はなんと反対の車線に入り、逆走し始めたのだ。Uターンをすると言うが、いくらなんでも強引過ぎるだろう――

その刹那《せつな》だった。

ブォ〜〜〜〜〜〜！

大きなトラックが、轟《とどろ》くようなクラクションを鳴らしながら迫ってきたのだ。

当然のようにノーヘルで、一台に三人乗りも日常的な光景。

「ぎょええええ〜〜〜〜〜〜！」

僕はあまりの恐怖に、情けない声を上げた。

死ぬのか、ここで死ぬのか——。頭の中を、これまでの二十六年間の人生が走馬灯のように流れ——って、死にたくない！

それからは一瞬の出来事に思えた。

バイクはよろめきながらも、急ブレーキをかけ減速。歩道との縁石ぎりぎりのところまで横にスライドした。そして、そのすぐ脇をトラックが——無事通り抜けた。

——危機一髪。

すれ違いざまに、僕のTシャツの袖を何かが掠《かす》っていったのが分かった。あとわずかに遅れていたら、確実にアウトだった。命拾いしたことに安堵《あんど》し、放心状態でいる僕に運転手が英語で言った。

「ソーリー」

詫びながらも、へらへらと苦笑いしている。

ゴメンで済むか！　僕は心の中で毒づいた。

しかも宿に到着すると、その運転手は何事もなかったかのように、乗る前の言い値よりもふっかけてきたのだった。

tomo

十年後のコメント

東南アジア諸国はこの十年で大きな経済成長を遂げた。行くたびに街は様変わりしており、いつも驚かされている。

ただし一方で、本項で書かれているような交通事情は根本的には当時と変化はない。むしろバイク人口が増えて、さらに交通量が激しくなっている印象を受ける街もある。

近頃はそういったアジアの街へ行く機会も増え、さすがに道路を横断するぐらいで狼狽《うろた》えることはなくなったが、逆に日本で信号機の多さに戸惑うことがある。

「アジアだったら、絶対渡れるよなぁ」

などと内心思いながら、大人しく信号が青に変わるのを待っている。

ビアホイ万歳！★ベトナム

タイやカンボジアには、「ツーリストレストラン」と呼ばれる外国人旅行者向けのレストランがあった。その種の店では、客の大半が西洋人だ。ハンバーガーだったり、パスタだったり、フライドポテトだったり、西洋人が母国で日常的に食べているであろう料理がメニューに並ぶ。

僕たちは、タイ滞在中はローカルの屋台中心に食べ歩いていたのだが、カンボジアではほぼ毎日ツーリストレストランのお世話になった。タイに比べ、手頃な屋台や食堂が格段に少なかったことに加え、治安の悪いカンボジアで夜出歩くのは憚《はばか》られる、というのがその理由だ。泊まっていた宿にレストランが併設されており、結局朝晩は宿のレストランで済ませてしまった。だからカンボジアでは、食に関する思い出がやや薄い。

そんな中、ベトナムに移動し、個人的に最も楽しみにしていたのが食事だった。ベトナム料理の予備知識が特別あったわけではないけれど、ガイドブックで仕入れた情報や、エリちゃんの話などを総合し、「ベトナム＝ご飯がうまい国」というイメージが自分の中に出来上がっていた。

果たして、ベトナムはそんなイメージ通りの国だった。

僕は海外旅行こそ初めてだが、日本でエスニック系の料理には比較的慣れ親しんでいた。詳しい知識はないものの、辛い料理にも別段抵抗はなかった。

ベトナム料理の代表格、フォーも日本でも食べたことがあったが、現地で出されるものの方が段違いにうまいと感じた。日本で言うところの、うどんのような麺料理だ。牛肉入りの「フォー・ボー」と、鶏肉入りの「フォー・ガー」があり、僕たちはフォー・ガーの方を好んで食べた。スープの最後の一滴まで意地汚く飲み干してしまうほどに、お気に入りの料理となった。

ちなみに、フォーはレモンを搾ってスープに入れるのが重要なポイントである。日本のフォーはパクチーなどの香草が入った状態で出てきたが、こちらでは各自が好みのぶんだけ脇に置かれたボウルから香草やそのハーブを入れ足す方式が主流のようだ。ベトナム人は朝食としてフォーを食べるそうだが、クラブ帰りのラーメン代わりとして食べても最高かもしれない。これで一杯六千ドン程度（約四十八円）、安いのだ。

小腹が空いたら、フランスパンのサンドイッチを頬張る。バゲットにチーズや肉、野菜などを挟み込んだもので、バインミーと呼ぶらしい。約四千ドン（約三十二円）。パンの外側の硬さと内側のふっくら具合が、実に食欲をそそる。

そういえば、ベトナムはフランスの植民地だった過去を持つ国だ。フランスパンをはじめ、至るところでフランス文化の影響

朝は街のあちこちで見かけるフォーの店へ。
おばちゃんの巧みな手さばきに恐れ入る。

を感じる。

たとえば、食後はベトナム・コーヒーという選択肢がある。タイ、カンボジアとコーヒー文化のない国を旅してきたので、大好きなコーヒーが毎日飲めるのは、それだけで幸せなことだった。

とくにベトナムのアイスミルクコーヒー「カフェ・ス・ダー」は、一杯飲んだだけで虜《とりこ》になってしまった。濃いめにドリップされた黒色に近い原液に、たっぷりとコンデンスミルクを入れ攪拌《かくはん》する。甘い。いや、にが甘いと言うべきか。

日本にいたときはこんなにも甘い飲み物は受け付けなかったが、ベトナムの灼熱の気候の中ではこの甘さがたまらなくうまい代物《しろもの》になるのは不思議だ。飲み終わった後のグラスにお茶を入れて飲む、ベトナム作法も粋に感じた。

そして夕食はビアホイに決まりだ。屋外型の飲みどころである。日本で言えばビアガーデンに当たるものであろうが、ビアガーデンほど規模は大きくなく、いわば街の屋台の飲み屋さんって感じ。

ビールで乾杯し、つまみを囲んでみんなでワイワイ。いわゆる酔っ払いのオヤジが集まったような場所で、僕のような外国人が来店しようものなら大騒ぎになる。

「これ食え！」とか、「これ飲め！」とか。

歓迎されて嫌な気はせず、ついつい酒が進んでしまうのだった。

ちなみにベトナムでは、ビールに氷を入れて飲むのが習慣らしい。お酒に限らず、コーラなどのジュース類でも必ずなみなみと氷が詰まったグラスが出てくる。

薄まってしまいそう……と最初こそ怯んだのだが、慣れるとこの薄さが病みつきになる。水のような感覚で、がぶがぶと何杯でも飲めてしまう。ビアホイでは、旅に出て以来初めて泥酔してしまったのだった。

「ビアホイ万歳！」

そう快哉《かいさい》を叫んでいたのだが――。やがて想像だにしなかった悪夢が訪れる。

それはニャチャンに着いた日の夜にやってきた。

「海外に来ると、誰でも一回はお腹を壊すよ」

エリちゃんいわく定説らしい。

でもまさか自分が……という根拠のない自信を胸の裡《うち》に秘めていたのだが、見事に打ち砕かれた。そう、腹痛に襲われたのである。

「んんん………」

僕はベッドで唸《うな》ることしかできなかった。あまりの痛みに、起き上がる気力が湧いてこないのだ。日本から持ってきた正露丸を飲むが、全然効果はない。旅に出て約一ヶ月、いままで何を食べてもまったく平気だったので油断していた。

原因は——もしかして、ビアホイ？

タイやカンボジアでは、缶や瓶を冷蔵庫で冷やしたものを飲んでいた。対してベトナムでは、まったく冷えていない飲み物を、氷を大量に入れたコップに移して冷やして飲むのだ。消去法でいくと原因は氷ぐらいしか思いつかない。ビアホイでいい気分でがぶ飲みしていたビールになみなみ入っていた、あの氷がきっと犯人だ。

実は前後する形で、エリちゃんもホーチミンシティで同じく腹痛に苦しんでいた。彼女の場合は軽度ではあったが、以前にベトナムへ来たときもやはりお腹を壊したのだと彼女は語った。ベトナムの氷は要注意なのか——。

ニャチャンはベトナム屈指のビーチリゾートである。ホーチミンシティからやって来たと思われるベトナム人観光客も多く、日本で言えば熱海のような場所と言えるだろうか。そして僕たちにとって、旅行に出て以来初めての海でもあった。

けれど、とてもじゃないが海水浴できる容体ではなかった。

まだ見ぬ白い砂浜、そして青い海を思い描いた。ああ、悔しい。

浮ついていた気分に水を差され、すっかりモチベーションが下がった。まったく動く気もしなかったので、ベッドでひたすら悶絶する日々が続いた。

結局、腹痛が治まるまでに二日も要してしまった。

回復後、いちおう気を取り直してビーチに繰り出し、二人とも見事に真っ黒に焼けたのだけれど、そのせいでさらなる困難に見舞われた。

僕は元来、肌が白めだ。焼き過ぎてしまったのだ。急激な日焼けは腹痛にも負けないレベルの激痛を味わわせてくれた。ベトナムはなかなか手強いのだ。

tomo

十年後のコメント

旅するうえで最重要なのは健康な体だという意見には賛同する。

病気に罹《かか》ると楽しい旅行が台なしになるし、そもそも異国の地で病に襲われるのは心細い。旅行中は細心の注意を払うべきだとは理解しているのだが、実は最近ますますいい加減になってきている。

たぶん、根本的に楽観主義なのだろう。まさか自分が、自分に限って、などと相変わらず自信過剰気味に暴飲暴食しているのだ。もちろん、氷で冷やしたビールやジュースも意に介さず飲みまくりである。

それでも、そのせいで食あたりになることは近年では皆無と言っていい。胃腸もアジア化が進んだのだろうか。油断しているとまた手痛い目に遭いそうだけれど。

返して！　僕のパスポート★ベトナム

tomo

パスポートは旅行者にとって命の次に大切……などという話をよく耳にする。命の次というのは少々大げさだと思うが、少なくともすべての持ち物の中で最もなくなっては困るアイテムのひとつであることは間違いない。

古都フエを午後三時半に出発した夜行バスは、暗闇の中を走り続け、次の日の朝六時頃首都ハノイに到着した。ベトナム入国後、南はホーチミンシティから、ニャチャン、ホイアン、フエと高速バスに揺られながらひたすら北上し、やっとのことで最後の目的地に着いたのだ。

バスから降りると、まずは宿探しだ。しかし到着が早朝であったため、まだオープンしていない宿が多い。既に開いている宿をしらみ潰しに当たってみるが、どこも十五～二十ドルと、僕たちの予算をはるかにオーバーしていた。できれば八ドル以内、高くても十ドル程度が目標だ。宿探しは難航したのだった。

途方に暮れてハノイ旧市街をウロウロしている僕たちに、バイクにまたがった客引きが声をかけてきた。旅行者の中には客引きは相手にしないという人もいるようだが、僕たちは客引きについていくことが案外多い。彼らが連れて行ってくれる宿は、たいがいはその土地の相場価格よりも安く、ガイドブックには載っていない掘り出し物に出合うこともしばしばあるからだ。

バイクの客引きに連れられてやってきた宿は、エアコン、バルコニー付きのダブルルーム。部屋は想像していたより綺麗だった。

最初十五ドルとふっかけられたが、交渉の末十ドルまで下がった。予算的には一応ぎりぎりラインだ。ただ、街の中心部から遠いことが唯一気になる。アクセスの良さは重要であると、これまでの旅の中で僕は学習していた。暑い中を延々と歩かなければならないのは面倒なのだ。

迷った末、エリちゃんをその宿に置いて荷物を見ててもらいつつ、僕一人で別の宿を物色しに行くことになった。

再び市街をぶらぶらしていると、別の客引きに捕まった。見た目はまだ若い。それも相当に。中学生か、せいぜい高校生にしか見えない。青年というより、少年といった佇《たたず》まいの彼に僕は興味を覚えた。

彼に連れられて向かった宿は、街のど真ん中にあった。これ以上望むべくもない、最上の立地条件だ。先ほどの宿と比べると部屋がやや狭かったが、条件的にはほぼ同等。

宿代も交渉の末、同じく十ドルまで下がった。

僕は了承し、フロントでパスポートを渡した。これにて一件落着。青年のバイクに乗り、エリちゃんを迎えに戻ったのだった。


先ほどの宿に到着すると、エリちゃんが何やら楽しげに宿の従業員と談笑していた。テーブルにはコーヒーが置かれ、すっかり寛いでいる様子だ。

「どうだった？　あたし、このホテルでいいって気になっちゃった。ちょっとくらい遠くても大丈夫だよ〜」

どうやら、このホテルを相当気に入ったらしい。

僕は思案顔になった。すでに泊まると言って、高校生が案内してくれたホテルにパスポートまで置いてきてしまっている。

「インターネットもタダだって」

なんと！　エリちゃんのこの言葉が殺し文句になった。オタク体質の僕にとって、ネットの有無は何よりも優先したい条件だ。

「じゃあ向こうの宿に事情を話して、パスポートを引き上げてくるよ」

僕はそう言って、踵《きびす》を返したのだった。

外で待たせていた青年は、僕が一人で戻ってきたことに予想通り意外そうな表情を見せた。そして事情を説明すると——態度が急変したのだ。

先ほどまでの馴れ馴れしい態度から一転、青年の目に険しい色が灯《とも》る。怒らせてしまったようだ。非は明らかにこちらにあるので、僕は精一杯お詫びをし、さっきの宿まで戻ってくれと頼んだ。

しかし、連れて行かれたのはなんと別の宿だった。どうやら、系列の宿らしく、こちらにマネージャーがいると言う。

マネージャーの男性に、青年はベトナム語で事情説明を始めた。その興奮した口調から、彼の怒りが収まっていないことは明らかだ。対してマネージャーは別に怒った風でもなく、単に困った様子に見えた。系列店といっても別の店なので、話が上手く嚙み合わないのかもしれない。

「とりあえず、さっきの宿へ戻ろうよ」

埒《らち》が明かないので、僕が嘴《くちばし》を挟んだときだった。青年は鬼のような形相《ぎようそう》で僕を睨《にら》みつけ、何かを大声でまくし立てたのだ。

突如若者から罵倒《ばとう》され、僕は茫然としながら押し黙った。その様子を一瞥《いちべつ》すると、青年はバイクにまたがりエンジンをかけた。そしてなんと、そのまま一人でどこかへ行ってしまったのだった。

なんてこった。

仕方ないので歩いて先ほどの宿へ向かった。フロントのスタッフは僕の顔を見て、なぜか一瞬目を逸《そ》らした。嫌な予感がする。僕は改めてお詫びをし、パスポートの返却を求めた。すると、とんでもない返答があったのだった。

「パスポートは……ここにはないんです」

あまりに予想外な展開に、最初は言葉の意味が分からなかった。

えっ、なんで？　どういうこと？

話を訊くと、どうやら一足早くやってきたあの青年が、僕のパスポートをどこかへ持ち去ってしまったようだった。キャンセル料として五ドル払えばパスポートを返す、そう青年が言っていると説明された。

決定と告げパスポートまで渡しておきながら、やっぱり泊まらないと翻意したのだから、申し訳ない気持ちは当然ある。もしその間ほかの旅行者が訪ねてきていて、部屋を僕たちのためにキープしていたのだとしたら、キャンセル料を支払うのもある意味仕方ないと言えるだろう。

とはいえ、キャンセル料はホテルに対して支払われるべきものだ。五ドルがその客引きの青年の懐に入るのは、何か違う気がするのだ。そもそも、フロントのスタッフも、もう少し責任を持ってパスポートを管理して欲しい。

「なんでホテルではなく、彼にキャンセル料を払わなければいけないの？　それに、なんで五ドルなの？」

　僕は詰め寄ったが、フロントのスタッフも苦笑いを浮かべるだけだった。

　そもそも客引きは、ホテルのスタッフではないことが多い。客を宿に紹介することで、宿からマージンをもらっているのだろう。

　今回、客である僕がキャンセルをした。すると、客引きである青年はマージンがもらえなくなる。宿にとっては、正直なところ五ドルぐらい別に大したことはないはずだ。実際目の前のスタッフは、期せずしてトラブルに巻き込まれ、むしろ困惑している雰囲気なのだ。

　恐喝まがいのことをされ、お金を払うのは癪《しゃく》だったが、パスポートを人質、いやモノ質にとられたら不利どころか、決定的な負けと言えた。僕が五ドルを支払う旨伝えると、スタッフはどこかへ電話をかけた。

　待つこと十分、青年が現れた。僕がお金を渡すと、彼は投げるようにパスポートを返してきた。そしてポケットに五ドルをしまい、立ち去り際に英語でつぶやいた。

「こんなお金、お前にとっては大したことないだろ」

そう言われて、返す言葉がなかった。後味の悪さが残った一件だった。

tomo

十年後のコメント

相変わらず優柔不断である。一度決めた後で、やっぱりこっちの方が……と目移りすることはいまだに少なくない。本項と同じようなトラブルに遭遇したことは幸いにもないが、日和見《ひよりみ》な態度はときに軋轢《あつれき》を生むという教訓なのだろう。

あの青年は、今頃どうしているのだろうなあ。

新婚旅行に男を呼ぶなんて！★ベトナム

eri

キクカワさんは、私が学生時代にチベットを旅していたときに知り合った人だ。旅人では珍しくプニプニしたお腹と、ファニーなお顔の持ち主。痩せていれば八〇年代の青春映画のヒーロー、熱血ラグビー部のキャプテンにでもなれそうな風貌だが、太ってしまったいまはなんとなくラグビー部の補欠といった雰囲気。

そんなキクカワさんが私たちより一ヶ月遅れて旅に出るという。しかもルート的に重なるのを知り、私とキクカワさんはせっせとメールのやり取りをして、「じゃあベトナムで会えるね」と確認をとっていた。

キクカワさんと合流の日程が決まったとき、私は言った。

「トモちゃん、キクカワさんと会えるよー！」

けれど返ってきたのは、「あ、そうなんだぁ」とあんまり興味がなさそうな台詞《せりふ》。トモちゃんとキクカワさんは、これまで面識がない。

「キクカワさんっていくつぐらいの人？」

「うーん、三十代中盤かなぁ？　私もしばらく会ってないから、突然オッサンになってたりして。ハハハ」

そんな会話の後、一瞬、間が空いた。

「えっ、男なの？」

「えっ、知らなかったの？」

「…………」

こ、これはマズイかもしれない——私が身構えた次の瞬間、トモちゃんはポツリと一言、冷たい声で言い放った。

「知らなかったよ」

言葉にはしないけれど、その様子から「新婚旅行に男を呼ぶなんて！」と思っているのは明らかだった。

うーん、困った。そもそも私とキクカワさんは旅で知り合ったバックパッカーどうし、男だぁ、女だぁという感じではない。恐らく私自身がちっとも気にしていなかったから、トモちゃんにはキクカワさんが男だなんて、一言も伝えていなかったのだろう。

しかし、「新婚旅行に男を呼ぶなんて！」と思われても、だいたいこの新婚旅行はこのあと一年近くも続くのだ。その間、ずーっと私は女の子とだけ話していなきゃいけないのかい！　えーい、後は野となれ山となれ！

開き直った私は、トモちゃんにもキクカワさんにもあえてそれ以上語らず、再会の日を待った。二人が仲良くなるかどうかは、ある意味、賭けだった。

ベトナムの首都ハノイは、東南アジアの熱気と、古都の落ち着きとの両方を兼ね備えた街だ。ここで私は久々にキクカワさんと再会した。

キクカワさんは相変わらずツヤツヤとした肌で、格別オッサンになったわけでもなかった。

「ベトナムってベトナムだよねえ」

　などと相変わらず突然トンチンカンなことを言い出したりして、笑わせてくれた。ただ、表面的には非常にフレンドリーだったが、それでもなんとなく、トモちゃんとキクカワさんの間には微妙な空気が流れていた。

　そんな状況の中、私とトモちゃんとキクカワさんは三人でハロン湾のクルーズツアーに参加した。ハロン湾は海から奇岩がニョキニョキ出ている景勝地で、水彩画の世界に迷い込んだような一日を過ごした。

　ツアーが無事終わり、みんなでバスに乗ってハノイに戻ることになったとき、トラブルが発生した。延々待たされて到着したバスは、空席がたったの一つしか残っていなかったのだ。

　同行したガイドに「乗れないよ」と訴えると、彼は「乗るしかない」と必死に乗客を詰めさせている。このへんの強引さはさすがベトナム！　なんて感心している場合じゃない。なにせハノイまで二時間以上、しかも穴ぼこだらけのガタゴト道を、立って帰るなんて考えるだけで気が滅入る。

「こっちはちゃんとお金払ってツアーに参加しているのに、なんたること！」

　とキレそうだったが、とりあえずガマンして状況を見守った。

数分後、ガイドは「じゃあお前はここ、お前はここ、お前はここ」と明らかにハズレな席に私たちを案内した。もちろん三人バラバラで、しかも一人は座席すらない。

「ええっ！」と私がちょっと不満そうな声を上げた瞬間、それまで黙っていたキクカワさんが突然でっかい声を上げた。

「ゼイ・アー・ハネムーン！」

あまりに突然の出来事に呆気《あっけ》にとられている私たちをよそに、キクカワさんは顔を真っ赤にしながら言葉を重ねた。

「分かる？　ゼイ・アー・ハネムーン！　ソー・シート・トゥギャザー！　分かる？　一緒の席に座らせてあげて！」

巨大な男に日本語混じりの英語で詰め寄られて、ガイドは困惑気味だった。私たちと言えば、キクカワさんの必死な顔を見ていたら、なんだか可愛く見えてきて、思わず顔を見合わせてククククッと笑ってしまった。

結局キクカワさんは私たちが遠慮したにもかかわらず、ガイドがパズルのように乗客を動かして確保した二つ並びの席を譲ってくれた。そして自分は席なき席に大きな体を縮込めて、窮屈な姿勢でハノイまで戻ったのだ。

そもそも私は、キクカワさんと合流するにあたって、トモちゃんが気を悪くするかな？　と心配していた。けれど、当のキクカワさんに対しては何の気遣いもしていなかった。実は一番気を遣ってくれたのはキクカワさんの方だったのかもしれない。

「新婚旅行に同行しちゃっていいのかなあ……」

ちょっぴりでもそう思っていたからこそ、あのとき顔を真っ赤にして怒ってくれたのではないだろうか。

だいたい私は初めて行った場所でも十年も前からいるような顔をしている図々しい女だけど、男性陣二人はもっと繊細だったのだ。

ごめんね、キクカワさん、トモちゃん。

反省する私を横目に、トモちゃんとキクカワさんはこのツアー以来、急速に仲良くなっていった。キクカワさんとの別れの日、トモちゃんの目はウルウルしていたぐらいだ。旅人どうし、またきっと会えるよ！

ベトナム版ぜんざいのチェーを手に、意気投合するスイーツ男子。

と私はトモちゃんをなだめ、キクカワさんにお別れを告げた。

その後、移動の列車の中で流れ行く景色を見ながらトモちゃんはボソッと言った。

「旅の醍醐味って、人との出会いかもしれないね」

賭けはまんまと成功し、そして私はもっと気遣いのできる人になろう！　と決意したのだった。

eri

十年後のコメント

その後もキクカワさんとは、細々と付き合いを続けている。相変わらず血色のいいぷにぷにした体格を維持している。何より、あの真面目さと優しさとユーモアが健在なのが嬉しい。

チキンハートと怪しいカラオケ★ベトナム

eri

国境を越えるのはいつだって怖い。普段の私を知る人なら「えっ」と驚くかもしれないが、私にだって小心者の一面はある。それがかの人民の国、中国となるとなおさらだ。
「国境で文句をつけられて追い返されたらどうしよう」

「そもそも国境まで無事に辿り着くのかしら」

旅立ちから早二ヶ月、旅人としての余裕が出始めたトモちゃんは、その姿を笑っていた。一方の私はチキンハートな台詞を繰り返しながら、のろのろと荷造りに取りかかる。ようやく荷物をまとめ、チェックアウトを済ませる。ロビーに荷物を降ろすと、出発までまだ少し時間があった。私たち二人が暇そうに見えたのか、宿のお姉さんがいきなりベトナム語訛りの英語でニコニコしながら話しかけてきた。

「ドゥ・ユー・ライク・カラオケ？」

カラオケ？　突然出てきた、しかも聞きなれた言葉に驚く。唖然《あぜん》とする私の手を取って、お姉さんは宿の隣の一室に導いた。

中に入ると——う〜む、怪しい、怪し過ぎる。

中途半端なブラックライトといい、壁を彩る原色の安っぽい装飾といい、怪しさ満載の一室だった。まるでテレビでよくある「警視庁二十四時」のような番組で、「ボッタクリバーに潜入！」したみたいだ。そのバーの入口の部分には、昭和のスナックにありそうな、巨大なカラオケセットがでーんと備えてあった。

旅先で難しいのが、警戒心と社交性のバランスだ。外国人旅行者に近づいてゲットマネーしようとする輩は世界中にウヨウヨいるけれど、それはかりを警戒していては旅を楽しめない。それどころか人の好意をみすみすドブに捨ててしまうことだってあり得る。

　怪しさ満点の部屋を目の前にし、私たちはしばし悩んだ挙句、これをお姉さんの好意と受け取った。安宿とはいえ、ちゃんと居を構えているだけに、法外な値段をふっかける……なんてことにはなるまい。

　かすかな不安を打ち消すため、ハノイで合流した友人、キクカワさんも呼んでくる。ちょっとぷよぷよしているけど、百キロ近い巨漢の彼にブチ破れないドアはないでしょきっと、と思いながら。

　キクカワさんは現れるなり、カラオケルームを一瞥し、ボソッとつぶやいた。

「これ、ボラれないかねえ。大丈夫かねえ」

　うーん、ボラれるかもしれないし、ボラれないかもしれない。私たちは迷った。けれどそんな不安な気持ちを見て取ったのか、お姉さんは「レッツゴー！　レッツゴー！」とノリノリで促す。

「えーい、大丈夫でしょ！　うんうん大丈夫でしょ！」

　何が大丈夫なのか、その確証はまったくなかった。けれどなんとなく、大丈夫な気がした。

そうと決めたら楽しもうと開き直り、私は鼻息も荒くマイクを握った。その勢いを自信の表れととったのか、ベトナム人のお姉さんもキクカワさんも、期待の目がキラリと光ったようだった。

正直に言うと、私たちは音楽が好きな割に音痴だ。でもこういう場で「えええ、私はちょっと……」と尻込みするのは野暮だというものだろう。「こういうのは勢い、勢い」と下手くそな歌声を響かせ、それをカバーするために私たちは踊りまくった。ちなみにトモちゃんも音痴だ。

そんな勢いに押されたのか、キクカワさんもマイクを握った。

「う、う、上手いねえ……」

不思議と太めの人は歌が上手いというイ

ここで歌わなきゃ女がすたる？　旅の恥はかき捨てということで。

メージがあるが、キクカワさんもそのイメージに違わない。朗々と歌い上げるその姿は、バックパッカー界のディック・ミネ、だろう。

一方、ノリノリで私たちをカラオケに誘ったベトナム姉さんといえば――これが意外なほどに下手くそで、私たちは密かにホッと胸を撫で下ろした。世界中、歌が上手い人がいれば下手な人もいるのだ。

最後はカーペンターズの「TOP OF THE WORLD」を音痴夫婦でデュエットしながら、日越カラオケ交流は幕を閉じた。

気持ちの良い幕引きを迎えたのも束の間、私たちはふと我に返った。

「ねえねえ、支払いまだだよね。一曲一万円で十万円とか言われたらどうする？」

「……どうしようねえ」

そんなコソコソ話をしていた脇を、宿のお姉さんはウインクしながらするりと歩いていった。そうしてレジの前に立つと――。

「ノープロブレム！」

お姉さんはウインクしながら、自分の財布からお札を出すと、素早く支払いを済ませてくれたのだ。こうなると、疑って不安を覚えていたことが、申し訳なく思えてくる。

ありがとう、本当にありがとう！

出発時間ギリギリまで突然の日越カラオケ交流会で大盛り上がりしていたため、ロビーにいたもう一人のお姉さんは心配そうに私たちを待っていた。いきさつを話すと、「隣でカラオケしてたなんて！」と、ちょっとふくれっ面《つら》だ。

私たちは慌てて荷物を担いで宿を出て、駅に向かった。

夜の寝台列車はどことなくセンチメンタルで哀愁を誘うものだ。けれど先ほどまでカラオケで熱唱し、挙句の果てにベトナム人お姉さんにそれを奢《おご》ってもらったとあって、心は躍っていた。

夜の寝台列車のセンチメンタル雰囲気をブチ壊すかのように、「I'm on the top of the china〜♪」と「TOP OF THE WORLD」の替え歌をルンルンと歌う音痴な私。気づけば、先ほどまでの「国境越えは怖い」「ボラれたらどうしよう」というチキンハートぶりは、どこかに行ってしまっていた。

eri

十年後のコメント

十年経っても、相変わらず音痴な夫婦です。

中国・チベット

2002年８月９日～９月27日

家族のきずな★中国

tomo

エリちゃんのお父さんがやってくる――そう聞いたとき、僕は正直怖くなった。

彼女のお父さんというのは、世間一般で言うところのいわゆる「オヤジ」とはかけ離れた存在で、そのルックスも考え方も、とても五十歳を過ぎているとは思えないほどに若々しい。

「娘さんと結婚して会社辞めて海外をしばらく旅したいんですけど……」

旅立ち前、そんな話をした際だって、

「ああ、そうかそうか。それは楽しそうだな」

などと、嫌な顔をせずに容認してくれるような父親なのである。

変な偏見がないというか、並大抵の理解力の持ち主ではない。もちろん表面上そうは言っていたものの、内心きっと心配していることも想像がつく。だからこそ今度のお父さんの訪問には、僕たちの旅行へのある種の探りのような意味も、きっとあるに違いないと睨んでいたのだ。

それに、なんといっても嫁の父である。婿の僕からすれば、この世で最も恐ろしい存在であるといっても過言ではない。婿として醜態をさらすわけにはいかないし、お父さんのご機嫌を損なわないようにしないと……。妙な緊張感を抱きながら、僕はお父さんとの再会の日を迎えたのだった。


中国は雲南《うんなん》省の省都、昆明《こんめい》に着いた翌朝のことだった。お父さんと落ち合うためにメールで連絡を取ろうと、ネットカフェを探しに行くことにした。

ホテルのレストランを横切り、外へ出ようとすると——。

——あれ？　僕は目を疑った。

「あそこにいるのは、もしかしてお父さんでは……」

なんと僕たちが泊まっているホテルのレストランで、お父さんらしき人物が澄ました顔で朝食を食べていたのだ！

そんな偶然があるのだろうか。

改めてその人物に目をやる——どこからどう見ても、お父さんだった。

向こうもこちらに気がついたようで、僕たちの姿を見つけるなりニヤッと笑った。

「おお、待ってたぞ」

と言わんばかりの堂々とした雰囲気。本来ならこっちが「ようこそいらっしゃいました！」と歓迎するはずなのを忘れ、僕は茫然と立ち尽くしてしまった。事前に泊まる宿を決めていたわけではない。たまたまチェックインした宿になんでお父さんがいるのかさっぱり分からず、狐につままれたような気分だった。

「昆明で手頃な宿っていったら、ここしかないんだろ。だからきっとエリたちもここに来るだろうな、と思って……」

お父さんが、何でもないことのように種明かしをしてくれた。さすがは百戦錬磨の旅のプロである。なんだか一歩も二歩も先を行かれた気がした。

エリちゃんのお父さんというのは、仕事で海外、それも主に途上国を飛び回るような生活をもう何十年も続けている。この親にしてこの娘あり、という感じの親子である。もともと濃いめの顔立ちなのに加え、もじゃもじゃにヒゲが生えていたりして、パッと見、日本人には見えない、とっても貫禄のある人物である。空港の税関などでもよくアラブ系の国の人に間違えられたりするらしいのだが、僕はその話を聞いて納得してしまったのを覚えている。

今回は、タイのチェンマイで仕事が一段落して、週末だけ少し時間があるというので、中国の雲南省で落ち合って一緒に小旅行しようと計画していたのだ。そのお父さんが目の前にいる。一瞬ドキリとしたけれど、美味《おい》しそうにお粥《かゆ》をすすっている様子を見て、僕はなんだか嬉しくなってしまった。

食後、とりあえずみんなで昆明の電気街を散策することになった。僕はもちろんのこと、お父さんもパソコンなどのハイテクの類《たぐい》が大好きなタイプだ。

電気街に行こうと言い出したのはエリちゃんなのだが、彼女は彼女なりに僕とお父さんの「婿と舅《しゅうと》」という微妙な関係に気を遣ってくれていたのだろう。何せ彼女自身は、電気街なんてものにはまったくといってよいほど関心はない人間なのだ。

道路脇にひしめき合ういかがわしい露天商の数々、雑多に並べられた怪しげなパーツ類、公然と積み上げられた海賊盤ＣＤ－ＲＯＭやＤＶＤの山など。中国はめまぐるしい発展を遂げつつあるが、まだまだ猥雑な姿を残していて、こういった光景の中をふらふらと歩き回るのは、僕にとってそれだけでとても刺激的だった。

それはエリちゃんのお父さんにしてみても同感らしく、僕とお父さんは中国のパソコン事情について大いに盛り上がった。結果的に、このコースは大正解だったのだ。


ひとしきり電気街を散策し終わると、続いて動物園を訪れることになった。

「家族旅行といえば動物園でしょう」

そう勢いよく提案するエリちゃんを見て、今度こそ彼女の行きたいところなのだろうな、と僕は内心ニヤッとした。

小雨が降っているとはいえ、動物園はやはり子ども連れが多く、どこか賑やかだった。傍《はた》から見たら、僕たちはどういう関係に見えるのだろうか。

中国人はここでも素直な人柄丸出しだった。

「エサをやらないでください」の看板を完璧に無視し、熊やライオンに菓子パンをあげまくっている。檻に閉じ込められ、もはや猛獣としてのプライドもへったくれもなくなってしまったのか、彼らは長〜い舌を必死に伸ばし、外にこぼれたパンまでもなんとか食べようとしていた。その光景を見て、僕たち三人の中でドッと笑いが起きる。当初の緊張はすっかりどこかへ吹き飛び、なかなかいいムードなのである。

さらに歩いていくと、ひときわ凛々《りり》しく檻の中に佇んでいる動物を発見した。

真っ白な虎がいたのだ。看板には「白虎」と漢字で書いてあった。見たまんまの名前だが、目の前の白い虎は檻の中に入れられどこか悲しげで、けれど凛《りん》としたその表情には何者をも近づけない、孤高な強さと美しさがあるように感じられた。

「なんかさあ、あの虎、パパみたいじゃない？」

エリちゃんは虎の姿にお父さんを重ねているようだった。でき過ぎた話だが、確かにそう言われるとお世辞抜きでそんな気もしてくる。お父さんの方をふと見てみると、しばし言葉少なに檻の中を見入っていた。三人の中に奇妙な沈黙が生まれた。

雨が強くなってくるにつれ、寒さが増してきた。

僕たち二人は長袖を着ていたが、タイから来たお父さんだけは半袖のままだった。

お父さんは寒いとか冷たいとか、そんな文句は一言も言わなかったが、僕は上着を脱ぎお父さんに渡した。身長が百八十センチ以上もある大柄な僕の洋服だから、お父さんにはやや大きめだ。ぶかぶかの服を着ながら颯爽《さっそう》と先頭を歩くお父さんのアンバランスさが可笑《おか》しくもあり、頼もしくもあった。

「余ったから……」

そう言ってお父さんは帰りがけに、僕た

ローカルな食堂でも、お父さんは中国語でてきぱき注文していた。

ちに中国元を渡してくれた。余ったにしては多過ぎる額だったが、僕たちはそれを素直に受け取った。さらには、腕にしていたGショックの腕時計までプレゼントしてくれた。

「ありがとうございます」

丁寧にお礼を言って、遂に別れた。短い間だったけれど、お父さんからは色々なことを学んだ気がする。三人の間には、家族のきずなが生まれたようにも思う。

――結婚というのは、家族が増えることなんだなあ。

当たり前過ぎる事実を、いまさらながらに実感した三人旅だった。

tomo

十年後のコメント

僕たちがいまだに旅を続けているように、お父さんも相変わらず世界を飛び回っている。たまに日本で顔を合わすと、「モンゴルで馬に乗ったんだよ」などと愉快なエピソードを披露してくれる。

直近では、キルギスに滞在しているお父さんに会いに現地へ出向いた。「中央アジアのスイス」などと讃《たた》えられる美しい自然を備えた同国で、僕たち三人はトレッキングに出かけた。先頭をきって山道をずんずん突き進んでいくお父さんの背中はやはり頼もしく、改めて憧れの念を抱いたのだった。

麗江は雨がしたたる桃源郷★中国

tomo

　桃源郷という言葉は、旅好きでなくても興味をかき立てられる響きがある。

「ね〜ね〜、ここ絶対行きたくない？」

　旅立ち前、日本でエリちゃんに見せられたのは、写真週刊誌の切り抜きだった。瓦屋根の古ぼけた民家が立ち並ぶ、アジアの片田舎のようなどこかが写っていた。記事には「桃源郷」というキャッチコピーが付けられている。それが中国の麗江だった。

　麗江――「れいこう」と日本語読みしたくなるが、中国語の発音では「リージャン」と読む。雲南省北西部に位置する、人口三十万人の街だ。漢民族に混じり、ナシ族という少数民族がいまでも暮らしているという。

　僕らが雲南省にやってきた目的は、ここ麗江に立ち寄ることにあったと言ってもよい。そう、あの雑誌の写真で見た桃源郷を求めて。

　記事の影響をモロに受けた僕は、雲南省は美しい山々に囲まれ少数民族が暮らす、非近代的な場所というイメージを勝手に持っていた。

　ところがいざ訪れてみると、省都である昆明は高層ビルが立ち並ぶ近代都市であったことは前述した。昆明では、少数民族なんてまったく見かけなかったのだ。だから、昆明で期待外れだったぶんも含めて、麗江に対しては大きな期待を抱いていた。

そしてその期待は、見事に裏切られる結果となる。期待し過ぎは良くないらしい。

麗江は確かに趣のある美しい街だったし、頭に青いターバンのようなものを巻いた少数民族のおばちゃんもちらほらと見かけることができた。

けれど、それはあくまでも「ちらほら」というレベルで、それより何より観光客が多過ぎることに僕たちは面喰らってしまった。

旧市街の入口には大きな観光バスが何台も横付けされていた。瓦屋根の建物の大部分は土産物屋で、観光バスから降りてきた観光客がぞろぞろ群がりながら吸い込まれていく。

なんでもこの街並みは、世界遺産に登録されているそうだ。歴史的に貴重なものなのかもしれないが、僕の目にはよくある歴史村というか、一大テーマパークのように映った。こうなると、たまに現れる少数民族のおばちゃんも、仕組まれた演出なのではないかと穿《うが》った見方までしてしまう。

少なくとも、あの雑誌が書いていた「桃源郷」は言い過ぎだと思った。自分たちも同じく観光客である事実を棚上げし、容赦のない観光地化ぶりには興ざめしてしまったのが正直なところである。

それに、毎日のように雨に降られたことも、僕たちの意気を消沈させた。

雨、雨、雨。空はどんよりと厚い雲に覆われ、心まで灰色になっていく。

東南アジアのスコールのように、一時的に激しく降ってすぐにカラッと晴れるのではなく、終日雨が降り続く、梅雨どきの日本のような空模様だ。

やんだと喜んだらまたすぐ降ってくるし、一日中そんな感じだから洗濯物もまったく乾かない。憧れだった桃源郷に辿り着いた興奮はどこかへ消え去り、悄然《しょうぜん》としながら宿に籠《こ》もる日々が続いた。

雨ばかりの観光地にいつまでもいても、ちっとも面白くない。僕たちは次の目的地

世界遺産の麗江旧市街。時代がかった建物は絵になるのだが……。

である上海行きの列車の切符を購入し、雲南省を早々に脱出することに決めた。

雲南省には昆明や麗江のほかにも、大理《ダーリー》という旅行者の間で噂のスポットもある。当初は大理まで行くつもりだったのだ。

「このぶんだと、どうせまた雨に行動を遮られそうだし、もううんざりだよね」

苛立《いらだ》ちとあきらめを滲《にじ》ませながらそう言い合い、僕たちは予定を変更したのだ。

いよいよ麗江を後にするという最終日になっても、天気は相変わらず雨だった。

数日滞在しつつも、実はまだほとんどまともに観光していなかった僕たちは、しぶしぶ傘をさして旧市街へ向かった。

例によって、通りは観光客で埋め尽くされている。僕たちは逃げるようにして、路地へと足を踏み入れた。狭い小径《こみち》を奥へ、奥へと進んでいく。すると思いがけず景色が変わった。

「あれ？　人がいないような……」

あるのは、ただの古めかしい民家だけ。土産物屋はなく、観光客もいない。

小川のせせらぎが心地よかった。民家は普通に人が暮らしているようで、洗濯物が干してあったりと、生活感が漂っている。庇《ひさし》の下で静かに縫い物をしていたナシ族のおばあちゃんと目が合って、ニコッと挨拶すると、微笑みで返礼された。

「なんだか、妙に和む光景だよね」

　エリちゃんが目を細めた。僕も同じ気持ちだった。

　それまでは、よくできたテーマパークのようにしか見えなかった麗江の街並みが、イミテーションではなく現実感を伴ったものへ転換した瞬間だった。まるでジオラマに命が吹き込まれ、突如として動き始めたような変化だった。

　こうなると、途端に調子に乗ってしまうのが僕たちである。

「素敵な街並みだからこそ、雨がしたたる感じも風流でいいよね」

　ゲンキンなものである。散々忌み嫌っていた雨さえも、好意的に捉えられるようになったのだ。

　街を眼下にできる丘へ上ると、遂には晴れ間が覗《のぞ》き始めた。

「麗江に来て初めての青色の空だねえ」

「うんうん……あ、トモちゃん、うえ見て！　うえ！」

　促され見上げると――なんと七色の虹が浮かんでいた。嘘のような本当の話である。

　結局のところ、旅は気の持ちよう次第なのかもしれない。雨ぐらいでくよくよしている場合ではない。もっと前向きに楽しまなきゃ。

tomo

十年後のコメント

僕たちの人混み嫌いは最初からだったのだなあ、と本稿を読んで思い知らされた。誰も行かないような不便な場所へ足を向ける勇気はないくせに、訪れた場所が観光客だらけだと急速にテンションが下がり、悪態をついてしまう。我ながら身勝手極まりないと思うが、いまだにメジャー過ぎる観光地では当惑することもしばしばだ。

それに、他人と同じなのは嫌なのだ。定番スポットはいちおう見てみたいが、マイナーでまだあまり知られていないところの方により興をそそられる。

人気の観光地は時代と共に移り変わっている。テレビなどで紹介されると途端にブームに火がつき、みんながこぞってそこばかりプッシュするようになる現状をここ数年まざまざと見せつけられてきた。本当に素敵なスポットは、メディア経由ではなく自分で見つけたいと願うのは、旅人のエゴなのだろうか。

軟臥でゆく五十一時間列車の旅★中国

tomo

中国での移動には主に列車を利用している。国があまりにも広大なため、東南アジアのようにバスで移動する距離ではないからだ。

もちろん、陸路にこだわりさえしなければ、飛行機で移動するのが最も効率的かつ手っ取り早い。けれど飛行機は国内線といえどかなり高価で、僕たちのような節約旅行者は専《もっぱ》ら列車を選ぶことになるのだ。

この列車の切符を入手するのが困難を極めた。一日あたりの本数が少なく、定員数も限られる。そのうえ、中国人の国内旅行ブームにより、潜在的な列車利用者数も激増しているらしい。

利用者数が定員数を圧倒的にオーバーしているのだ。つまり、需要と供給のバランスが取れていない。するとどうなるかというと、出発前日などに列車の切符を取ろうとしても、入手するのは至難の業となる。

急遽上海行きを決めた僕たちも例外ではなかった。

「昆明から上海までの硬臥切符を二人ぶん、お願いします」

「……没有《メイヨー》」

列なき列に並び、激しい割り込みを二人がかりで必死にブロックしながら、必死の思いで窓口の前に辿り着いた僕たちに、即座に返ってきたのがこの言葉だった。没有とは、中国語で「ない」という意味だ。

「じゃあ、次の日なら空いてますか？」

「……没有」

「そしたらさらにその次の……」

「没有！」

「えっ、まだ言い終わって……」

「没有！　没有！　没有！」

「…………」

そうこうしているうちにも、後ろから、左右から、切符を求める男たちの手が割り込んでくる。殺気さえ漂うようなカオスな空間の中で、僕たちは天を仰いだのだった。

時期がちょうど夏休みのハイシーズンだったせいもあるのだろう。予想していた以上に厳しい現実が待ち受けていた。

とはいえ、窓口のお姉さんの世知辛い応対ぶりに僕は戸惑った。もう少し言いようがあるだろうに、最後の方なんて調べてさえいない雰囲気だったし……ぶつぶつ悪態をつくも、ここは異国の地。無力な旅人にはどうにもできない。

いったん列から抜け、僕たちは作戦を練ることにした。

「どうしようか、切符ないってさ」

「うーん、困ったねえ。あったとしても、またメイヨーって言われそうだし。それにしても、わたしが前に来たときと何も変わってないなあ、この国」

　エリちゃんいわく、中国人は列に並ぶという概念がない民族らしい。切符売り場に限らず、商店などで何か買い物する際にも、こちらが外国人と分かると、面倒なので「メイヨー」の一言で済ませようとすることもよくあるのだと。とんでもない国だが、いまのやり取りを見る限り、さもありなんという感じだ。

　思案した結果、硬臥ではなく軟臥なら席が取れるのではないか、という希望的観測案が浮上した。中国の列車の切符にはクラス分けがあって、硬座、軟座、硬臥、軟臥といった具合に座席の種類が用意されている。読んで字のごとく、硬座と軟座は座席だけ、硬臥と軟臥は寝台付きとなる。

　さらには無座というある種特別なクラスも存在する。運賃はいちばん安いが、これはずばり、座席なしの切符。昆明から上海までは五十時間もかかる、二泊三日の大移動だ。とてもじゃないが、無座なんてあり得ない。

　できれば寝台車を選びたかった。硬臥はハードスリーパー、軟臥はソフトスリーパーで、言葉が意味する通り軟臥の方が快適だが、運賃はいちばん高額だ。乗る距離にもよるが、飛行機で行く場合の運賃のほぼ半額ぐらいで、言うなればＶＩＰクラスである。

日本より物価の安い中国とはいえ、少しでも旅費を節約したい僕たちのような旅行者としては、軟臥は端《はな》から選択肢になかったのだ。

しかしながら、硬臥は空いていないという。

ものは試しで、同じ日程で軟臥の切符があるか訊いてみることにした。再び熾烈《しれつ》な割り込み合戦を乗り越え、窓口で僕は無言でノートの切れ端を差し出した。行き先と日程に加え「軟臥」と書いたものを見せ、こちらの希望を伝えるわけだ。懸命に拙い中国語で話しかけても、また門前払いされるのがオチなので、ならばとこの作戦で行くことにしたのだった。

すると、お姉さんは端末をパチパチ操作し――切符が出てきた。

なんと、買えてしまったのだ。

少々痛い出費ではあったけれど、切符を手にできた喜びのあまり、金額については見て見ぬ振りをすることにした。大きな壁を突破したような充足感で満たされた。冷静に考えると、ただ単に窓口で列車の切符を買えただけの話なのだが……。


出発の日がやってきて、僕たちは切符を宝物のようにぎゅっと握りしめながら列車に乗り込んだ。指定された号車の指定された座席を見つけると、上下二段のベッドが向かい合った、コンパートメントだった。ベッドはふかふかだし、寒いぐらいにエアコンが効いているし、車両の端には中国にしてはだいぶ綺麗な洋式トイレまで備え付けられていた。さらに言えば、乗務員の女性が飛行機のキャビンアテンダントのように美人ばかりで、僕がニンマリと頬をゆるめたのは言うまでもない。

後学のために硬臥も見学しに行ったが、あちらはコンパートメントで仕切られておらず、車両の中に所狭しと三段ベッドが並ぶだけの簡素なつくりだった。

「やっぱり、軟臥じゃなきゃねえ」

などと、つい偉そうなことを口走ってしまう。

五十時間もの移動と聞いて、乗る前は怯む気持ちもあった。けれど、あまりに快適な空間に、時間はあっという間に経ち、あ

大移動のすえ大都会に到着した。お上りさん丸出しで記念撮影！

れもう？　と拍子抜けするほどアッサリと上海に到着したのだった。

「これなら、もう一日くらい乗ってても平気だよねー」

エリちゃんの口からは、こんな調子のいい発言まで飛び出す始末だ。

「この旅は新婚旅行だし、これくらい贅沢をしても罰は当たらないでしょう」

僕もすっかりゆるみきっていた。

ちなみに同じコンパートメントには、僕たちのほかに、おばあちゃんとそのお孫さんの小さな男の子と女の子が乗っていて、上海までずっと一緒だった。

「子どもがずっと一緒だとうるさいかもね」

などと当初は心配していたのだが、フタを開けてみたら一番うるさかったのはおばあちゃんの怒鳴り声というオチがついたのだった。

tomo

十年後のコメント

高速列車が続々と開業し、ネットワーク化が進んだことで、中国の列車事情は以前よりも大きく改善された印象を受ける。けれど、切符の取りにくさは相変わらずだ。

中国旅行のガイドブックの取材で、とある地方都市を訪れたときのこと。英語もろくに通じない田舎街で列車の切符を買おうとして途方に暮れた。仕事の旅なので時間が限られており、どうしてもその列車の座席を確保する必要があった。

窓口では完売している切符をどうやって入手するのか——奥の手を使った。

そう、ダフ屋である。宿泊していたホテルのフロントで相談すると、その筋に顔が利くという知人を紹介してくれた。彼を介して、無事購入できたのだ。手数料をたっぷり取られたのは言うまでもないが……。

上海雑技団に涙する★中国

「上海へ行くのなら、上海雑技団を観ないと」

とは、かの『地球の歩き方』にも書かれている通りだ。よくテレビでも紹介されている、人間技を超えた芸を披露している、アレだ。私は、かねてから上海に行ったらぜひ雑技団を観てみたいと思っていた。

一方で旅の途中、中国に一年いるというベテラン旅行者にこんな話も聞いた。

「実は上海にいる雑技団はB級らしいよ。A級の人たちは海外を飛び回ってるから」

それもそうだとやや意気消沈しながら同意する。それでも、やっぱり観たいものは観たい！　という気持ちだった。そもそも、観てみないと分からないじゃないか！

上海に着き、早速雑技団のステージに向かった。チケットが残っていた席は一人八十元という真ん中のランク。中国では安食堂で食べると一食一人十元ぐらいでお腹いっぱいになることを考えると、少々痛い気持ちもした。

「でもまあ日本円で千二百円でしょ」

と都合良く換算し、私たちは席を確保したのだった。

最初の出し物は、人が一人くぐれるぐらいの輪を使ったものだった。それを縦に二段、三段と重ね、スレスレのところで次々と人がくぐっていく。

――と思いきや、途中何度かくぐれずに、重なった輪が無残にも崩れ落ちてしまうシーンがあった。

「上海にいる人はB級で……」とのベテラン旅行者の言葉が脳裏に浮かんだ。けれど、失敗したのはこのときだけだった。その後はまさに人間技とは思えない驚異の芸が続く。

三メートルほど高く積まれたテーブルの上に置かれた、わずか十センチほどの円盤の上で、次々にポーズを変える少女。直径四十センチほどの筒をくぐり抜けるばかりか、体を二つに折ってその中を通るという驚異の軟体人間。両手で八つのお皿を回しながら、頭に別の皿回しの人を載せ、ニッコリと笑う女性たちもいた。

人と人が力を合わせ、ハラハラするほどのバランスでもって次々と驚異的な芸が披露されていく。そのたびに会場からは大きな拍手と感嘆の声が上がるのだった。

芸もさることながら、構成も見事だった。動きの激しい芸の後には、ゆったりと、けれど緊張感のある芸がくる。一人で驚くべき芸を披露する人もあれば、何十人も揃って舞台を華やかに飾るときもある。音楽にしてもアッパーだったり、しっとりだったり、民族的だったり。衣装も中国風のものがあれば、いわゆるサーカス調のものもあり、バレリーナ風のものもある。

それが一演目、十分程度で次から次へと披露されるのだから、こちらは飽きている暇がない。日本にいたとき、私は音楽雑誌の仕事をしていたために、年間かなりの数のライブや舞台を観ていた。中には正直、これでお金をとるのかと首を傾げるものもあった。そんなへなちょこエンターテイナーはぜひ、上海雑技団を観るべきだ。

芸でお金を稼ぐというのは、こういうことなのだ！

私は世界一と言われる上海雑技団の芸にいたく感服して、ステップしながら会場を出たのだった。

会場を出た直後、私は持っていたオペラグラスのケースを席に置き忘れてきたことに気づいた。慌ててホールに戻ると、観客はすっかり出払っており、掃除ももう終わろうとしていた。

そして舞台の上には先ほどまで華々しく芸をしていた雑技団のメンバーが集まっていた。ステージ上では凜としていた出演者たちの中には、よく見るとまだあどけない顔をしている子も少なくない。

しかも、どうやら監督らしい男性が激しい口調で怒鳴っている。最初の輪を使った芸で失敗したのがいけなかったのだろうか。ほかはあんな完璧な芸だったのに……。こちらの思惑とは裏腹に、鬼監督さながら男性は怒鳴り続けた。

それを聞くメンバーはみな汗びっしょりで、最後の芸を披露したメンバーは、まだ肩で息をしていそうだ。真剣に鬼監督の話に耳を傾けるその顔は、みな一様に鋭かった。

エンターテイナーの裏側を垣間見て、私は思わずその場に立ち尽くした。水面では涼しい顔をしている白鳥も、水の中で必死に足を動かしているのだ。そして雑技団の面々のプロ意識の高さに、まだあどけなさが残る彼らが生きる世界の厳しさに、B級なんて言ってごめんと申し訳ない気がした。

しばらくしてトモちゃんが待っているところに戻った。

すっかり涙顔で戻ってきた私に、事態を理解していないトモちゃんはオロオロしている。探しに行ったオペラグラスのケースが見つからなくて悲しかったのか、それとも誰かにこっぴどく怒られたりしたのか。トモちゃんは心配してそんなことを尋ねた。

「いやあ、すごい感動しちゃってさあ」

先ほど見た舞台裏を打ち明けると、私のあまりの単純さにあきれたのか、トモちゃんは苦笑いを浮かべたのだった。

eri
十年後のコメント

その後、中国雑技団の芸に触れる機会は何度かあった。たとえば欧州のパーティで元雑技団と思える中国人グループが、軟体動物のような体の柔らかさを披露していたり。そのたびに本場上海で見たあの舞台裏が思い出される。

バザール、OH！　バザール★中国

eri

私はかなりの市場フリークだ。旅先で市場を見つけると、行ってみないと気が済まない。市場が好きだと話すと、「そうそう、市場はタダだしね〜」と同意してくれるバックパッカーも多い。

確かに市場だと、法外な入場料を取られて、それだけで印象が悪くなったりすることはない。そのうえ、その地の人々のリアルな生活の一部が垣間見られる。まさに絶好の観光スポット、それが私にとっての市場だ。

カシュガルに向かう理由の一つが、毎週日曜日に開かれるバザールだ。いまもシルクロードの活気を残すというバザールは、砂漠のオアシスで開かれている。

そもそも、新疆《シンジャン》ウイグル自治区といえば、中国であって中国でない。悲しいかな、歴史のいたずらでいまは中国の一部であるが、そこに住むウイグル人の文化や習慣は、中国大陸の一大勢力である漢人とはまるで違う。

言葉も中国語ではないし、顔立ちは彫りが深く、のっぺりとした日本人や漢人から見れば、外人顔だといえよう。ムスリム（イスラム教徒）がほとんどで、豚肉は食べない。男性はウイグル帽と呼ばれる帽子を被り、女性はスカーフや布で頭を覆っている人が多い。そして街の真ん中には立派なモスクがある。

こんな環境だから、漢人に対しては敵対心を持ち、独立を望む声もあるという。

そんな新疆ウイグル自治区の一番奥地にあり、最もウイグルっぽさを残す街がカシュガルだ。だからこそ私は、そこで開かれるバザールに辿り着いたときには、「ついに来たか」との思いでいっぱいだった。

大通りからバザールが開かれている道に入ると、あちこちに何かが山積みになっている。あれは――ハミ瓜とスイカだ！

ハミ瓜、スイカ、ハミ瓜、スイカ、ハミ瓜、ハミ瓜、スイカ、スイカ……。

「誰がこんなに食べるの～」

そんな言葉が出るほど、一面ハミ瓜とスイカだらけで、その間にポツポツと人が見えるといった具合だった。

ハミ瓜とはウイグル原産の巨大な瓜で、「食感スイカ、味メロン」という果物。乾いた土地で食べると、その水っぽさと甘さが絶妙だ。一個四十五円と笑ってしまうほど安いのだが、これだけ山積みになってい

ハミ瓜だらけで圧倒される。一玉丸ごと購入するのが流儀だ。

る光景を見ると、その安価さにも納得する。

さらに奥に進むと、いよいよ本格的なバザールが始まった。しかしどこから湧いてきたのかというぐらいの人、人、人。そして、そこにいるのはウイグル帽を被った男性やスカーフをした女性ばかりで、漢人の姿はほとんどない。

さらには、けたたましくクラクションを鳴らしながら人々の間を爆走するタクシーやバス、そして荷台を付けたポニー（小型馬）がところ狭しと行き交う。道も乗り物の中も、買い物帰りの人や荷物でぎゅうぎゅうだった。

「ブルコイ！　ブルコイ！　ブルコイ！」

一元、一元、一元だよ〜という威勢のいい声が響く。客の方には女性の姿も見られるが、売り手は圧倒的に男性が多い。

それにしても皆、いい声だ。独特のイントネーションで腹の底から響く声を出す。さすが騎馬民族であるウイグル人、聞いているだけで勝手にこちらも背筋が伸びる。

市場に溢れる、この高揚感が好きだ。そして高揚感に満ちた市場ほどいい市場だと、私は思う。

バザールは、イスラム式に草花の模様が描かれた建物を中心に広がっていた。建物の中には主に日用雑貨や衣類、建物の外は食品という住み分けになっている。

最初に覗いた衣料品売り場が強烈だった。ここだけはほとんどが女性客で占められていて、体格のいいおばさんたちが、バーゲンさながら商品を奪い合うようにして選んでいる。驚くことにそこには既製品はほとんどなかった。生地屋さんがただひたすら連なっているだけなのだ。皆ここで生地を買って、洋服屋さんに仕立ててもらうのだという。レース素材の布に裏布を色々と当てながら組み合わせを考えている、でっぷりと太ったおばちゃんたち。ここで洋服を買うのは実にクリエイティブな作業だ。この生地とこの生地を合わせ、こんな形の洋服にしようと考えながら選んでいるおばさんたちの楽しそうなこと！

そして私が何より市場で好きなのは、生鮮品、中でも肉類を扱っているお店だ。旅行者として訪れるのがほとんどだから、なかなか肉は買えない。それでも大きな牛やブタ、そして鶏などが目の前で捌《さば》かれていくのはインパクトがあって、ただただじーっと見てしまう。

カシュガルのバザールでは、肉といえば羊だ。あちらこちらの店先で、U字型の金物に羊の肉が吊り下げられている。店下にコロコロと羊の頭が転がっている。その脇には、剝がされたふわふわの毛が付いた皮が山のように盛られていて、確かにそこに羊がいた痕跡を残していた。

そばではオジサンが、よく切れそうな大きな包丁でガンガン手際よく肉を捌いている。内臓を部分ごとに取りまとめ、腸は口でぷっ〜と吹いて膨らまし、ホースをまとめるかのようにくるくると巻いていく。

食物連鎖を目の当《ま》たりにする光景だ。「だから私は生きてるのね」と実感できるこういう場面が堪らない。実際、その前後にカシュガルで食べたシシケバブは、どれも新鮮で臭みがなく大層美味しかった。

さらにカシュガルのバザールでスケールが大きいと感じたのは、ほとんどの人が生きた羊を一匹単位で買っていくこと。東南アジアでも鶏などは生きたまま買っていく人をときおり目にするが、羊は初めてだ。

本日のお買い物は、羊一匹と洗剤1パックなり〜。

バザールのあちこちで羊の値段交渉が行われ、羊をめぐってケンカをしている人までいる。買われていった羊が、「歩くのイヤだ!」と抵抗すると、買ったばかりの主人は「コノヤロー」とばかり羊を蹴り、首輪を引っ張っていく。人、人、人に紛れて、羊がお尻をプリプリ振りながら連れられていく。

その光景はいかにも中央アジアのバザールならではのエキゾチックさに満ちていた。私は砂埃と共に、この光景を心に焼き付けよう! と目を見開いた。

帰り道を歩きながら、ふと考えた。

「自分の人生でこれから羊を一匹丸ごと買う機会って、あるんだろうか」

そう思うと、カシュガルのバザールで人々が、実にダイナミックな人生を送っているようで、ちょっぴり羨ましかった。

eri

十年後のコメント

その後、私は市場好きが高じて、『世界の市場』(国書刊行会)という本を刊行した。写真はトモちゃんが撮ったものがほとんどだ。あのときこのカシュガルのバザールで感じた高揚感が、『世界の市場』という本の原点だったように思う。

カシュガルといえばその後反政府運動が活発になり、二〇〇九年にウルムチで発生した暴動が飛び火した。市内で爆発や連続襲撃事件が起き、カシュガルはすっかり反政府運動が盛んな物騒な街というイメージになってしまった。

　一方で、「世界ウイグル会議」などウイグル人権団体は、事件の背景には中国政府によるウイグル族への長期にわたる弾圧と排除があると反発する。とくに言葉と信仰に対する弾圧はすさまじいという報道もある。

　いかにも中央アジア、ここから別の文化圏が始まる——そう思わせてくれたカシュガルの日曜バザール。これが中国という国の中に存在すること自体の違和感がまた、この市場をさらに魅力的なものにしていたのかもしれない。

　痛みを伴わずに民族対立感情が雪融《ど》けることを切に願う。

私たちは侵入者★チベット

eri

「チベットのラサまでは最速で十時間、まあ普通は十七時間ぐらいかかるかな」
唯一陸路でチベット入りが許可されているゴルムドの街に着くと、いかにも怪しげなチベット人の客引きが、慣れた口調でそう言った。
いまでも政治問題を抱え、「秘境」というイメージが強いチベット。
「チベットなんて行けるの？」と思っている人も多いようだが、飛行機は通っているし、観光客もバンバン行っている。

ただし、外国人がチベットへ行くには許可証を申請しなければならず、また観光できるエリアも限られている。しかもその許可証を取得するのが、中国の物価から考えるとべらぼうに高い。ただ単にスタンプが押してあるだけの紙なのに……。

私たちがチベットを目指し乗り込んだのは、いわゆる「闇タクシー」と言われるものだった。外国人が正規のバスで行こうとすると、許可証の値段を追加され現地人の五倍近く（！）を払わなければならず、そのうえバスはたいていオンボロだから三十～四十時間は軽くかかってしまう。

さらに付け加えると、その許可証はチベット国内ではもちろん、国外に出るときもさしてチェックされない。持っていても大して得にも損にもならないという、何のためにあるか分からないスタンプなのだ。

だからゴルムドに集まる外国人旅行者のほとんどが、こういった闇タクシーを利用していた。しかも日本人は中国人と似ているから、公安（中国の警察）に見つかることはほとんどないという。

私たちに限って大丈夫だよね？　という強気半分、でも万一公安に見つかったら……という不安半分で、私たちは中国式のジープに乗り込んだのだった。

運転手以外の乗客は、私とトモちゃんの二人のほか、気の良さそうなオジサン、それから肝っ玉かあちゃん風の女性と、その女性が連れていた一歳半ぐらいの赤ちゃんだ。色々なメンツがいて、ファミリー感があっていいなあとそのときは暢気《のんき》に考えていた。

走り出してすぐ、いきなり雪が降り出した。

東南アジアからスタートしてこれまで北上してきたとはいえ、私たちはつい最近まで半袖で過ごし、肌も真っ黒に日焼けしたままだ。この旅始まって初の雪に、最初は「雪だ！　雪だ！」と二人して喜んでいた。

しかし時間が経つにしたがって、二人とも徐々に無口になっていった。車に隙間風

こんなジープで５千メートルの高地越え。荷台じゃないだけマシ？

が入ってきて、ものすごく寒いのだ。

出発前に私は「ババシャツにモモヒキ着用だもんねー」なんて笑っていたが、本当にババシャツもモモヒキも着てきて良かった。私より薄着のトモちゃんは隣でガタガタ震えている。

おまけに道は予想していたよりもずっと悪路だ。デパートの屋上にある、百円を入れるとブインブイン動く馬に乗ったまま一時間、二時間と走り続けている感じ、と言えば想像がつくだろうか。

けれど、本当の地獄はここからだった。

車は夜を徹して山を登り、登り、登り——。十時間以上乗り続けたところで、私たちは一つの峠に差しかかった。標識によると標高は五千メートルを超えている。そこで運転手はやおらエンジンを切り、車を停止させた。気付けば周囲は私たちの乗っているジープのほか、トラックやらバスやらがみんな停止していた。

なんと、こんな山の頂上で渋滞か⁉

それとも何か、事故とか⁉

初めてのことで状況がよく飲み込めず、またそれを運転手の中国人から問い質《ただ》すほどの中国語力もない私たちは、停まったジープの中で、一刻も早く車が動かないかと、ただひたすら願うしかなかった。

そのとき、私たちの身に恐れていたことが降りかかった。

――高山病だ。

だいたいここは、標高は五千メートルオーバー、富士山の頂上よりもずっと高いのだ。出発したゴルムドは標高が二千八百メートルあったが、それでもさらに二千メートル以上登っているのだ。

寒さで体がガタガタ震え、呼吸が苦しく、頭の後ろの方で鈍痛がする。

トモちゃんはさらに症状が重いようで、おでこを触るとかなりの熱があった。

しかもこんなときに限って、いやこんなときだからこそかもしれないが、先ほどまでスヤスヤ寝ていた赤ちゃんが目を覚まし、「ギャーーーー！」と大声で泣き出した。肝っ玉かあちゃんはそれをあやすのかと思ったら、逆に大声で叱り出す。そしてなぜか便乗して赤ちゃんを叱る運転手。

もはや地獄絵図である。

そんな中、トモちゃんは青白い顔をしながらも、歯を食いしばって耐えていた。

私はといえば、その喧騒を無視するように目をつぶっていたら、いつの間にか眠りに落ちていたようだ。ふと目を覚ますと、隣でトモちゃんが「エリちゃん、口あけて寝てたよ」と呆れていた。すまんすまん。

それにしても、ものすごい景色だ。標高五千メートルを超える世界は、ただゴツゴツした岩と岩山と、そこに残された車やトラックの轍《わだち》とが続く、灰色の世界だった。ただし時折その灰色の世界がカラフルに思える瞬間がある。それは峠だ。峠を通るたびに石が積まれた小山があり、タルチョと呼ばれるチベット仏教特有の五色の旗がはためくのが目に入った。それらが世界を瞬時に色彩豊かに染め、ヨレヨレの私たちにエールを送ってくれるかのようだった。


第二の地獄はラサの手前、あと三百キロぐらいのところで待ち構えていた。

「もうすぐ着くかもねえ」

なんて話していた直後、突如目の前に検問所が見えた。完全に油断していた私たちは、慌てて寝たフリをする。そう、私たちは許可証を持っていない、侵入者なのだ。

「私たちが日本人だって検問所では言わないでね」

出発前なんとなく不安だったので、運転手にはそう念を押しておいた。だから、この検問でも彼は無事に切り抜けてくれるはずだと信じていた。祈る気持ちですらいた。

するとどうだろう、検問所で公安が車を覗き込んだとき、かの運転手がこう言ったのだ。

「彼らは韓国人だよ」

あっ！　そう、確かに日本人だって言わないでね、と言った。だからって韓国人だって言うのは……。

でも、もう遅い。

それを聞くなり、公安らしい制服を着た一群がナヌッと表情を変えると、私たちはそのまま車の外に引っ張り出された。そしてパスポートを出せと言い、出すなり取り上げてパラパラめくった。許可証は持っておらず、闇タクシーに紛れ込んできたのは明白だった。

私たちは公安の小さなテントに案内され、お仕置きを待つ子どものように小さくなっていた。このままいくと最悪、ここまで来た悪路をゴルムドまで連れ戻されることもあるかもしれない。高山病でぐあんぐあんと響く頭の痛みを抱えたまま、私たちはことの成り行きを見守るしかなかった。

この絶体絶命の境地で、予期せぬ救世主が現れた。伴走していたジープに乗った、ちょっとイケメンな中国人のロン毛の青年だ。彼は中国人離れしたルックスもさることながら、この一行の中で唯一英語が話せるという逸材だった。

「私たち、なんにも知らなかったんですぅ」

本当はすべて承知のうえで闇タクシーに乗ったのに、涙ながらに救世主であるロン毛青年に訴えてみた。実際、運転手は私たちを韓国人と言ったぐらいだから、外国人が中国人に混じってチベットに入るのが許可されていないことについて、何も知らなかったのだろう。そんな彼が、私たちのような旅行者にうっかり声をかけ、チベット行きの話をまとめたというケースもないわけではない。

私たちはその作戦で押し通すことにした。ロン毛青年もこちらの意向を分かってくれたようで、「みーんな、なーんにも知らなかったんです。だーれも悪くないんです！」というようなことを、通訳に入りつつ必死に公安に訴えてくれた。ときにケンカ腰に、ときに甘えるように、ときに哀願しながら。

結局、必死に説得するロン毛青年と、オロオロ見守る私たちと、渋い顔をした公安のお偉いさん風の人との一時間以上にわたる必死の交渉の末、二人で千元（約一万四千円）を払えばここを通してくれるということになった。もうなす術《すべ》はなかった。払わないなら通さないと言われれば、払うしかない。

私たちはポンと千元を机に置いた。それを受け取ると公安のお偉いさんはニンマリ笑って自分のポケットに突っ込んだ。なんだ結局ポケットマネーになるのか。ひどい！

と思ったが、悪いのは私たちだ。車に戻ると、私たち以外のメンバーはみな車内でぐうぐう寝ていた。このタフさ！　これがあってこそ、標高五千メートルもあるチベット高原を走破できるのだ。

それからラサまでの道も長かった。公安に捕まったショックで、二人とも交わす言葉が出ない。しかも、ひょっとしたらこの先も検問があるかもしれないのだ。ビクビクしつつ、しょんぼりしつつ、ラサに着いたときにはもうすっかり夜も更けていた。

ゴルムドでジープに乗ってから丸一日半、三十六時間が経過していた。

しかもさっき罰金を払ったおかげで、ラサに到着したときには、手元には中国元が

ラサは遠かった。とても、とても遠かった。写真はポタラ宮。

まったくなくなってしまっていた。

乗ってきた闇タクシーの運転手に「中国元が全然ないんだよ！」と身振り手振りで言うと、「仕方ないな」とばかり、彼はポンとお札を一枚渡してくれた。彼が「韓国人」と言った途端に公安の態度が変わったから、少しは責任を感じているのかもしれない。

ああ、憧れの地ラサは遠かった……と私たちはやたら重い体を引きずるようにしてゲストハウスを探し、部屋を確保するとベッドに倒れこんだ。

「世の中にはケチっていいところと悪いところがあるんだね。ああ、侵入なんてするんじゃなかった」

眠りに落ちる寸前、私はかすかな意識の中でつぶやいた。隣でトモちゃんが「調子に乗り過ぎたねえ」としょんぼりうなだれていたのは言うまでもない。

eri

十年後のコメント

チベットでは中国に対する抗議デモが日々勃発し、それに伴い、二〇〇八年には外国人の入域が制限された。当時はお飾りだった許可証が重視されるようになり、それが外国人に発行されなくなったのだ。

そして二〇一二年十月下旬の共産党大会の後から、日本人だけが入域許可証がもらえないという事態が起こっている。尖閣諸島問題を筆頭にした、日中間のギクシャクゆえ、である。

　ちなみにこの日記の移動が、これまでの旅の中で私たちが経験した、栄えある「最悪の移動」だ。もう二度としたくないけれど、でもやはりチベットはまた訪れたい。できれば次は鉄道で……と夢を広げている。だから、ギクシャクが一日も早く取り除かれることを願う。

難しい買い物★チベット

tomo

　ラサはチベット仏教の聖都である。中国政府によって弾圧されてきた、悲劇の歴史を持つチベットの人たち。その拠り所とされるポタラ宮や、大昭寺《ジョカン》といったチベット仏教のランドマークが集う街だ。
　チベットの人々の信仰心には、ただならぬものがあると僕は感じた。たとえば大地に這いつくばるようにして、一心不乱に祈りを捧げる人々。五体投地と言うらしいが、永遠にその動作を繰り返す彼らを前にして、僕は圧倒され、言葉が出なかった。宗教というものは、抑圧されればそれだけ人々の信仰心が深まるのかもしれない。
　標高は四千メートルを超すような、現実離れした土地。青過ぎるぐらい青い大空に、五色の旗が無数にはためいていた。タルチョと言うらしい。雲が自分の手でつかみ取れそうなほど間近に漂っている。

カラフルでディテールまで凝ったチベタン式建築物や、煌《きら》びやかに輝く黄金の仏像、街を歩く人々の度肝を抜くほど独創性の高いファッション、宇宙を感じさせるチベタン文字、街の各所に見られるマニ車という不思議な丸い物体。

視界に入るすべてのものがあまりにも現実離れしていて、とてもスピリチュアルに感じられる。宗教に対してほとんど関心のない僕のような罰当たりな人間から見ても、「ここには神さまがいるんだなあ」と自然と得心する。ここは天空の聖都だ。

これまでの旅では、極力買い物を控えてきた。限られた予算で長期旅行をするため

チベットの人たちはみな途方もなくオシャレさんなのだ。

には、無駄な出費は極力抑えなければならないし、物を買えばそれだけ荷物にもなる。

「欲しがりません、帰国するまでは……」

自分に言い聞かせ我慢してきたのだ。けれどラサにやって来て、必死に抑えてきた物欲の虫がどういうわけか疼《うず》き出してしまった。

ラサで売られている土産物は、チベットの宗教に関連したものが多い。神秘系の不思議アイテムばかりだ。街をぶらぶら歩きながら、そういった土産物を物色しているだけでも楽しい。

チベットグッズの中でも、僕がいちばん興味をひかれたのがタンカだった。

「ラサに行ったら、タンカを買おうと思ってるんだよね〜」

「タ、タンカ……？　なにそれ？」

正直なところ、僕は当初タンカをよく分かっていなかった。エリちゃんに連れられて初めて実物を目にするまで、その単語自体まったく知らなかったのだ。

タンカとは、チベット式の仏画のことをいう。釈迦や菩薩の絵を掛け軸に描いたもの。要するに、絵である。

これまでの人生で絵を欲しいと思ったことは一度もなかったし、このジャンル自体に特別関心もなかったにもかかわらず、自分でも不思議なくらいチベットのタンカにひと目惚れしてしまったのだった。

チベット式のカラフルな色使い、そして職人技とも言えるタッチの精巧さに心奪われた。絵が欲しくなる感情とは、こういう感じなのか——僕にとっては発見だった。我ながらつくづく単純だなあとは自覚する。影響を受けやすいタイプなのだ。

そして、こうなると欲しくて欲しくて堪らなくなるのが自分の悪い癖だ。是が非でも手に入れたいという気持ちを抑えられなくなってきたのだった。

チベット一の寺院・大昭寺を囲むように作られた八方街《バルコル》には、夥《おびただ》しい数の土産物屋が軒を連ねている。ラサ随一の目抜き通りと言える。

ここは、宗教上の慣習により、必ず左周りで通行しなければならない。単なる土産物屋が集まった街というだけではなく、巡礼の意味が含まれているのだ。一周するのに早くても十五分はかかるバルコルを、僕たちは毎日最低一周はした。たっぷりと時間をかけて。

バルコルにはタンカの画廊が何軒かある。その中で僕たちが最初に訪れた店が、「タンカマンダラ画廊」だった。店の規模はそれほど大きくないが、部屋が二つあり、手前の部屋では実際にタンカを描いている様子を見学することもできる。

奥の部屋がショールームで、四畳半ほどのスペースには、壁一面にタンカが飾られていた。

中に入ると、チベット人の主人に英語で挨拶された。僕はしばし壁のタンカを眺めた後、思い切って主人に絵について色々と質問してみた。

「ハロー・ウェルカーム！」

「タンカは岩や、貝やトルコ石、珊瑚《さんご》などから作った絵の具を使って描きます」

主人は流暢な英語で丁寧に説明してくれた。彼の物腰のやわらかい、紳士的な感じがとても好印象だったし、説明の内容も「なるほど！」と思わせるものがあった。僕は終始「へー」とか「ほー」とか言いつつ、少し大げさに感心した風を装い話を聞いていた。

長時間にわたり店に居座っていると、主人はタバコをすすめてきた。一服しながら、絵とは関係のない世間話にも花を咲かせる。結局この日は何も買わず、「また来ます」と言い残して店を後にしたのだった。

一軒目で決めなかったのは、ほかの店も見て、値段の相場や品揃えの傾向を知りたかったからだ。どの絵にするか決めかねていたのもある。

しかし別の店を見て良かった。どの店も画廊というより、土産物屋という感じで、とにかく商売っ気が強いのだ。甘い言葉をかけ、観光客にあの手この手で絵を買わせようとする。店員が使う胡散臭い日本語、いやニホンゴも、いかにもという感じで怪しさが募る。おまけに値段を訊こうものなら、恐ろしく高額な値段をふっかけてくる。

次の日から、僕はエリちゃんを放ったらかして、一人でタンカマンダラ画廊に通うようになった。毎日やってくるが、結局一枚も商品を買わずに帰っていく僕を、店の主人はいつも温かく迎え入れてくれた。

話すのは絵に関してのことというより、どうでもいい世間話がほとんどだ。彼はタンカの師範代であるお兄さんを手伝うために、今年の四月に還俗《げんぞく》してお店にやってきたばかりだという。

「その割にはタンカについて詳しいんですね」

「実は自分は以前はラマでした。だからタンカについての知識があるとしたら、そのお陰だと思います」

主人は謙虚にそう語ったが、ラマだってピンきりである。勉強熱心で一生懸命な彼だからこそ、たった一人で店を切り盛りできているのだろうなあと僕は想像した。

また、店の主人だけでなく、ほかの客と世間話を交わすこともあった。僕が日本人だと分かると、日本の首相の物真似をしてくれたアメリカ人のおばさんと一時間くらい店で無駄話に興じたりもした。いつしか四畳半のショールームは、僕のちょっとした憩いの場に変わっていた。

店に通い始めて数日が経ったある日のことだ。テーブルの上に、いままでこのお店で見たことのないタンカが置かれていた。白く輝く顔と体を持つという菩薩、ホワイト・ターラーを描いたものだった。金色をふんだんに使って描かれており、いままで見たどのホワイト・ターラーの絵よりも、彼女は美しく輝いて見えた。

「これは今朝おろしたばかりなんですよ」

絵の前に釘付けとなっている僕に主人が教えてくれた。

恐る恐る値段を訊いてみると、千五百元だという。タンカの値段としては中くらいのランクのものだが、日本円に換算すると約二万二千五百円もする。切り詰めた旅をしている僕たちには、恐ろしいほどの大金である。

「うーん、高いなあ。でも欲しい……」

僕はしばらくの間、絵の前でうなだれていた。

店に入ってくる客、入ってくる客、みながこのホワイト・ターラーに視線を注いでいく。ほかの人の目にも、店内の絵と比べてこのホワイト・ターラーがひときわ美しく見えるのだろうか。学校のクラスの中で、目を引く美人なあの娘――この絵の彼女はまさしくそういう存在だった。

　僕が一瞬目を離すと、いつの間にかほかの客が彼女を買おうとしていた。僕は横目で眺めながら内心気が気でなかった。しかし値段の折り合いがつかなかったのか、客は買わずに店を出て行った。

　ふう、と安堵の息を吐く。

　そんな僕の心の葛藤を見てとったのか、主人が近寄ってきて言った。

「アナタは、これをいくらなら買いますか？」

　鼓動を速める心臓をえぐられるような質問だった。僕は逡巡《しゅんじゅん》した。頭の中で算盤《そろばん》を弾いた。そして、小さな声で答えてしまった。

「……八百、八百元なら」

「オーケー！」主人は間髪いれずに即答したのだった。

　――交渉成立。彼女は僕のものとなった。

　八百元という値段はどこから来たのか。

タンカマンダラ画廊のご主人。買った絵は荷物になるので、日本の自宅へ送った。

主人の最初の言い値が千五百元だったので、なんとなくほぼ半額の値段を口走ってしまったに過ぎない。まさかこんなに呆気なくオーケーが出るとは考えていなかったのが正直なところだ。

購入できた喜び半分、衝動的に大金を投じてしまった戸惑い半分でお店を後にした。八百元は僕には高いとも安いとも言えない。そもそも絵の売買においては、値段はあってないようなものなのだ。極力安く手に入れたいとは願うが、ほかの商品のように一円でも安く値切るものでもない気がする。買う人が納得した絵を納得した値段で購入する。これが絵画市場の秩序であり、暗黙の了解なのだろう。

それにしても、絵を買うという行為は難しいと感じた。今回の買い物で、自分が少しだけ大人になったような気がしたのだった。

tomo

十年後のコメント

このとき買ったタンカは帰国後、額装し部屋に飾り、いまでも一等地でその存在感を堅持している。我が家のホワイト・ターラーを眺めると、ラサの青い空を思い出す。

ドルジのポタラ宮★チベット

「ドルジ、在哪里《ツアイナーリー》？」（ドルジはどこにいますか？）

拙い中国語で傍《そば》にいたラマに尋ねる。すると、そのラマはやおらニコッと笑い、頑丈そうな手を差し出してきた。

「我叫《ウオージャオ》ドルジ！」（私がドルジです）

　圧倒的いい人顔ジャンルに属する顔とでもいうのだろうか。旅先では何かと警戒することも多いけれど、この顔を見たら警戒する方が無理だろう。ドルジは、もう満面にいい人感が爆発している顔をしていた。

　ドルジを紹介してくれたのは私の中学校からの悪友、いや親友のまーちゃんだ。中学でも一度も同じクラスになったことがないというのになぜか馬が合い、いまでも頻繁に行き来している。

　二人で旅をしたことは一度もないのだが、彼女も旅好きで、旅した国はほぼリンクする。チベットも例外ではない。私よりもっとチベットマニアでしかも中国語が堪能なまーちゃんは、チベットの滞在中にドルジと知り合ったという。ポタラ宮に住むドルジはラマであり、ポタラ宮を訪れる人を案内する仕事も兼ねている。私たちはまーちゃんの紹介を頼りに、この日初めてドルジを訪れたのだ。

「ラマじゃなかったら結婚したいぐらいよー」

トロント在住のまーちゃんからのメールの文面が思い出される。確かに彼と結婚したら、女の子は絶対に幸せになるだろう。瞬間的にそう確信してしまうほど、彼からは誠実でおおらかで人を安心させるオーラが漂っていた。さすが私の親友、なかなかの選人眼である。

私たちはそのとき、宮殿に至る殺人級の階段を登り終えて、顔面蒼白息ゼイゼイだった。そんな私たちにドルジは待ってましたとばかり首にカタをかけてくれた。カタとはチベットのお寺やお祭りなどでよく目にする白いスカーフのこと。チベット人はこれを仏像にかけたり、来客者の首にかけたり、高僧なラマに手渡して自身にかけてもらったりする。いわば、聖なる布である。

世界遺産指定の宮殿に入るなり、おめでたいものをありがたく首にかけてもらったのだ。そのあまりのおもてなし感に、私たちはウシャシャシャシャと笑った。

私たちのそんな図々しい気持ちを察してくれてか、ドルジはその後ポタラ宮の色々な場所を案内してくれた。

私の第一印象通り、彼は実に気さくな人柄だった。あちこち訪れるたびに同僚やら、掃除係のおじさんやら、たまたまその辺りを歩いていた風のおばあちゃんまで、各所から声がかかる。

「おうドルジ！」

「やあドルジ！」

「まあドルジ！」

そのたびに彼は立ち止まってしばし挨拶を交わし、そして、私たちのことを紹介してくれる。彼のラマという立場がなせる業《わざ》か、別料金がかかる場所や、一般には公開していない特別な部屋までスルスルとドアを開けてくれる。

こんな優雅なおもてなし付きで回る世界遺産、ポタラ宮。

ポタラ宮のテラスにて。私たちの首にかかっているスカーフがカタだ。

悪くない、ぜーんぜん悪くない。

ひとしきりポタラ宮を巡り終わると、行きはあまりのキツさに三度も休憩をとって登った階段を、楽しかったねーと、跳ねるように駆け下りた。


翌々日の夜、私たちはドルジとご飯を食べる約束をしていた。

待ち合わせに現れた彼は、昨日のラマ姿から一転、白いキャップにグレーのフリース素材のベストというイマドキのいでたちだ。

「こうしてるとラマに見えないね〜」

私が言うと、ドルジは照れたように笑った。普通の、二十九歳のチベット人の青年の顔だ。私たちはその晩餐《ばんさん》で、中国語の得意なほかの旅行者に通訳をお願いしながら、様々な話をした。

私たちが三度も休憩して二十分近くかかって登ったあのポタラ宮の階段を、たった一分で駆け上るラマがいること。チベット人の参拝はとても素早く、外国人が三時間ほどかけて巡るポタラ宮を一時間もかけず回ってしまうこと。出身のシガツェの街のこと。ラマの習慣や日常について——。

話す合間も彼はしきりに私たちに食事をすすめてくれ、お会計のときにも「ま、ま、いいからここは僕がひとつ！」と、しっかりとご馳走してくれたのだった。

別れ際、写真を送りたいから、と住所を聞いた。ポタラ宮に住むラマだから当たり前なのかも知れないけれど、メモには「POTARA PALACE LHASA TIBET」と書かれていた。思わず「スゴイ住所だ……」と羨望の眼差《まなざ》しを向けてしまった。

夜の八時にはポタラ宮に帰らなければいけないという彼の後ろ姿を見送りながら、これからも世界遺産はたくさん観るだろうけど、ここまで身近に、人間味溢れて感じられる場所はないだろうと感じた。

ダライ・ラマの宮殿、ポタラ宮。現在は主であるダライ・ラマがインドに亡命してしまい、宮殿があるのみだ。けれど私たちの中ではポタラ宮といえば、王なき玉座よりもあの人の良さそうドルジの笑顔が思い浮かぶ。

eri

十年後のコメント

中国共産党によるチベットへの圧政に抗議するため、多くのラマたちが焼身自殺をしている。そんなニュースを聞くたびに、私はドルジの顔が思い浮かび、胸がソワソワする。ドルジはいまもポタラ宮にいて、元気でやっているそうだ。

「またね」★チベット

別れの言葉は、「またね」が好きだ。

「バイバイ」や「さようなら」にはない、その柔らかい語感もさることながら、またどこかで会いましょう、そんな見えない先の運命を暗示するかのような含みがある。中国語の「再見《ツァイツェン》」は「さようなら」と訳されることが多いけれど、読んで字のごとく「再び見る」、やっぱりこれは「またね」だと思う。

旅に出ると色々な出会いと同時に、別れもある。もうこの先、絶対に出会えないだろう人や景色に幾たびの別れを繰り返し、旅は進んでいく。

私はやっぱりそこで、「またね」と言いたいのだ。先のことなんてどうなるか分からない。ひょっとしたらいましがた別れた人と、数十年後まったく別の街でひょっこり出会うなんてロマンチックな運命をちょっぴり信じてもいいんじゃないかな、と思いながら。

大学四年生の夏休みに旅したチベットは、大げさに言うと私の青春の一つのフィナーレだった。小学校時代を異国で暮らし、大学に入ると休みのたびに旅に出るという生活を送っていた。何かを見たい、コレを習得したい、自分を試したい……そんな大それた目標があったわけではない。ただ知らない異国に立っているだけで嬉しかったし、ものすごい刺激を感じていた。

中でもチベットはひときわ強烈だった。重厚さを感じさせる民族衣装、目が覚めるようなカラフルな寺院、寺院の中にたちこめるヤクバターの獣っぽい匂い、人々の顔に刻まれた日焼けとシワ、抑圧された宗教と歴史、そして何よりも抜けるような青い空。

そのときの旅では、エベレストのベースキャンプまで訪れた。朝日に照らされてピンクに染まったエベレストの全貌を見た瞬間、

「世界は広い」

理屈ではなく、肌でそう感じた。そして圧倒されると同時に、限りなく無力に近い自分がこの場所に立って世界のてっぺんを見上げていることを、本当に面白いと思った。

あのとき私は、大げさだけど、これから私は自分のやりたいことをやっていこう！と決意した。好きなことをして人生を過ごそう、と。

だからこそ、トモちゃんとの新婚旅行で再びチベットに向かい、あのときと同じルートで、エベレストの麓《ふもと》を通って旅を続ける選択をした。もちろん、再訪にあたって期待

は大きかった。

けれど一方でちょっとした怖さも感じていた。

またね――あの言葉がたった四年で実現することになった、運命の流れを感じるような怖さ。そしてたった四年だけど、変わってしまっているチベットを想像して。


四年ぶりのチベットはガラリと変わっていたけれど、どこか変わっていなかった。変な言い方かもしれないが、そう感じた。

ラサの市街には携帯電話の看板が道なりに立ち並び、髪を金髪に染めたギャルが街を闊歩《かっぽ》していた。以前にはなかったデパートがあり、派手なネオンがあちこちに見られた。四年前に泊まっていた宿の人に「変わったね〜」と言うと、「住んでいる僕らもビックリするぐらい変わった」と、困ったような嬉しいような顔をされた。

けれど、バルコルで仲良くなったカム族の女の子に手を取られ歩いていたとき、変わらない部分は変わらないのかな、と思った。その手はちょっと汚れていたけれど、しっかりした手だった。大地に根を下ろしている人の、丈夫な手だった。

そして頭上には、東京では決して見られない、青い、青い空があった。

「本当の青色ってこういう色なんだな」と、四年前と同じ感想を抱いた。

ラサを出て三日目、トヨタのランドクルーザーでエベレストのベースキャンプに到着したときには、午後もやや遅めの時間だった。

標高五千二百メートルという高さもあるのだろう。周囲はいつものように青空が広がっているというのに、ものすごく寒い。おまけにびゅうびゅう風が吹いていて、うっかりすると耳が引き千切られそうな寒さと風だった。

山用のウインドブレーカーのフードを頭まですっぽり被り、首の前の方でしっかりヒモを結んだ。日本では首の後ろにぐったりと垂れていてファッションの一部でしかなかったフードも、この日ばかりは本来の機能を果たしている。

肝心のエベレストといえば、周囲の晴天にもかかわらず、頂上の周りだけすっぽりと雲に隠れている。この風だから、きっとエベレストの山肌では相当吹雪《ふぶ》いていることだろう。見晴らしのいい丘の上で、寒さに身を縮めながらひたすら天気の回復を待つ。

「ああ〜、寒いね〜」

口にした瞬間、一緒にここまで来たメンバーが「ああっ」と声を上げた。雲が段々と千切れ、世界一の山がしっとりと、しかし威厳を持って姿を現してきたのだ。

「ええ〜、こんなに大きく見えたっけ？」

雲に覆われつつ顔を出したエベレストは、自分の記憶にあるのよりも、もっともっと大きく感じた。あそこが世界のてっぺんだと思うと、不思議とパワーが湧いてきた。

その感覚は四年前の気持ちとダブるようで、ちょっと違った。私は自分のやりたいことをやっていこうと決めた四年前。

けれど、なんだかいまはそんな気負いもない。

あきらめではなく、ただ自然に身を任せるままに進んでいこう、行けるような気がしてきた。そうこう考えているうちに、エベレストはまたあっという間に厚い雲の後ろに姿を消してしまった。私の気持ちを察してニヤッと笑いながら、「またね」と言ったように。

エベレストB.C.に到着し、記念のタルチョを二人で張った。

eri

十年後のコメント

青いなあ。ちょっぴり顔が赤面するぐらいに、当時の私は青く、若い。

けれどふと考えてみると、私たちは相変わらず何かに身を任せるように、好きなことをして生きている。変わるもの、変わらないもの。旅をしていると、ときにそんなことを考える。

ネパール・インド

2002年９月28日〜2003年１月20日

私がいるのは、どこの国？★ネパール

eri

「うーん、そうだな、一人二十元」

「えええっ！」

思わず不満の声を上げてしまった。

中国側の国境の街ダムから、ネパール側の国境の街コダリまではたった八キロしかない。それなのに国境間を行き来するタクシーが提示した値段は、予想外に高額だった。上海のタクシーだって初乗り十元で四人まで乗れるというのに。

彼らはこちらの足下を見ているのだ。そのとき私たちは既に中国の国境のイミグレーションで出国スタンプを押してもらっていた。だからなるべく早くネパールに入国をしたいという思いでいたし、百戦連磨の運転手たちは、そんなこちらの弱みを知っていた。

「その手には乗らない！」

ここまでランドクルーザーをシェアしてきた旅人の同志たちと共に、反発する言葉が口をついて出た。人数がいるせいだろうか、私たちは妙に強気だ。

「こうなったら、歩いてもいいんじゃない？」

同志の中からそんな声が上がり、私たち熱きバックパッカー一同は、ネパール側の国境まで歩く決意を固めた。近道をすれば三キロだというガイドブックの言葉を信じて。そして、その先に待ち受けている不幸を知らずに。

しばらく歩くと、途端に汗が吹き出してきた。昨日まで標高四千〜五千メートル地点、ときには雪がパラつく場所をうろうろしていたから、体にまとわりつく湿気が新鮮だ。

「うーん、ネパールいいね〜」

同志五人は、みな一枚一枚上着を脱いでいった。

けれども「いいね〜」と言っていたのは、最初だけだった。

昨日まで身にまとっていた厚手の上着がそのままバックパックに積み込まれたのだから、ずっしりとした重みが肩にのしかかる。それでなくてもパソコンやらデジカメやらスピーカーやらそれらのACアダプタやらと、ちょっとした電気屋さん仕様の装備だったから、私たちのバックパックは見た目よりもずっと重量があった。

痛い、痛い、とにかく肩が痛い——。

事件はそのとき起こった。

「いたいぃぃぃぃぃぃ〜！」

未舗装道路の上にコロコロと転がる小石の上に、私の右足がしっかりと乗ってしまったのだ。体と共に、右足がカックンと逆くの字に曲がった。その上にアジア飯でさらに重量を増した私の全体重がのしかかった。

ハタと気づくと、体の力がへなへなと抜け、地面に座り込んでいた。タラリと冷や汗が出てくる。

「落ち着こう、まずは落ち着こう！」

私は自分に言い聞かせた。けれども実際は逆効果で、心は不安の一色で染まっていく。こんなところで足を骨折したら、どうしよう……。この先旅が続けられるのか……目の前が真っ暗になった。

けれどもしばらく休んでいると、どうやら事態はそれほど深刻ではないことが分かった。単に、ちょっと足を挫《くじ》いたというレベルのようだ。ソロリ、ソロリと歩き出してみると、ちょっぴり痛いものの、歩けないほどではない。

ああ良かった、本当に良かった！

私は足をかばいながら、同行メンバーに遅れをとりつつ、再び歩き出した。

けれども一難去ってまた一難。目の前にちょっとした小山のようなものが見えてきた。

なんと土砂崩れが私たちの目の前にデーンと立ち塞がったのだ。

しかも「さっき崩れてみたんですっ！」と、まだ肩でゼイゼイ息をしているかのような、できたてほやほやの土砂崩れだ。この道は未舗装のうえ土砂崩れも多い悪路で有名だが……まんまと大木が道路を塞いでしまっている。

中国とネパールの国境という大事な道が寸断されているとあって、多くのトラックやらタクシーやらが先に進むことも、引き返すこともできず立ち往生していた。そして運転手さんたちはもうすっかり達観したのか、ケラケラと笑いながら暢気にトラックの上でトランプをしていた。

しかも驚くのは、その傍に全然別のところを工事している人までいることだ。関係のない場所を工事するよりも先に、目の前の土砂崩れをどうにか撤去するべきでは？　そう思ったものの、工事関係者は誰一人として気にかけるそぶりもない。恐らく工事は当初から決まっていたのだろう。そこに土砂崩れが起きたところで、「俺らは関係ないもんね」とばかり、涼しい顔をして別の工事をしているのだ。

まったく、アジアだなあ。

しばし目の前に繰り広げられる適当さ満載の光景を見て、なぜか少し嬉しくなった。

なんとか土砂崩れは徒歩のみ通れたものの、その後も道の途中にざあざあ流れる川にボトンと落ちて、足下がずぶ濡れになったりした。そのうえ、「エリちゃん、気をつけなよ〜」と優しくケアしてくれたトモちゃん自身も、できたてホヤホヤの何物かの糞をガッチリと踏みつけるハプニングに見舞われた。

「きっと草食動物のだから臭くないよ」

と慰めたものの、トモちゃんはしょんぼりと下を向いたまま歩いていた。

そうしてやっとのことで中国とネパールの境界線が引いてある友好橋まで辿り着いたときには、思わず「ばんざーい！」と歓声を上げてしまった。重いバックパックを背負って歩き出してから、早二時間が経過していた。

「この線から先がいよいよネパールね」

感慨深いまま、一行のみんなで、せーので橋の中央にあるラインをジャンプし——国境線を越えた。

必死の思いで土砂崩れを乗り越える。肩に食い込む大きなバックパックが恨めしい。

と、どこからともなくネパール人がやってきた。そして、なんとも不吉なことを言う。

「国境が閉まるから急げ！」

時計を見ると、確かにイミグレーションの閉まる時間が迫っていた。けれども同志がいる私たちは、どこか楽観的だった。

「さすがに中国を出国した人にはスタンプくれるよね」

「こんなに苦労して歩いてきたんだもん」

「そうそう、途中土砂崩れもあったしね〜」

あれこれ言い訳を口にしながら、私たちを急《せ》かした急かしマンのネパール人に続いてイミグレまで到着した。

そこはただの掘っ立て小屋だった。中を見ると、ただベッドが並んでいて、普通の生活空間のようだ。事務所っぽさはまるでない。

そしてそのベッドの上では、いかにも融通が利かなそうな「お役人さま」風の男が二人、背中を丸めてトランプをしていた。

「ああ、人がいて良かったねえ」

それでもまだ楽観していた私たちは自信満々でパスポートを差し出した。すると二人のお役人さまは、国境までのトレッキングでボロボロになった私たちをチロリと見ると、こう言い放ったのだ。

「今日はもう閉まっている。明日また来い！」

いきなりの断固拒否に、困ってしまったのは私たちだ。

今日はなんとしてもネパールの国境を越えて、そばにあるタトパニという温泉で、溜まりに溜まった汗を流したかった。それを楽しみに、ひたすらここまで歩いてきたのだ。事実、チベット辺境の旅を続けていた私たちは、その時点で丸四日間もお風呂に入っていなかった。体からはなんとなく犬のような臭いすら漂っている。

困り果てた私たちはあの手この手で交渉する。けれどもお役人さまは相変わらず「ダメったらダメっ！」と、とりつく島もない。

しょんぼりとした私たちの前に登場したのは、先ほどの急かしマンだった。

「僕のブラザーの宿がこの近くにあるからさっ、今晩はそこに泊まろう。あ！　タトパニは近いから、夜そこに風呂だけ入りにいったら？」

彼は満面の笑みを浮かべ、あっという間に客引きに変身したのだった。

もう私たちには、交渉のパワーすら残っていなかった。急かしマン客引きに連れられ、渋々ブラザーがやっているという近くの宿にチェックインした。

宿は寂れていたが、裏にごうごうと川が流れ、どこか日本のひなびた湯治宿のような風情があった。

しかし中国を出国したものの、ネパールの入国スタンプをもらえずにいる私たちは、いったいどこの国にいるんだろう？　そして私が何かの事件に巻き込まれたら、捜査するのはやっぱりネパールの警察なのだろうか。それとも……？

どこの国にも滞在していない状態のまま、目の前をごうごうと流れる川を見ていたら、なんだか自分が透明人間になったような気がした。

eri

十年後のコメント

結局その日はその宿で爆睡し、翌朝早々にネパール側のイミグレーションに向かった。ドキドキしながらお役人さまにパスポートを差し出すと、なんの躊躇《ためら》いもなくポンとスタンプを押してくれた。これなら昨日押してくれても良かったのに……と思ったが、後の祭り。

その後も幾度となく陸路で国境を越えているが、出国したものの入国できず、一晩どこの国にも滞在しなかったという貴重な経験は、このときしかない。

一緒に国境を越えたメンバーのうちの二人と、先日久々に顔を合わせた。一人は海外に住み、一人は彼女とミャンマーに行くらしく、そのときにプロポーズしようかと意気込んでいた。彼らも相変わらずまだよく国境を越えているようで、嬉しくなった。

職人のプライド★ネパール

tomo

買い物天国カトマンズ、とはよく言ったものだ。カトマンズの安宿街タメル地区に到着して、まず初めにそう思った。

このエリアは、服屋、雑貨屋、タンカ屋などをはじめとした、膨大な数の土産物ショップが林立する。アジア有数の安宿街だけあって、ゲストハウスや旅行会社、ツーリストレストランも多いのだが、バンコクのカオサンやホーチミンシティのファングーラオ通りなどと比べても、土産物屋の数はずば抜けて多い気がする。

そして、それらのショップで売られているものも、どことなくセンスを感じさせるものばかりなのだ。とくに服や小物などは、

ネパール女性御用達のパンジャビ・ドレスを購入し、はしゃぐ人。実はうらやましい。

東京の代官山あたりで売っていてもなんら違和感のないような、なかなかイイ感じのものが揃っている。

値段もとにかく安いから、カトマンズに来たら、物欲を大爆発させて買いまくる個人旅行者が後を絶たないらしい。買い物天国、それがカトマンズなのだ。

ネパールは観光業に多くを依存した国だ。観光客の最大のお目当てとも言えるヒマラヤ・トレッキングは、元々は国の政策の一つとして始まったほど。

観光立国だが、近年はマオイスト（毛沢東主義者）と呼ばれる反政府ゲリラ組織のテロの影響で、観光客の数が激減しているという。うーむ、切実な問題だ。

そんな噂を旅人を介して散々聞いていたが、実際に訪れてみると、まさかこれほどまでとは……という感想を持った。異常な数の土産物屋とは裏腹に、旅行者の数は少ない。タメル地区のゲストハウスなどはどこもガラガラで、部屋はタタキ売り状態だった。そのぶん、安い料金でいい部屋に泊まれるのだから、僕らとしてはラッキーといえばラッキーなのだが、不景気な街にはなんとなく寂しい空気が漂う。

カトマンズに滞在中、僕たちもご多分に漏れず、ショッピングを心ゆくまで楽しんだ。毎日のようにぶらぶらと街を歩いて、毎日のように何かを衝動買いして帰ってくる日々。

服屋や雑貨屋に入ると、ほぼ必ず無料でチャイが出てくる。

「まあまあ、ゆっくりと見ていってくれよ」

熱い歓迎を受けるのは悪い気がしなかった。チャイを飲みながら店の人と世間話をしていると、必ずと言ってよいほどネガティブトークになる。

「最近めっきり景気が悪くてね〜」

店の人に寂しい顔でそう言われると、数少ない旅行者の一人として、

「なにか買わないと悪いな……」

と気が咎めるのだ。そうして僕たちの荷物が、一つまた一つと日に日に増えていった。

カトマンズでの買い物は衝動買いばかりだったが、実は来る前から手に入れたいと企んでいたものが一つあった。バックパック・カバーに付けるワッペンである。

僕のバックパック・カバーは無地の黒色。バックパックなんてどれも同じような形や色をしているので、移動でバスの荷台などに収納していると、ほかの旅行者のものと紛れてしまって、自分のがどれだか見分けが付かなくなる。

そこで、目印としてカバーにワッペンを縫い付けようと考えていたのだ。エリちゃんのバックパックには、日本で買った熊のキャラクターのワッペンが既に縫い付けられていて、一発で彼女のバックパックだと分かる。

我ながら、つくづく影響を受けやすいタイプである。自分も真似して、なんらかの目

印を付けたくなったのだ。

なぜカトマンズでワッペンを買おうと思ったのかというと、単にそういうお店が多いと聞いていたから。ワッペンだったり、服だったり、鞄だったりに刺繍《ししゅう》したものを売る店が多いのだと。その筋の職人さんが多いのだと。

実際カトマンズに来てみると、予想していた以上に刺繍屋さんが多く、街のあちこちからミシンのガガガッーという音が聞こえてくる。土産物屋を覗いてみても、刺繍された商品が多いことに気がつく。たとえばTシャツなども、この街では日本ではよくあるプリントのものより、刺繍したものの方が主流のようだった。

当初はワッペン単体を買って、それをエリちゃんに縫ってもらおうと計画していた。しかし店のオジサンとチャイを飲みながら話していると、既製品のワッペンを付けるのではなく、バックパック・カバーに直接デザインして刺繍できることが判明したので、お願いすることにした。色や大きさも自由自在に作れるし、その方が格好良くなると言う。

ちなみに値段は百ルピー（約二百円）。高いのか安いのかは見当もつかなかったが、これも何かの縁だろうと、彼にお願いすることにしたのだった。

僕は店に展示してあった数多くのサンプルの中から、チベットのベルベウ・マークを選択してみた。「永遠の結び目」を表したとも言われる、チベット仏教ではお馴染みの家紋のようなマークだ。

「じゃ、一時間後に取りに来て」と店のオジサンが言った。

「え、たったの一時間で？」

そんなにすぐにできるのかと驚いた僕は、思わず聞き返してしまったが、ぴったり一時間後に戻ってくると、オレンジ色のベルベウ・マークが見事に僕のバックパック・カバーにデザインされていた。

オジサンはこんなの朝飯前よ、とでも言わんばかりの自信に満ち溢れた顔で胸を張る。その表情からは、職人としての確固たるプライドのようなものが感じられた。正直に言うと、線の角度がややいびつだなあと気になったのだが、彼のプライドを傷つける気がして口に出すことができなかった。

tomo

十年後のコメント

当時は洒落《しゃれ》てるなあと感じて買い漁った各種土産物だが、帰国後に日の目を見たものは少ない。まあ、これはネパールに限らないのかもしれない。旅先では審美眼が狂いがちで、ついムダな買い物ばかりしてしまう。

タメル外食フリークたちの日々★ネパール

eri

食――旅の楽しみの中で私たちにとって大きなウエイトを占めるのが、この一言だ。バンコクから始まってカンボジアはいまいちだったけど、その後ベトナム、中国とブクブク太るコースをブクブク太りながら駆け抜けてしまった。旅のルールに、「食費は削らない」という項目が暗黙のうちに組み込まれていた。

そしてネパールだ。

「ああいよいよマサラの国か」という危機感があった。ここから始まるネパール、インドは基本的にカレーの国。料理の基本は、スパイスたっぷりのマサラ味だ。おいしいものはおいしいが、それでも慣れない身にはすぐ飽きがくるのを知っていた。

一方でこれまで過去二回ネパールを訪れた経験から、「カトマンズの外食レベルはかなり高い」という確信もあった。

私は複雑な気持ちでカトマンズのツーリストエリア、タメル地区に足を踏み入れた。

翌日から私たちの外食三昧は始まった。

「海外にいるのに、その地のものを食べないなんて邪道だ。何が日本食だ！」

そうプリプリする人もいるかもしれない。けれども、私たちにとってカトマンズでまず魅力的だったのは日本食だ。長期旅行者の間でも、カトマンズの日本食のレベルの高さは常々話題になっていたほど。

思えば、「日本食、待ってろよ〜」と歯を食いしばり、風呂に入れない臭い体のまま、国境の寂れた宿の冷たい布団に入った夜もあった。確かに現地のものでおいしいものはたくさんある。でも日本人だもんね、お箸の国の人だもんねと自分を正当化しながら、私たちは何度となくタメル地区の日本食屋さんを訪れた。

ネパールの日本食レストランは、学生時代にネパールに来たときと比べても格別にレベルアップしていた。

まず最初は、かつての定番だった「味のシルクロード」という老舗《しにせ》に足を運んだ。出てきたものは、日本食というにはほんの少し「？」という部分もあるシロモノだった。それでも久々の日本食、美味しくいただいたのだが。

しかしその後に行った「桃太郎」と「ふる里」には驚いた。

「これは完璧！」

つい唸ってしまったカツ丼、みそ汁、納豆……。

「ああ、私たちってほんっとに日本人よねえ〜」

二人で冷やしうどんをつつきながら、力強く箸を握り締めたのだった。


ネパール料理というと、「ダルバート」が有名だ。

多くのネパール人は毎日毎食ダルバートを食べる。

朝もダルバート、昼もダルバート、夜もダルバート。

といっても一日二食しか食べない人も多いし、もちろんそれ以外のものも食べているのだろうけど、やっぱりネパール人にとって人生で最も食べる機会が多いのはダルバートだろう。

ネパールに着いて初日、早速タメルでいちばん美味しいと言われているダルバート屋に足を運んだ。ダルバートとは、いわば「カレーと豆のスープ定食」といったもの。給食で使えそうなお皿自体に仕切りが付いている食器の上に、お米、ターリー（野菜のカレー味おかず）、漬け物、ベジタブルカレーが盛られ、別のスープカップにダル（豆のスープ）がよそわれる。

お店では一緒にスプーンとフォークを添えてくれたが、手で食べるのがネパール流である。お店の洗面所で手を洗い、ダルバートに手で挑んだ。

手で食べる食事はなぜか美味しい。いけないものに手を触れているような、どこかこそばゆい感じが、童心に戻らせてくれる。はしゃぎながら、苦戦しながら手で食べ続けた。店主のおじさんが次から次に、

「米はいらんか？」

「ダルはいらんか？」

「ターリーはいらんか？」

とムッツリ顔ながら積極的に勧めてくるので、ついついお代わりをしてしまう。

一方、マイペースなトモちゃんは、しっかりスプーンとフォークを使っていた。

それにしてもウマイ。ダルスープには絶妙の深みがあるし、ターリーのじゃがいもカレーもいくらでも食べられてしまいそうだ。結局もうこれ以上は絶対に無理っ！

みんなが手で食べている中、一人マイペースにスプーンを使用。

という量を腹に収め、私たちはお腹パンパンにしてその店を後にしたのだった。

私たちを接客したあのムッツリ顔の店主のおじさんも、私がネパール人風に手で食べ、ネパール人並みに食い散らかしていったのが嬉しかったようだ。最後にはちょっと誇らしげな顔をして手を振ってくれた。

「ウマかったね〜」

私たちはゴキゲンだった。

けれども夜になり、またダルバートを食べようという気にはならなかった。そして翌日もダルバートを食べずに済ませた。

「ウマイのよ、ウマイ。でもやっぱり毎食食べる気にはならないんだよね」

とトモちゃんに言うと、彼も素直に同意してくれた。

どんなウマイものでも、一度食べると飽きるのだ。しかもそれがスパイスの刺激に満ちたマサラ味だったりするとなおさらだ。やっぱりバリエーションは豊富な方がいい。ネパール、インドに来るたびに感じることだ。


ネパールでいちばんの安宿街として知られるタメル地区には、欧米人向けの洋食レストランやベーカリーも多い。朝からふかふかの焼きたてパンを食べられるのは、パン党の私たちにとってはかなり喜ばしいことだ。

よく行ったのが、バスケット山盛りのパンと目玉焼きとサラダとコーヒーを八十五ルピー（約百七十円）で出してくれる、ジョッチェン地区の「カフェ・カルチャー」。タメル地区の安宿街から少し離れているから、リキシャーに乗ってひとっ走りだ。

それまでいた中国でも、朝から肉マンやらギョーザやらお粥やらの美食に溢れていたけれど、そこで一つだけ足りなかったものが、ふかふかのパンだった。

その点、カトマンズではベーカリーに事欠かない。

今日はクリームチーズのサンドイッチにしよう、アップルパイもおいしかったよね～などと言いながら、トモちゃんとパン屋さんで翌日の朝食のパンを選んでいる瞬間、私はたまらなくこのカトマンズが好きになる。


というわけでカトマンズでの食べ歩きの日々。

「だってさ、そこにあるウマイものを食べないでどうするの～、もうここに来なきゃ食べられないものもあるのよ～」

そう言いながらも私たちの食事の手は止まらない。

「そういえば中国でも、もうこんなに美味しい中華は食べられないからね、って言ってたよね」

意地悪く笑うトモちゃん。けれど私のその食いしん坊モードにすっかり同調してしまっているのは、旅立ち前よりずいぶんぷっくりした彼のほっぺたが物語っていた。

eri

十年後のコメント

その後、二〇一〇年のゴールデンウィークにタメル地区を再訪した。

なんとそのときマオイストの大規模なストが勃発し、交通網が全国的に遮断された。私たちはタメル地区に閉じ込められたのだ。

仕方ないので美食三昧！　と思いきや、多くのレストランやベーカリーが僅《わず》かな時間以外はシャッターを降ろしてしまった。マオイストたちから「ストの間は一定時間以外は店を閉めるように」とのお達しが来たのだそうだ。

それを知らなかったスト初日は、危うく晩御飯を食べ損ねそうになり、唯一開いていた商店でカップラーメンを買うのが精一杯だった。

「ネパールまで来て、カップラーメンをすするとは思わなかったよねえ」

予想外の粗末な夕食に、私とトモちゃんは大きく落胆した。

タメル地区には、外から見えないようにこっそり営業しているレストランもあった。しかしそんなレストランがマオイストに見つかって襲撃に遭うという恐ろしい事件も勃発していた。

そんな中、かろうじて訪れた「ふる里」「桃太郎」は、相変わらず安定した日本食を出していた。ただし日本から直接来た身としては、「ウマイ！」と感激するような喜びはなかった。当時の感激っぷりを思い返すと、あのときは長旅をしていたんだなあとしみじみする。

　久々に訪れたタメル地区は、驚くほど変わっていなかった。ただそれはネパールという国の停滞を表してもいた。

　二〇〇〇年前半からのアジアは、激動だった。たとえばバンコクなど、訪れるたびにものすごいスピードで進化を遂げていた。新しいビルが続々と建っていた。旅人エリアとして知られるカオサンは、いつしか外国文化に興味のある若者の街、日本で言えば六本木のような存在感の街に生まれ変わっていた。

　けれどもネパールの首都カトマンズにあって、旅人たちが集まる場所として知られるタメル地区は、世界一周のときから八年もの月日が流れたというのに、何も変わっていなかった。

　売られているお土産物も、当時と同じものが少なくなかった。マオイストたちのストのせいもあって、人はさらにまばらだった。

　世界一ストライキが多いと言われるネパール。この国の政治・経済の不安定さは、最貧国の一つと言われる同国をさらに停滞させている。ヒマラヤという世界に誇る観光資源を持ちながら、それを上手く活用できていない状況がある。

　私たちの滞在中、タメル地区でも何度となく真っ赤な衣装に身を包んだマオイストの青年たちのスト行進が行われていた。いかにも田舎から呼び集められたといった風情の青年たちが、熱心に声を上げていた。

　ネパールは今後、どう変わっていくのだろうか。それとも、どんどん取り残されていくのだろうか。ヒマラヤを抱く美しい国の未来が気になる。

幻の結婚式★ネパール

eri

チャンドラという青年に出会った。ネパールの首都カトマンズで泊まった宿に出入りしていた、日本語ペラペラな客引きだ。

インド、ネパールあたりの観光地は、日本人が多く訪れるとあって、日本語が上手な客引きが少なくない。

「一度も日本には行ったことがないんだ」

「一度でいいから日本に行ってみたい」

そう流暢な日本語で言われると、なんだか申し訳ない気分になってしまう。日本人は英語が下手くそでも、いくらでも海外に行くチャンスはあるというのに。

一方で、海外、とくに日本人がお金持ちと思われている国で、日本語がペラペラな人に会うと、どうしても「なんか下心あるんじゃない？」と穿った見方をしてしまう。

けれどチャンドラは、疑って見る気さえ起こらないような好青年だった。

二十三歳という年齢ながら、どことなくおばさんっぽい雰囲気があって（決しておじさんではないのだ、なぜか）、物腰も柔らかい。旅行者が多く集まるバス停で熾烈な客引きをするときですら、無理やり誘おうという強引さを見せなかったほどだ。

ある日、宿でチャンドラと話していると、近々開催される「ダサイン」というお祭りの話になった。するとチャンドラは目を輝かせながらこう言った。

「ワタシ、ダサインの次の日に結婚する」

なんと！「結婚だぁ、おめでとう！」と私たちは大はしゃぎした。そして次の瞬間、彼はこう切り出した。

「アナタたち……ワタシの村に来る？」

彼の話によると、彼の実家は静かな田舎にあって、お祭りから結婚式にかけて泊まってもいいと言う。

けれど……私たちはちょっと悩んだ。いくら彼が好青年だとはいえ、ノコノコついて行って大丈夫か。でもネパールの田舎で伝統的なお祭りと結婚式を一緒に見るなんて滅多にできない経験だし……。

結局、私たちは思い切って彼の村に行くことにした。

「ウレシイねー、楽しみねー」

無邪気に喜ぶ彼を見て、むしろ行くのを躊躇したことを申し訳なく思った。

彼の実家に行く前の夜、私たちはカトマンズで彼の家を訪ねることになった。家は宿から歩いて十分ほどのところにある簡素なアパートで、そこにはギータという名前の二十歳の花嫁さんがニコニコと待っていた。

「チャンドラの嬉しそうな様子からすると、新妻はきっとカワイイはず！」

私たちは行く前から下世話な想像をしていたのだ。そして、ギータはその想像を上回る美人で、周囲を明るくするような華やかさがあった。

「うーん、こんなカワイイ子をお嫁さんにするなんて、キミは幸せだねえ」

トモちゃんはスケベオヤジのようにデレデレしながら、チャンドラの肩を叩いてい

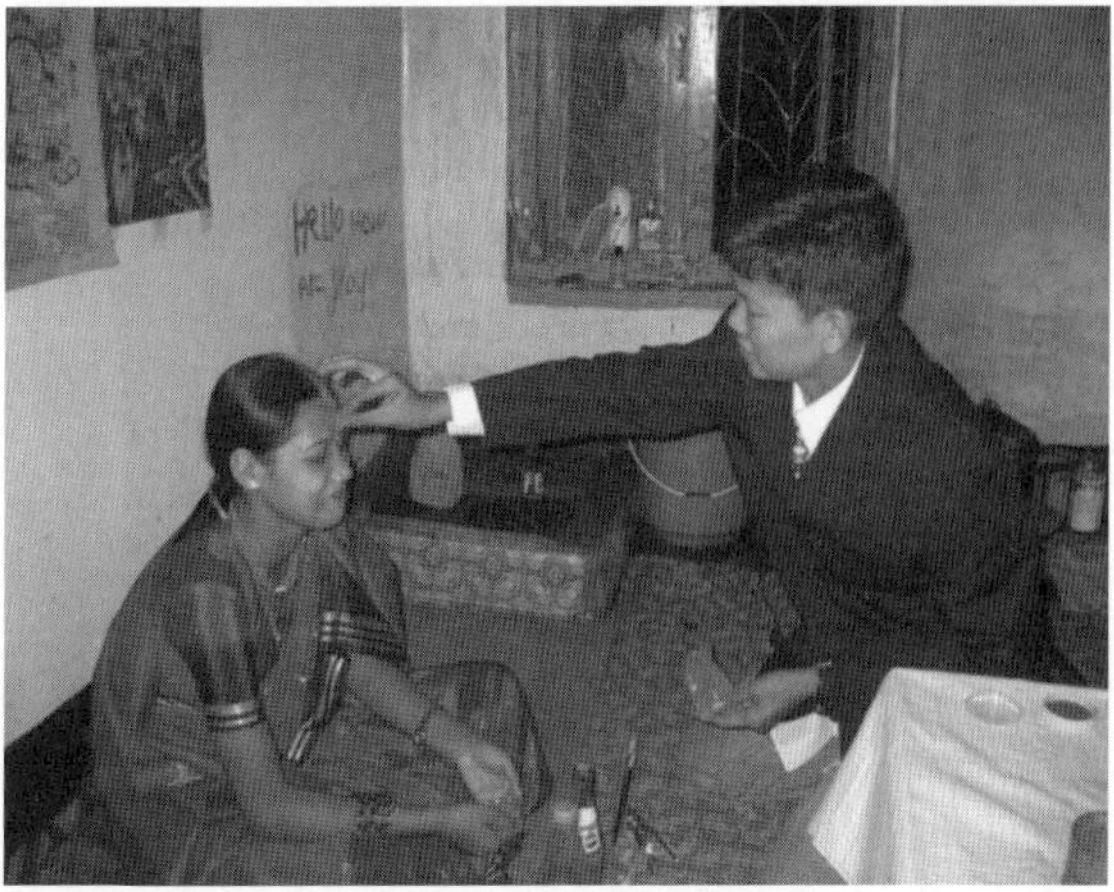

おでこへ付けるティカは婚約の印。このあと私もつけてもらった。

た。

宴もたけなわの頃、ギータが花嫁衣裳のサリーを着てみせてくれるという。ネパールの女性は、結婚式で初めて伝統的な衣装であるサリーを着る。いわばサリーは一人前の女の証《あかし》だ。

ギータがサリーをまとって部屋に入ってきたとき、私は思わず涙が出そうになった。そういえば私もついこの前結婚したんだと感傷に浸りつつ、品のいいシルクのサリーをまとったギータの凜とした佇まいに見とれる。

そして何よりも、「ハズカシイねー、でも当日はもっとハズカシイねー」と照れるチャンドラの姿に、心がホッコリ温かくなった。

「あれれ？」となったのは、そろそろ宿に戻ろうという段になったときだ。

「アノ、アノ……」とチャンドラは言いにくそうに切り出してきた。

「千五百ルピーほど貸してください……」

村から帰ってきたら必ず返す、もしキミたちが嫌なら貸してくれなくても構わないとチャンドラは一気に言い、ゴクッとコップの水をひと口飲んだ。

どうしよう。隣を見ると、困った顔をしたトモちゃんがいた。私はその顔を見て、思わず言ってしまった。

「いいんじゃない？」

トモちゃんがどこかホッとした顔をしながら、財布から千五百ルピーを出してチャンドラに渡すのを、私は遠い世界のことのようにぼんやりと眺めていた。

「あのさ、あのお金、返ってこないかな？」

帰り道、そう切り出したのは私だ。

「そうだね……返ってこないかもね」とトモちゃんが同意した。

なぜ、私たちは返ってこないかもしれないと思いながらお金を渡したのだろう。千五百ルピーといえば、ネパールの平均月収の四分の一にあたるほどの額なのだ。

「でも、日本円で三千円にも満たないお金でしょ」

私は自分に向かって言い訳をしていた。お金を貸さなければ、幸せ絶頂といった二人に申し訳ないような気がしたのだ。

「明日、楽しみねー」とニコニコするチャンドラの笑顔が頭をよぎる。

私たちは無言のまま宿に戻った。

チャンドラの家から帰ってきた私たちを出迎えたのは、同じく宿の客引きであるジョニーだ。

「明日チェックアウトするみたいだけど、どこに行くの？」

私たちが宿に入るやいなや、ジョニーが深刻な表情で質問してきた。

「もしかしてチャンドラの村に行こうとしてる？」

私たちが答える前に、彼は話し始めた。

「もしそうなら、行かない方がいい。キケン。これまで六、七人の日本人が彼の村に行って、みんな被害に遭ってる」

「え!? どういうこと？」

ジョニーの話を聞いてみると、やはりお金がらみの問題らしい。チャンドラは日本人旅行者を自分の村に連れて行っては、「母親が病気だから……」など色々な理由をつけてお金をせびるのだという。いままで最高で二万ルピー（約四万円）も払った人がいることを、ジョニーは猛烈な勢いでまくし立てた。

正直すごくショッキングな話だった。先ほど千五百ルピーを貸したことが鮮やかに思い出された。そして気弱な私たちは、そのことは遂にジョニーに言い出せなかった。

部屋に帰った私たちはドヨーンと暗くなった。

果たしてどうすべきか。明日の朝にはチャンドラは私たちを迎えに来るだろう。危険だと言われながらみすみす出向くのは愚行だけれど、チャンドラやギータの笑顔を思い出すと結論はなかなか出せなかった。彼自身もお金は必ず返すと言っていたし……。

詐欺に遭う人は最後まで自分がそういう目に遭っている自覚がないという。もしかして、そういうことなのかなあ。でも、あの笑顔が騙すためのお膳立てだったとは考えられない。いや、考えたくない……。

悩んだ結果、私たちはチャンドラと村に行くのを断念した。少なくとも危険な可能性がないわけではないし、たとえ行ったとしても、こんな気持ちのままでは楽しめない気がしたからだ。

翌朝約束の時間に現れたチャンドラに、「具合が悪くて行けそうにないの。ごめんなさい」と告げると、彼はとても悲しそうな顔をして去っていった。心がちくりと痛んだ。

私たちは結局、チャンドラが田舎から帰ってくる前にカトマンズを去った。理由は色々あったが、チャンドラとまた顔を合わせて、もし彼がお金を返してくれなかったら……と考えると、自分たちが傷つきそうで怖かったのだ。

私たちは結局、経済大国ニッポンから来た、人が好《よ》くてひ弱な旅行者だった。

カトマンズを離れた後、チャンドラのことを知る旅仲間や、ここまでの日記を読んでくれた読者からメールをもらった。彼はカトマンズを訪れた旅人の中でそれなりに有名人なようだった。

「それがチャンドラのやり方だよ」と彼を非難するメールもあった。

一方で、「彼は独学で日本語を学んだ苦労人です。私は彼のことを尊敬しています」というメールもあった。

どれが本当のチャンドラなんだろう……。

旅先で人をどこまで信用してよいか――これは旅行者にとって永遠のテーマなのかもしれない。

どこの国にも旅行者をカモにする悪い人たちはいるし、逆に心温かくもてなしてくれる現地の人もいる。信用し過ぎて痛い目に遭うのは嫌だけど、あまりに信用しないのも寂しい。旅をしていると、その狭間にいて自分たちが試されているような瞬間があることを、私たちはカトマンズで学んだ。

eri

十年後のコメント

その後、世界中を自転車で旅したというツワモノ旅行者が言っていて、「なるほど」と感心させられたことがある。

　地元の人Ａさんをいい人か悪い人か見極めるとき、Ａさんの自分に対する態度だけではなく、周囲の人のＡさんに対する態度を見るといいのだそうだ。周囲の人が「ようようＡくん、元気〜？」とニコニコ挨拶するような人なら、大丈夫だと。逆にＡさんといて、周囲の人が眉をひそめるようなら危険だという。

　そう考えると、このケースはやめておいて当然だ。だいたい、いまなら最初にお金を貸すことすらしない気がする。

　しかもお金の返却を待たずに宿を出たことは記憶から抜けていたので、このエピソードを読んで驚いた。いまなら「返せ！」と首根っこをつかんでしまいそうだ。

　成長と言うのだろうか。それともすれてしまったのかしら。

ある長期旅行者の日常★ネパール

eri

私たちはその日、重い荷物をえっちらおっちら担いで、二日前に別れを告げたばかりのナガルコットの坂道を再び登っていた。

　最初にナガルコットに来たときは、短期滞在のつもりで、必要最低限のもの以外、荷物をすべてカトマンズの宿に預けてきていた。

　そしてこの村に着いて早々に、いたく気に入ってしまったのだ。目の前にはヒマラヤの山々がデーンと聳《そび》え、村人たちはのんびりと農作業をしている。ひたすら空気が美味しい。私たち二人の意見は一致した。

「ここはいいところだからのんびりしよう。でも退屈なところだ。だから娯楽セットが必要だ。よし娯楽セットを取りにカトマンズまで戻ろう」と。

　そしていったんカトマンズに戻り、再び荷物を担いで参上したのだ。

　スケールが大きいのか小さいのか分からない話だが、かくして私たちはパソコンやらゲームやらサウンドシステムやら古本屋で手に入れた文庫本やらを手にし、目の前の窓から山々を見渡せるゴキゲンな部屋にどっかりと大きな荷物を置いた。しばらくはここでのんびりしようと誓って。

　ナガルコットに着いて、とりあえず向かったのは――散歩だ。居酒屋で「とりあえずビール！」と頼むように、旅先では「とりあえず散歩！」なのである。

旅立ちから三ヶ月が経っていた。

「恋愛も楽しいのは最初の三ヶ月だよ」なんて真《まこと》しやかに言われるが、三ヶ月というのは一般的にそれまでの非日常が日常に変わる期間なのかもしれない。私たちも「とりあえず散歩！」と言うほど、旅の日々に馴染んできていた。

歩き出すと、最初にすれ違ったネパール人のおじさんが「ナマステ～」とにこやかに笑いかけてくる。こちらも「ナマステ～」と声をかける。するとおじさんは、意外な言葉を口にした。

「ブラブラ散歩？」

え、なんで知ってるの？

意表を衝かれたが、私たちは慌てて「ブラブラ散歩！」と笑顔で答えておいた。

村を散歩中、なぜかダッシュで集まってきた子どもたちをパチリ。

ネパールには日本語のできる人が多い。言葉に不自由していた中国から来たから、なおさらそう思えるのかもしれないが、歩いているとやたらと日本語で声をかけられるのだ。しかも散歩していて気づいたのだが、この「ブラブラ散歩」という言葉は、「アリガト」「サヨナラ」「コンニチハ」の次にメジャーだと思えるほど村のみんなが知っている。

きっとここに来る日本人旅行者はみな、「ブラブラ散歩」ばかりしているのだろう。そしてナガルコットの住人たちも、そんな日本人旅行者に声をかけては、のんびりした村時間の中で暇つぶしをしているようだった。

平和な村だなあと癒されつつ、ランチを終えて、いったん宿に引き上げる。ただし宿が坂道の途中にあるうえ、部屋までは急な階段なので、部屋に着いたときには既にぐったりしていた。

「ホームページ、やらなきゃね」

先ほど食堂でそう固く誓い合い、口に出してはみたが、もうパソコンの電源を入れる気力すら残っていない。旅の最初からアップしてきたホームページは、お陰様で評判は上々だが、そのぶんときには義務感を感じることがある。これもまた、旅が日常になってきたことの一つだろう。

ひとまずごろんとベッドに転がって、カトマンズの古本屋で買った推理小説を読み耽《ふけ》る。ふと気づくと空が鮮やかなピンク色に染まっていた。朝日と共に見えるヒマラヤの展望が素晴らしいと評判のナガルコットだが、夕日もなかなかの見ものだ。私たちは二人でパチパチと拍手を鳴らす。

そうこうしていくうちにお腹が減っていることに気づいた。夕飯を捜し求め、宿を出る。

といってもナガルコットは小さい村なので、行くところは限られている。店のおじさんが木《き》梨憲武《なしのりたけ》に似ているというだけで「憲武珈琲《コーヒー》店」という店名を自称する、村の名物カフェを目指した。確かに店のおじさんはノリさんに似ていて、顔を合わすとプププと笑いたくなる。

大胆な店名のカフェだが、その名前に恥じず（?）、良心的な値段設定が嬉しい。それだけに日本人旅行者には人気なようで、

ナガルコットで噂の憲武珈琲店。ほぼ毎日通ってしまった。

このときにも店内に既に一人の日本人女性の姿があった。

「ネパールに来たらのんびりしちゃって」

もう何回ループしたか分からない会話をその女性を加えてしばし楽しみ、お腹いっぱいになるとヨタヨタと帰路についた。

宿に戻ると、チェックインして散歩してご飯を食べた以外何もしてないことに気づき、おもむろにパソコンの電源を入れる。しかしちょこちょことキーボードを打つものの、いまいち気分が乗らない。

結局ホームページはちっとも進まないまま、トモちゃんを唆《そそのか》して「ロングバケーション」のVCD（ビデオCD、動画が記録されたCD－ROM）を観ることにする。かつて友だちに「観てないなんて日本人じゃない」とキッパリ断言された名作ドラマを、私たちはまだ観ていなかった。中国の敦煌にいたときに、この「ロンバケ」が一本にまとまったVCDを手に入れたので、ふとした夜に二人で鑑賞会を開くのが恒例になっていた。

観終わった後は、物真似大会だ。私がキムタクの真似、トモちゃんが松たか子の真似をし、「全然似てない！」とゲラゲラ笑い合った。

することがなくなったので、さっきまで読んでいた本の続きを読み始める。いつの間にかトモちゃんが口をポカンと開けて寝ていた。手にはしっかり本がページを開いたまま握られているのが笑える。彼はこの「本を読みながら眠りに落ちる」ことを人生の喜びの一つとしていて、気づくとこのポーズで寝息を立てていることが多い。

半目で口をパカンと開き、涎《よだれ》をタラリと垂らす寝顔を、パチリとカメラに収めた。

「昨日、こんな顔して寝てたよ〜」

と翌日の朝になってからからうのも、近頃の恒例になっていた。

ふと目を覚ますと、いつものように寝過ぎてしまったらしい。窓からはすでにギラギラとした太陽が顔を出している。時計を見ると、いつものように九時を少し過ぎた頃だった。またいつもの旅の日常、私たちのロングバケーションが始まった。

eri

十年後のコメント

オチも何もない、ひたすらダラダラとした旅の日常を綴《つづ》った日記を読んで、真っ先に思った。うらやましい！

その後もあちこち旅しているが、日本をベースにしていると、どうしても時間的な制約がある。アレもコレも見たいと精力的に動き回る旅が、いまの基本だ。当時は長期旅行だからこその時間の過ごし方をしていた。

あの旅は、私たちにとってまさにロングバケーションだったなあ。

トレッキング・トレッキング★ネパール

tomo

ネパールではトレッキングをすると、日本を旅立つ前から決めていた。

ところが、その拠点となる街ポカラへやって来たものの、僕たちはなかなかトレッキングに出発できないでいた。ポカラはネパール第二の都市と言われるが、実にのんびりしたところだった。走っている車は少なく、人々の眉間にも皺は寄っていない。

トレッキングへ出発する基地として、多くの外国人がやってくることから、ゲストハウスやレストランなどが充実しており、とにかく快適だった。カトマンズの喧噪が嘘のような静かな田舎街に、居心地の良さを感じたのだ。

沈没――バックパッカーの間では、何をするでもなく一ヶ所にダラダラと長居することをこう呼ぶらしい。言い得て妙である。観光らしい観光はほとんどせずに、僕たちは毎日自堕落な生活を送っていた。まさに、沈没といった感じだ。

「明日こそ、トレッキングに行こう！」

そう毎日意気込むのだが、なかなか重い腰を上げることができない。

泊まっていた宿のお兄さんもすっかり呆れてしまったようで、そのうち僕たちをトレッキングツアーに誘うこともしなくなった。このままではいかん……と、意を決してようやく出発したときには、ポカラに着いてから実に二週間も経っていたのだった。

トレッキングとは要するに山歩きのことであるが、「登山」とは厳密には異なる意味で使われる単語だ。ネパール政府によると、標高六千メートル以上の山を登る場合は「登山」、それ以下ならば「トレッキング」と呼び分けているらしい。

世の中にはそれこそエベレストなんかに登っちゃう人もいるけれど、僕たちはいまのところ標高六千メートル以上にチャレンジする勇気も能力もない。すなわち必然的に登山ではなくトレッキングとなるのだ。

ネパールにおける「トレッキング」と

長居していたのは、ダサインというお祭り期間だったせいもある。

「登山」では、入山許可証の取得手数料が大幅に違う。仮に勇気や能力があったとしても、金銭的に僕たちには「トレッキング」がせいぜいなのであった。ちなみにアンナプルナ・トレッキングの場合、一人二千ルピー（約四千円）。トレッキングだとしても案外お金がかかるのだ。

今回の目的地は、タトパニという小さな村だった。

ポカラから三泊程度で行けるとあって、アンナプルナ・トレッキングの様々なルートの中でもとりわけ初心者向け、序の口コースだと言われている。

なぜタトパニに行こうと思ったか——。

実は、この地に天然の温泉があるという話を聞いたのだ。それも、打たせ湯のような生半可な温泉ではなく、すっぽりと肩まで浸かれる本気の露天風呂があるという。

日本を出て以来、まともに湯船にすら浸かっていなかった。

温泉……ものすごく魅力的な響きだ。

温泉に浸かるためにトレッキングをする、なんだか順序が逆なような気もするけれど、それもまあ良しとしよう。エリちゃんも同感だったようで、珍しく意見が対立することもなく、満場一致でタトパニ行きが決まったのだった。

出発の朝、最低限の荷物を小さい方のバックパックにまとめ、残りはポカラの宿に預けてタクシーに乗り込んだ。

当初の予定ではポカラのバスステーションまでタクシーで行って、そこからバスに乗り換える予定だった。しかし、予想以上にタクシーが安かったのと、朝方で眠かったこともあり、トレッキングの出発地ナヤプルまで一気にタクシーで連れて行ってもらうことにしたのだ。

タクシーはやはり快適で、スイスイと山を越え谷を越え、約一時間後にはナヤプルに到着。この移動があまりにも気軽だったので、引き締めていた「歩くぞ！」という気分もすっかりゆるんでしまった。

いざトレッキングを開始すると、思いのほか道のコンディションが悪いことに驚かされた。ところどころで土砂が崩れていたり、道が川に遮断されていたりして、非常に歩きにくい。

それでも最初のうちは勾配もあまりなく、予定より早いペースで進むことができた。そう、最初のうちだけは――。

まだ初日だというのに、コース最大とも言われる難所が立ちはだかったのだ。

ティルケンドゥンガ〜ウレリ間。ここは高度差六百メートルの急な上り坂で、とにかくシンドイ。石でできた急な階段を延々二時間近くも登り続けるのだ。ポカラでは地元の少年たちに混じってサッカー遊びをしていたのだが、ボールを全力で追いかけるよりずっと疲労を感じた。

そんな道なのに、ネパール人たちは息一つ切らせずにスタスタと登って行ってしまう。何よりもすごいのは、とてつもない量の荷物を持って登っていくことだ。山の中は自動車が入ってこられないから、村へ物資を運ぶ場合には人力となる。食料品や、飲み物、生活必需品など、持てるだけの荷物を持って徒歩で運搬しているのだ。

ちなみにトレッキングの道中は、物価がべらぼうに高かった。街ではせいぜい十五ルピーのコーラが五十ルピーもするのだ。けれど、これだけ苦労して運んできたコーラだと知ると、高くても文句を言う気にはなれなかった。

一方、トレッカーの荷物を運ぶポーター

真似できない超人ぶりに唖然。中には素足で駆け上ってくる人も！

も同様に、果てしない量の荷物を持って登ってくる。三人分の大きなバックパックをたった一人で抱えているポーターもいて、僕は度肝を抜かれた。その運び方もとてつもない。ポーターはおでこにベルトを引っかけて、それで荷物を運搬しているのだ。

「首が後ろに折れてしまわないのかねえ……」

つい余計な心配をしてしまう。

車が使えないといっても、荷物の運搬は人力だけではない。ここでは馬やロバも大活躍している。重そうな荷物をいっぱい背負っている荷駄の一団に遭遇することもしばしばだった。

アンナプルナの山道は、昔からチベットとの交易ルートとして栄えてきたということだが、人間や動物が文明の利器に頼らずに荷物を運搬する姿は、いまも昔も変わらないのかもしれない。

ただ、動物が多いということは、必然的にそれらの排泄物も多くなる。だから、トレッキング中の道という道、ほとんどの場所に大量の糞が散らばっていた。最初のうちこそ糞を上手く避けながら歩いていたが、あまりの多さにそのうちどうでもよくなってしまった。

「歩きやすそうな足場に限って、大量の糞が落ちていたりするよね……」

「できたての糞は避けるとしても、それ以外は土だと思い込むことにする」

足場が悪いのと、糞が落ちているのとで、トレッキング中は基本的に下を向きながら歩かなければならなくなった。だから、トレッキング中に最も多く目にしたものは、悲しいかな石と土と、糞であった。もう少し余裕を持って景色を楽しめたらなお良かったのにな……。

tomo
十年後のコメント

日本は山ブームである。僕たちも夏場は気が向いたらしばしば山方面を目指すが、マイナーだろうとタカをくくっていた山でさえ、登山口には自動車がぎっしりだ。歩き始めると、数分おきに誰かに——追い抜かされる。

そう、僕たちはかなりのスローペースだ。あまりにゆっくり過ぎて、タイムオーバーで登頂をあきらめてしまうようなヘボな登山者なのである。

わざわざネパールまでトレッキングしに行きながら目的地が温泉という時点で、すでにその兆候は現れていたのかもしれない。

大和魂、温泉にあり★ネパール

eri

トレッキングと聞くと、ひたすら黙々と歩いているようなイメージがある。いや、「あった」と言うのが正解かもしれない。

というのも、ネパールでのトレッキングは、山道といっても実は村人たちが多く暮らす生活の場であったり、また交易の道だったりする。だからトレッキング中は、思いがけず色々な人と出会うのだ。

自分の体重よりもずっと重い荷物を額に汗を流しながら運ぶポーターたち、家畜を移動させている村人、学校帰りの少女、「ランチはぜひこの食堂で！」と声をかけてくるお兄さん。そしてこのトレッキングをネパール観光の最大の目的としている各国から来たトレッカーたち。

トレッキングをしているのは、圧倒的に欧米人ツーリストが多い。それも一ヶ月とか二週間とか、まさに「山に籠《こ》もる」感覚でトレッキングに出かけるようだ。二泊目に泊まった宿では、「日本人は最大でも一週間ぐらいしかトレッキングしないよね。もっとすればいいのに」と、宿のオヤジに励ましとも批判ともつかぬお言葉をいただいた。

今回は「トレッキングしたい」よりも「温泉に入りたい」が最大の目的だった私たちは、恐縮しながらそのお言葉に頷いたのだった。

ずっしりと重い荷物を頭で運ぶネパール人ポーターたちも相当タフだが、欧米人トレッカーもなかなか負けてはいない。皆揃って六十五歳だというドイツ人のおじいちゃん三人組は、到着するなりビールをグビリとあおり、赤い顔で「カンパーイ!」と片言の日本語で私たちにグラスを差し出してきた。この先さらに標高三千八百メートル地点まで歩くという。

女子一人で、体の半分ぐらいはありそうな大きなバックパックを担いで山道を歩く、イスラエル人の女の子にも出会った。彼女に「この先、三時間ぐらいずっと登りよ」と教えてあげると、「じゃ、こんなところでのんびりしているわけにはいかないわ、急がなきゃ!」と爽やかに手を振って登っていった。イスラエルは女性でも徴兵制があるが、彼女も経験者だろうか。

何よりビックリしたのは、フランス人が主催している「山マラソン大会」だ。これは山道をコースにして、何日かかけてそのエリアを走り回り(歩き回り、ではない。皆本当に走っているのだ!)、そのタイムを競うレースだという。

私たちが木の杖を突きながらヨタヨタと砂利道を下っていると、その横からゼッケンを付けたマッチョなフランス人たちがダダダダダ〜と転げるように走り去っていく。皆一様にスポーティな全身タイツのようなウエアに身を包み、手にはしっかりとした登山用ストックを持っている。

中には女の人もいて、私の頭ぐらいまでありそうな長〜いおみ足を短いスパッツから剝き出しにして、山道をものすごい勢いで下っていった。どんどん小さくなる彼女の後ろ姿を見ながら、ああ私と彼女の人生はなんて違うんだろう、としばし茫然としてしまった。


体力的には地元のネパール人や欧米人ツーリストに圧倒的に「負け」を感じたトレッキング中に、一つだけ、「さすが、私たち日本人！」と誇らしげに胸を張れることがあった。それは例のタトパニ、ネパール語で「熱い水」を意味する温泉でのことだった。タトパニに着いた翌日、掃除が終わった直後という時間を狙って、温泉に向かった。昨日は陽も落ちていたから分からなかったが、ここはかなりの絶景ロケーションだ。ちょうど山の谷間にあり、すぐそばを川がごうごうと音を立てて流れていく。正面には堂々と山が聳え、空気があまりにも美味しい。

いよいよ、待ちに待った温泉！　まずはそろそろと体をお湯に沈めると——思わず「うへぇ〜」と声が出た。極楽、極楽、極楽〜！

周囲を見渡すと、トレッカーも地元ネパール人も、めいめいに楽しんでいる……かと思いきや、何か変だ。ここはネパール、公共の温泉だし混浴だから仕方ないのだが、全裸でお湯に浸かることは禁止されている。だからTシャツ、短パンでお湯に浸かっている欧米人トレッカーも多く、日本人的には違和感を覚える。しかもほとんどの人が、「足湯」のように足だけをお湯に浸しているのだ。

向かいに座っている欧米人トレッカー三人組に至っては、全員サンダルを履いたままお湯に足を浸けている！ その隣では、温泉のへりに腰掛けて分厚い本を読みながら、体を日に焼いている人も。地元ネパール人に至っては、温泉のお湯を汲《く》み上げてせっせと洗濯をしている。

私たち日本人が「温泉」と聞いてイメージするものと、欧米人、ネパール人のそれとは根本的に違うようだ。彼らは「温泉＝温かいプール」な感覚なのだろう。だからこそ、温泉サイドで本を読み、体を焼き、お湯を準備して洗濯をする。できれば裸で入れるにこしたことはないと思っている私たちと、Tシャツと短パンで入れてしまう彼らとは、根本的な「お風呂観」が違うのだ。

そんな人間観察をしていると、そばでビデオを撮っていたネパール人のおじさんに声をかけられた。先ほどから熱心にビデオを撮っているから何かしらと思っていたのだが、観光用のビデオを作っているという。

「ぜひ日本人のアナタにもコメントをもらいたい」

と求められたので、ここぞとばかり拙い英語で質問に答えることにした。

周囲の欧米人トレッカーも、地元ネパール人もこちらをチラチラと見ている。その視線を意識しながら、質問に対応する。

「タトパニはどうですか？」

「私たち日本人は、日本にも温泉がたくさんあるから、温泉が大好きなの。とくにこみたいな露天風呂は最高ね！」

私はさりげなく日本をアピールした。

「お湯はどうですか？」

「熱過ぎず、ぬる過ぎず、最高ね！」

またまたアピール。その質問に答えている間も、私たちは足だけしかお湯に浸さな

温泉で山歩きの疲れを癒やす。ほんの少しだけ硫黄の匂いもした。

い人々を横目に、しっかりと肩までお湯に浸かっていた。

　ビデオ撮影が終わると、私たちの様子を見ていたフランス人の女の子がボソッと言った。

「あんなに熱いお湯に浸かっていたら、私なら病気になっちゃうわ」

　どうやら日頃「お湯に浸かる」という習慣のない彼女たちにとって、このタトパニは、体全部を浸かるには熱過ぎるらしいのだ。その言葉を聞いた瞬間、私は心の中でガッツポーズを決めた。

「勝った！」

　私たちって体力も気力もないし、ダメなトレッカーね……という劣等感から突如として解放された気がして、妙に嬉しかった。日本人が長湯に強い民族だということも初めて知った。

　それからしばしの間、

「やっぱここで大和魂を見せとかないと」

　と張り切って、しっかり肩まで浸かって長湯した。温泉から上がったときには、二人ともすっかりのぼせ上がってフラフラになっていたのは言うまでもない。

eri

十年後のコメント

ここに書いてある「山マラソン」だが、後に「トレイルラン」と言い、日本でもいくつもの大会が開かれていて、中には千人以上の参加者がいるレースもあると知った。日本人がひ弱なのではなく、単に私たちがひ弱なだけなのかもしれない。

貧乏旅行者カジノに挑戦★ネパール

tomo

諸々の用があって、ポカラからカトマンズに戻ってきた。用を済ませたらすぐにインドへ向かうつもりだから、カトマンズには数日間だけ滞在するつもりでいた。

しかし運が悪いことに、カトマンズに戻ってきてすぐネパールはストライキに入ってしまった。バスなどの交通手段が完全にストップし、身動きがまったく取れなくなったのだ。

しかも、お店は軒並み閉店状態。食事をするにも、買い物をするにも不便を強いられる。途方に暮れた僕たちは、とりあえずストライキが明けるまでホテルの部屋に籠もって、ホームページの原稿をモリモリと書いたり、携帯ゲーム機で遊んだり、読書をしたりと、引き籠もり生活を送ることになった。まったく、ダメな旅人だ。

そのくせ、一日中部屋に籠もっていると、どうにも嫌気がさしてくる。

「何か楽しいことないかなあ……」

僕がボソリとつぶやくと、エリちゃんがハッとした表情を浮かべて言った。

「そうだ！　カジノへ行こうよ！」

ん、カジノ？　その存在すらすっかり忘れていたが、前回カトマンズに来たときから気になっていたのだ。

善は急げ、である。数分後には、僕たちは部屋を出てリキシャーを拾っていた。

向かった先は、アンナプルナという名の高級ホテル内にあるカジノ。とある日本人旅行者から激しくオススメされていたカジノだ。彼は五千ルピー（約一万円）ほど儲けたと言っていた。

一般的にギャンブルで一万円の儲けというのは、それほど大したことではないのかもしれないが、一泊数百円の宿に寝泊りしている僕たちからすれば相当に大したことである。ホクホク顔で帰ってきた彼を誰もが羨望の眼差しで見つめていた。

「儲けることはあまり考えない方がいいだろうなあ」

「まあ、とりあえず楽しめればいいよね」

僕たちはそう言い合いながらも、一山当てたい野望が頭をもたげていた。負けるはずがない——何の根拠もないのに楽観視していたのも正直なところだ。オメデタイ人間なのである。

それにしてもこのカジノ、ネパールにいることを忘れさせるほどに立派である。建物は近代的でピカピカだし、店員は立派なスーツを身にまとっている。入口付近のショーケースには、オメガなど高級ブランド品が陳列されており、客層もちょっとハイクラスな感じだ。

「カジノって、なんだかゴージャスなところなんだねえ」

元来は派手好きのエリちゃんは、目をキラキラと輝かせていた。僕も場の空気にすっかり影響を受け、そわそわとした落ち着かない気持ちになってきた。

想像していたよりネパール人のお客さんが多い。カジノなんかに来るくらいだから、彼らは街中で見かける一般のネパール人とはやはりひと味違う。身なりや言葉使いはもちろんのこと、漂うオーラからして異なる。平たく言えば、見るからにお金持ちなのだ。平均月収が五千ルピーのこの国で、千ルピー単位でポンポン大金を賭けているのだから、恐らく一握りの超大金持ちなのだろう。

ジーパンにTシャツというラフな格好の僕たちは、内心ドキドキしていた。「誠に申し訳ありませんが、お客様の服装では入店できません」などと言われそうで肩身が狭かった。けれど、幸いにも服装チェックはなく、咎められることもなく入店を果たしたのだった。

ところで、僕は学生時代、パチンコにハマッていた時期があった。もうだいぶ前に卒業し、いまになって振り返ると気恥ずかしい話なのだが、漠然と打つのではなく、雑誌を読み込んで研究するなど、勝率を上げる努力は惜しまなかった。

だからというわけではないが、ことギャンブルに関しては、いまでもやや冷めた目で見ている節がある。単なる遊びでは、ギャンブルは気が進まない。勝てる保証もないのに、ポンポンとお金をつぎ込むつもりはまったくないのだ。

けれど、ネパールでのカジノ訪問は完全に遊びだった。

「二人で二千ルピーまでにしよう。それ以上は絶対に使わないこと」

夫婦の間で取り決めをしたうえでの挑戦だ。果たして、二千ルピーでどれだけ遊べるのか——。

店内には、ルーレットやブラックジャックといった定番ゲームを中心に、ほかにもあらゆるゲームのブースがあった。客は多く、なかなかの盛況ぶりと言っていいだろう。

誰もが真剣な眼差しで大人の遊びに興じている。

実はカジノに来るのは僕もエリちゃんも生まれて初めてだ。その大人の社交場とでもいった雰囲気に、否が応にも心が浮ついてしまった。

まずは、他人が興じているのを見て勉強したかったのだが——。

「ねー、ねー、早く私たちもやろうよ！」

エリちゃんが僕のソデを引いて促す。江戸っ子の彼女には、「まずは様子見」というギャンブルの鉄則が理解できないらしい。急かされるまま、とりあえず先ほど両替してきたばかりのネパールルピーをコインに替える。

千ルピー札をフロントに渡すと、六百ルピー分のコインしか戻ってこなかった。手数料だろうか？　四百ルピーの行方が気になったが、ここで質問をするのも無粋な気がしたというか、単に見栄っ張りなだけというか、そのままおずおずと引き下がってしまったのは我ながら情けない。

「わたし、ルーレットがやりたい！」

エリちゃんも細かいことは気にしていないようだ。というより、彼女は一刻も早く勝負したそうで、夫婦間の温度差に僕は振り回される形になった。

個人的には「Kitty」というポーカーのようなゲームに惹かれていたのだが、初心者だし最初は分かりやすいゲームが無難だろうと思い直し、彼女の希望通り何ヶ所かあるルーレットのブースの中から一つを選び、席に着いた。

既に四組の客がゲームに参加していた。全員、ネパール人だ。

僕たちの隣にいた三十代ぐらいのオジサンは、見るからに羽振りが良さそうだった。携帯電話で誰かと話しつつ、ガハガハと下品な笑い声を上げながら、一回のゲームに数え切れないほどのコインを賭ける。

「隣、すごいよね……」

「何か悪い商売とかしてそうだよなあ」

オジサンの豪快な賭けっぷりに圧倒された僕たちは、つい日本語でコソコソ話をしてしまう。そんな場の空気に触発されたのか、エリちゃんが調子に乗ってポンポンとコインを賭けていく。最初は脇で彼女の動向を見守っていたのだが、あまりの無謀な賭け方に僕は横槍を入れた。

「ひょっとして、テキトーに賭けてない？」

「えっ、もちろんだよ！　こういうのは直感でいかなきゃ」

彼女はどこまでも悪気のなさそうな無邪気な笑顔を浮かべている。

「当たっても八枚にしかならないような場所に、八枚以上賭けても無意味だよ」

見かねた僕が忠告すると、「そうかあ、ごめんね」とたちまち悲しい表情に変わった。

いいから僕にやらせてごらん、とばかり彼女から強引にコインを奪った。四つの数字のどれかがヒットすれば八倍になる場所二ヶ所、二つの数字のどちらかがヒットすれば十六倍になる場所一ヶ所、一つの数字に賭けてヒットすれば三十六倍になる場所一ヶ所、計四ヶ所を四枚のコインで攻める作戦に出る。

すると、三十六倍こそまったく来ないが、八倍や十六倍がたまにヒットし、ちょびちょびではあるがコインが増えてくる。

名づけて、ちょびちょび作戦——。

ちなみにこのカジノ、フリードリンク、フリーフードだというので、ここぞとばかりビールをがぶがぶと飲む。酒の酔いも回ってきて、ちょびちょび作戦の成功に調子に乗った僕は、遂に勝負に出ることにした。

当たれば三倍になる場所に、一気に大量のコインを賭ける。

通称、いちかばちか三倍作戦——。

「でも、外れたらすぐになくなっちゃうじゃん！」

隣でエリちゃんが難色を示したが、男なら勝負しなければならないのだ！　とよく分からない理由をこじつけて、稼いだコインを三倍の場所に——投入した。

結果――あ、あたった！　なんと大当たりである。

ずばり的中を見て気を良くしたのはエリちゃんだった。先ほどまでのたしなめモードはどこへやら、すっかりノリノリになっている。

「次も三倍に賭けようよ」

「よっしゃ、そうしよう！」

十枚ずつ三倍の場所に賭ける、いちかばちか三倍作戦を継続である。

――が、これが良くなかった。

何回か当たりが出たのだが、長くは続かなかったのだ。

当たり、外れ、外れ、当たり、外れ、外れ、外れ、外れ……外れの方が多い。気がついたら、手持ちが二百ルピーほどになってしまっていた。エリちゃんの提案で、再びちょびちょび作戦を始めると少しは持ち直しそうになったが、時間が経つにつれて今度はちょびちょびと減っていってしまった。

ラスト六枚にまで減ったときに、残りを思い切って三十六倍の場所六ヶ所に賭ける作戦に出た。背水の陣三十六倍作戦――ヒットすれば一挙に三十六枚に、外れればそれでジエンド。当たる確率は六分の一。

結果――外れた。僕たちはむなしくも敗れ去ったのだった。

「……あと千ルピー、替えてこようか？」

「むう、やられたね」

ふと時計を見てみると、既に深夜十二時を回っていた。どうやらここに二時間近くもいたらしい。

「遅いし、そろそろ帰ろうか」

潮どきと判断し、潔く引き返すことにした。僕たちはフロントでタクシーチケットをもらった。なんとタダで送ってもらえるのだという。

千ルピーも擦ってしまった。貴重な千ルピーだ。

とはいえ、僕もエリちゃんも満足していた。

「二千ルピーの半分しか使わないで済んだし、これで二時間も遊べたし」

「うんうん、しかもビールをぐびぐび飲んで、ご飯も食べられて、タクシーで送ってもらえたしね。十分に元は取れたでしょう」

前向きなのか、ただ単に自分たちの行為を正当化したいだけなのか。その両方かもしれない。また一つ、大人の階段を上った気がしたカトマンズの夜であった。

tomo

十年後のコメント

その後も世界各地でカジノを見かけると、衝動的に勝負を挑んだりしているが、一度たりとも勝てたことがない。近頃はテーブルゲームはあきらめ、スロットマシンでお茶を濁す程度だ。あの大人の社交場的雰囲気は好きなのだが……。

喧噪とカオスの国にて★インド

tomo

ネパールから陸路でインドへやってきた。

インドというと、いい噂から悪い噂まで——どちらかというと悪い噂の方が多い気もするが——旅行者の間でも何かと話題に上ることの多い国だ。

しかも共通して言えるのが、みんなインドの悪口を言いながらも、なぜかとても嬉しそうな点である。今回でなんと四度目のインド訪問となるエリちゃんが言った。

「散々な目に遭っていながらも、再び行きたくなってしまう、不思議な魅力がインドにはあるんだよね」

インドというとカレーぐらいしかイメージが湧かない僕だったけれど、いろんな人から入れ知恵されていくうちに、いつしかインドに対して必要以上に身構えるようになっていったのだった。

しかしいくら注意していても、予期せぬトラブルに巻き込まれるのがインドという国らしい。国境でバラナシ行きのバスを待っていたときのことだ。

待てども待てどもバスがやってこなかった。

チケットを買った近くの旅行会社に事情を聞きに向かった。

「バスが来ないんだけど、どういうこと？」

「今日はバスは出ないんだ。また明日来て

混沌とした光景に目をパチクリさせる。インドへ来たなあと実感。

くれ」

平然とした顔で旅行会社のオヤジが言ったときには目が点になった。

「だったらお金を返してよ」

僕たちが詰め寄ると、オヤジは次の言葉を繰り返すのだ。

「ノープロブレムだ」

……どう考えたってプロブレムではないか！

怒りが込み上げてきた僕たちは、猛烈な勢いで抗議した。

すると、チェッ仕方ないなあ……とでもいった感じで、そのオヤジはどこかへ電話をかけ、「別の場所からバスが出るからそっちへ行ってくれ」と続けた。

なんだそれ。本当はあまり、いやぜんぜん納得がいかなかったが、オヤジには金を返す気はなさそうだということは理解できた。僕たちは重いバックパックを背負って、渋々ながら指定された場所へ向かったのだった。

既に連絡がいっていたのだろう。そこでは別のインド人が僕たちが来るのを待っていた。一見マフィア風の、これまたなかなかにずる賢そうなインド人ひげオヤジだ。「チケットを見せろ」と促すので、僕たちはひげオヤジにチケットを差し出した。それを確認すると、ひげオヤジはこう言った。

「バスは来ない。だけどノープロブレムだ。オレがタクシーで連れて行ってやる。だから追加であと三百五十ルピー払うのだ」

なんだって！　火に油とはこのことだ。三百五十ルピーは約千五十円である。あまりにもふざけている。なんだかまたまた面倒な展開になってきたのだ。

とはいえ、あっちこっち行ったり来たりして疲れていたし、とりあえずとっとと先を急ぎたかったのもあって、結局僕たちはひげオヤジの提案で手を打ってしまった。手痛い敗北感を味わいながら、僕たちはタクシーに乗り込んだのだった。

その車は、ものすごいスピードで未舗装の田舎道を突き進んだ。

「大丈夫かねえ、事故ったりしないかなあ、これ」

気を揉んでいた僕たちを嘲笑《あざわら》うように、恐れていた事態が起こったのは、走り始めて二時間ほど経った頃だった。

ガンッ！

突然激しい衝撃音に襲われた。恐怖で顔が引きつり、虚を衝かれた驚きで「ぎゃー」と悲鳴を上げた。

対向車とすれ違いざまに接触したようだった。車を停め外に降りると、サイドミラーが大破していた。この程度で済んでラッキーだったと言えるだろうか。接触した二台の運転手どうし、ツバを飛ばしながら激しい口喧嘩が始まった。

どうなるんだろう……僕たちは不安半分、好奇心半分で彼らの罵り合いを遠巻きに眺めていた。やがてあきらめたのか、我が運転手は踵を返し、僕たちに早く車へ乗り込めと合図する。何事もなかったかのように、再び未舗装路をメーターが振り切れるほどのスピードで爆走し始めた車内で、僕は呆気に取られていたのだった。

「インド、一筋縄ではいかなさそうだね」

入国早々これである。先が思いやられるのだ。

ともあれ、無事……ではなかったが、なんとかバラナシに到着した。ガンジス河で知られるインド最大の聖地である。この街がまた強烈だった。

ドブ川のように濁ったガンジス河で必死に沐浴する人々。ゴミはもちろん、糞尿だらけで辟易させられる細い迷路のような路地。十ルピーで乗ったのに、着いたら平気な顔で十ドルを請求してくる腹黒いリキシャーのオヤジたち。生きているのか死んでいるのかさえ分からないような、まるでボロキレのようにそこらじゅうで寝転がっている人たち。外国人に写真を撮らせてお小遣いを稼ぐ、偽物サドゥー（修行僧）。神様と言われている割には意外とぞんざいに扱われている牛や、人間をバカにするかのような不敵な面構えの猿など、人間以外の登場人物も多い。

とにかくバラナシというところは、ぎゅっとインドが凝縮されていて、一言で言えば「カオス」なのであった。インド初体験の僕としては、毎日が驚きや新鮮な発見の連続だった。あまりのカルチャーショックからか、しまいには熱を出して寝込んでしまったぐらいだ。

インドを訪れた旅行者の多くは、

「また行きたい」

「もう二度と行きたくない」

の二つの感想に見事に分かれるらしい。インドに行ったら精神的に障害をきたして帰ってくる（もしくは帰ってこない）人もいるらしい——などなど、さまざまな噂を耳にしてきた。

まだ着いたばかりなので結論は出せないが、一筋縄ではいかなそうな手強さを早くも感じ始めていた。インドに対する畏怖のような気持ちが、自分の中で少しずつ、そして確実に、芽生えつつあった。

tomo

十年後のコメント

インド人の言う「ノープロブレム」がプロブレムであることは、かの地を旅した者ならきっと同意してくれることと思う。というより、経験者にとってはもはやネタと言っていいレベルのお約束話だろう。

「ノープロブレム!」とドヤ顔をして見せるのは、我が家でも定番ジョークの一つだ。

まわるバラナシ★インド

eri

インドに来るのはこれで四度目になる。

初めてインドに向かった二十歳の夏、飛行機の中で日本人の女性旅行者と話す機会があった。彼女は当時二十六歳で、そのときが四度目のインド旅行だと言っていた。それを聞いて「四回もインドに行って……彼女の人生は大丈夫だろうか」と、大きなお世話ながら彼女の行く末を心配に思ったものだ。

その私も二十六歳になり、無事に四度目のインドの地を踏んでいる。私の人生は大丈夫だろうか。

　あまりにも居心地の良かったネパールを泣く泣く後にし、国境を越え、最初に到着したのはインドでも有数の観光地バラナシだ。着くなり「ハロー・ジャパニー！」とあちこちから声がかかった。

　ここまで旅してきたのはいままで行ったことのある国ばかりだった。再訪してみると、「ああ、こんなに変わったんだあ」と驚くことが多かった。けれどもここバラナシは別だ。変わっていない、何も変わっていない。

　沐浴する人々、多過ぎるリキシャー、ゴミだらけの細い路地に、そこを無理やり闊歩する小汚い牛。相変わらず強烈な街だ。

　ラッキーなことにバラナシに着いたその

ガンジス河で沐浴する人々。ここは彼らにとって聖地なのだ。

日は、インド三大祭りの一つ「ディワーリー」の真っ最中だった。しかも明後日には祭りのハイライトである灯籠流《とうろう》しが行われるという。自分の強運さにほくそ笑む。何しろ、バラナシっ子が「バラナシが一年でいちばん美しい日」と太鼓判を押すお祭りのクライマックスが迫っているのだ。

実際、バラナシには外国人旅行者のみならず、インド中から旅行者も集まってきていて、路地という路地は華やいだ雰囲気で満ちていた。

そんな街の中をブラブラと歩いていると、何やら煌びやかな物体が目に入った。近づいて見てみると、それは猿の死体だった。まだ若い猿だ。

眠るように横たわった猿の体の上には新品のシルクの布が被せられていて、傍らにはお香が三本立てられている。そしてその布の上には、たくさんの硬貨とお札が載せられていた。猿はインドでは神様の一人と考えられているから、その死体は神聖なもの、と捉えられているのだろう。

一方で、周囲では老婆が「バクシーシー」と言いながら、生気のない目でこちらに向かって手を差し出していた。顔は汚れ、もはや元の色が分からないほど色褪せたサリーをまとう老婆。その隣では、冷たくなった猿の上に載せられたシルクの布が鮮やかな色を放っている。あまりに対照的な光景に、言葉が出なかった。

いよいよ灯籠流しの当日。太陽が沈むと、ガンガー沿いの建物に沿って、色とりどりのライトがチカチカと輝き始めた。バラナシにはガートと呼ばれる沐浴場が点在するが、いちばん大きなガートには水上ステージが設置され、ライトが煌々《こうこう》と照らしている。柱という柱はお祝いのオレンジ色の花で埋め尽くされ、ガートに沿って無数の灯籠の炎がゆらゆらと揺れ出した。その数は何千、いや何万ではきかないだろう。

「お祭りプライス」に跳ね上がったボートをチャーターし、ガンガーの上から街を見渡すと、これがあの停電の多いバラナシかと目を見張るほど煌びやかな世界が待っていた。とにかく、ものすごい光の数と人の数だ。

街中に設置されたスピーカーからヒンディーポップスやらお経やら偉い人の演説やらが、これでもかとばかりの爆音で流れてくる。街ゆく女性も上等のサリーを身にまとい、なんとも色っぽい。

インド中、いや世界中から集まった人々が、灯籠を次々とガンガーに流していく。ゆらゆらと揺れる光が、聖なる河ガンガーを埋め尽くす。目の前には確かに「バラナシが一年でいちばん美しい日」が広がっていた。

ところが美しいだけの話では終わらないのが、インドだ。人の波を掻き分けながら歩いていたときのことだった。暗闇からにゅうっと手が伸びてきた。

「なんだろう？」

首を傾げた瞬間、その手は私の胸をガシッとつかんだ。そして一瞬のうちにするっと離れていった。あまりに幻想的な雰囲気にウットリしていた私は、最初は何が起こったのか分からなかった。続いて、またも素早く伸びてくる手。

――痴漢だ！

そう気がついた瞬間、私の頭の中で何かがプチンと切れた。

「ふざけんなよっ！」

まさにインド人もビックリの下品な怒鳴り声を上げ、私と逆方向に向かったと思われる敵を追いかけた。私の突然の怒声にビックリしたトモちゃんも、瞬時に状況を理解し、回れ右をする。しかし敵はもう人ごみの中に紛れ、どの人が本当の犯人か分からなかった。

悔しさのあまり、二人とも無言で歩く。と、なんとまた手が伸びてきた！

今度はむんずと犯人の手をつかむ。

「ドント・タッチ・ミー！」

元々声のデカイ私が腹の底から大声を上げた。周囲の人が全員、私たちの方を振り返る。犯人は、まだあどけなさが残るインド人青年だった。

「ノット・ミー……」（僕じゃないよ）

青年は蚊の鳴くような声で答えた。けれども明らかに触った手の持ち主だけに、この発言には一層腹が立ってきた。

「ノオオオオオオオ！」

人生の中でこれほど大声で「ノー」を言ったことが、かつてあっただろうか。それほどの大声を上げて睨むと、敵は恐れおののきながら、「ソーリー」とつぶやいて逃げていった。

せっかくウットリしていたのに、やっぱりインドだなあ、もう。

祭りの後の街は、美空ひばりの「お祭りマンボ」で歌われていた光景そのままに、閑散としていた。あちこちに黄色い花が散らばり、しかもどれも汚れてぐったりしている。美しい炎を灯していた素焼きのお皿は、踏まれ、割れて、地面に粉々に散らばっている。

散歩していると、昨日チャーターしたボートのおじさんに出会った。

「昨日はお祭りで千八百ルピーも儲けたよ」

おじさんは口角を上げた。その中には私たちが「お祭りプライス」として払った三百ルピーも含まれているのだろう。

「バラナシが一年でいちばん美しい日」は、ひょっとすると「バラナシでいちばんドラマが多い日」なのではないだろうか。

eri

十年後のコメント

これよりも前、初めてインドに行ったときにも痴漢に遭った。バスに乗っていたら、隣のおじさんがソロソロと手を伸ばし、太ももを触り出したのだ。このときと同じく、私は「ドント・タッチ・ミー！」と拒断し、ナメられてたまるかとキッとおじさんを睨んだ。するとおじさんは平然とこう言ったのだ。
「ドント・ビー・シャイ」（恥ずかしがらなくていいよ）
いやはや、怒りを通り越して呆気にとられてしまったエピソードで、いまだにトークショーなどでもこの話を披露することがある。

聖地バラナシの不思議過ぎる屋上★インド

eri

バラナシに着いて早々、二人揃って風邪をひいてしまった。

旅立ちから早四ヶ月以上、これまで病気らしい病気をしていなかった私たちにとって、これはちょっとした痛手だった。病院に行き、二人揃って注射を打たれ、二人揃って同じ薬をもらった。威風堂々のインド人医師いわく、

「ダンナさんの方がちょっと悪い」

らしい。確かにトモちゃんの目を見ると精気がなく、熱も上がったり下がったりを繰り返していた。

そんな状態だったから、最初は観光どころではなく、私たちはひたすら宿の部屋でゴロゴロしているほかなかった。けれど病気とはいえ、何日も部屋に閉じこもっていると、人間どこかクサクサしてくる。そんなとき、私は必ずといっていいほど泊まっている宿の屋上に上がって、バラナシの光景を眺めた。

バラナシの街、とくにガンガー沿いのエリアは、寸分の隙間さえ埋めるかのようにビッチリと建物が並んでいる。その間を縫って、細い路地がくねくねと張り巡らされ、街全体が一つの要塞のようだ。

なんとかスペースを有効に使おうと尽力した結果なのか、どの建物も上に高く伸び、ほとんどの建物は屋上を空きスペースとして活用している。路地に面した宿の入口は日

当たりが悪くどんよりとしているが、屋上にのぼると急に視界が開け、正面には悠々と流れるガンガーが広がり、それに沿った街並みが一望できる。

バラナシといえば、日の出と共に沐浴に来る人々の姿が有名だが、私はむしろ夕暮れどきが好きだった。いくつもの建物の奥に赤々と染まった太陽が沈む瞬間、街はほんのりとオレンジ色に包まれる。どの建物も薄汚れているけれど、その瞬間だけは、奇跡的に美しい。


とはいえ、「ちょっと屋上まで」のつもりで階段を上がると、そこには摩訶不思議ワールドが手ぐすねを引いて待っているのがインドだ。

「屋上で夕暮れを見ながら読書なんてステキ！」

と思い、バナナをデザートに初めて屋上に上がったときのことだ。椅子を出し、陽だまりでのんびりと本を読んでいると、後ろからバナナの袋をガソゴソとあさる気配がした。

宿の誰かがいたずらでもしているのかな？　と振り返った瞬間、私は思わず息を呑んだ。手にしっかりとバナナの袋をつかんだ一匹の大きな猿が、闘志を漲らせた目でこちらを凝視していたのだ。しかも一匹のみならず、その後ろには複数の猿が同様の目で私を睨んでいる。

「ギャーーーーー!!!」

いまにもこちらに飛びかかってきそうな多数の猿に睨まれ、私は恐怖のあまり大声を上げ、椅子から転がり落ちた。幸いにもその声に気づいた、傍で凧揚《たこあ》げをしていた近所のガキ大将が、長い棒を手に駆け寄って「シッシッ」と猿を退治してくれた。

ふう、助かった。

ロマンチックな夕暮れどきを猿にジャマされる――それが聖地バラナシだ。

この屋上にはさまざまな登場人物がいたが、猿を追い払ってくれたガキ大将は、レギュラーメンバーの一人だった。インド人の子どもらしく、いつもクリクリとした瞳を輝かせている。どうやら隣の家の子らしいが、ここインドでは自分の家も隣の家も大差はない。当然のように宿の入口から階段を駆け上がり、いつも屋上で凧を揚げていた。

凧はネパールでもインドでもポピュラーで、夕暮れどきのバラナシでは、あちらこちらで屋上から凧を上げているさまが見られる。その姿はまるで鳥が一斉に空を舞っているかのようだ。

しかもただ凧を上げているのではなく、これはれっきとした闘凧、すなわち戦いである。自分の凧が相手の凧の糸を切ると、みんな揃って大歓声を上げ、切られてもまた悔しそうな大歓声が上がる。

だから凧は消耗品で、ガキ大将はいつも凧が欲しくて欲しくて仕方ない。私が屋上に上がってくるのが見えると、ガキ大将は鴨がネギをしょってやってきたとばかり、

「ユー・ウォント・カイト？」

と、慣れた英語で訊いてくる。

凧なんてちっとも欲しくないけれど、クリクリした瞳に負けて仕方ないわねえという感じで私が小銭を渡すと、ガキ大将は矢のように飛んでいき、すぐさま凧を手に汗びっしょりで帰ってくる。

そうして彼は嬉しそうに私に凧の糸の繋ぎ方を指導しながら、すぐさま凧を上げてしまう。この凧揚げが簡単そうに見えて難しい。端からあきらめている私は、いつも早々に凧揚げをギブアップして読書に戻る。

ボディガードは凧揚げに夢中。しかしこうして見ても、いかにもやんちゃそうだ。

ガキ大将とその友だちはその間にも凧揚げをしつつ、もし私に猿が近づいてこようものなら、棒を振りかざし、追い払ってくれた。彼らは猿の中でもどいつがイタズラ好きの悪い猿かをちゃんと知っていて、しかるべき相手に憤然として立ち向かう。

こうして私は凧をギャランティに、小さくも頼もしいボディガードを付けて屋上で読書を楽しむのが日課になっていた。

その宿の隣もまた宿で、そちらにはカフェが併設されていた。しかも一度下まで降りずとも、屋上から直接ハシゴを伝わっていけば行けてしまう気楽さ。地元インド人からフランス人、イスラエル人、ドイツ人、そしてロシア人まで、そのカフェには様々な人たちが集っていた。

ある夜、そのカフェでパーティが開かれることになった。イスラエルご一行が旅立つというので、お別れパーティだ。九時のスタート予定が、料理がない、ワインオープナーがないなどしていると、あっという間に十一時。それでもみんな焦るわけでもなく、のんびりとパーティを楽しみ、気づけば午前二時も回っていた。

すっかり出来上がってはしゃいでいるフランス人、インド人、イスラエル人。ドイツ人と日本人の私は、とりあえず散らかっているお皿を集めて洗ったりして、「私たちは律儀で損な国民性だねえ」なんて話していた。

そんなときだ。かろうじて片付けに加わっていたイスラエル人の男の子が、残飯を集めた皿を持ち、中身を屋上からドワーッと外に投げ捨てたのだ。

「うわあ、乱暴じゃない?」

本人は酔っ払った赤ら顔でニコニコしている。

「大丈夫だよ、ここはバラナシだから」

「そうかなあ……」

心配になって下を見下ろすと、ツカツカと歩み寄るいくつもの足音が聞こえた。あれは——バラナシにウヨウヨいる野良犬だ。

「もし日中だったら、きっと猿も食べてたよ。バラナシ、面白いよね」

彼はゲラゲラ笑った。

そう、ただ屋上で遊んでいるだけで、バラナシでは愉快なことが次々と起こる。野良犬も猿も、ガキ大将もイスラエル人も登場し、屋上という小さな舞台で不思議なドラマが繰り広げられる。

耳を澄ますと、ポツポツと明かりのついた夜のバラナシに、まだツカツカという野良犬の足音が響いていた。

eri

十年後のコメント

快適な屋上のある宿というのは、いい宿の条件の一つかもしれない。のちにイスラエルのエルサレムで泊まった宿も同じく屋上があり、そこも社交の場になっていた。黄金のモスクとびっしりと立ち並んだ家々があり、それらの建物の多くに屋上が備え付けられていたのも、どこかバラナシと似ていた。

その後トモちゃんはバラナシを一人で再訪し、こんな感想を述べた。

「インドのほかの都市は変わっていたけど、バラナシはびっくりするほど変わってなかった」

今日もバラナシの屋上では、摩訶不思議ワールドが繰り広げられているのだろうか。

ノー・モア・マサラ！★インド

eri

何を隠そう、私は大の和食党だ。そんな私がこの長期旅行にあたり、いちばん心配だったのが食生活である。

幸いなことに、いままで回ってきた各国では食に困ることはなかった。カンボジアはともかく、タイ、ベトナムは何を食べても美味しかった。しかも中国を含めそれらの国々は、なんといっても逃げ場があった。

「こってりしたものはちょっと……」

というときは米飯を頼み、野菜炒めやスープなどでサッパリと済ますこともできたのだ。ネパールに至っては、日本で食べるのとまったく変わらない日本食が食べられた。

そしていよいよマサラの国、インドなのである。

マサラとは、インド料理に使われる香辛料全般のこと。過去にインドを訪れた経験から、私は密かにインド料理の香辛料の使いっぷりに怯えていた。サッパリとした和食とは対極にある香り高さはインド料理の特徴だが、いくら美味しくても毎日マサラ味はつらい。

インド前半戦はそれでもまだマシだった。ツーリストの多いエリアを回っていたから、マサラ味に飽きたときはツーリスト向けのレストランに入れば良かったのだ。そこでは若干「?」と感じることはあっても、それなりにバリエーションに富んだ食事を楽しむことができた。

ツーリストが多いところを「観光地化されている」と毛嫌いする人もいるが、それはそれでメリットもある。それを実感したのが、タージマハルで有名なアグラから列車に乗り、ツーリストの少ないデカン高原の中央、ハイデラバードに向かったときだ。

まず行きの列車で、さっそく食事に困った。深夜に列車に乗り、寒かったり暑かったり蚊がいたりでまったく寝られずに迎えた朝。体も重い、食欲も満点というわけではないけれど、まったく食べないのは体に悪いし……と周囲を見渡した。しかし、通り過ぎるのは「サモサ～、サモサ～」と声を張り上げるおじさんのみ。

サモサといえばマサラたっぷりのカレー味に味付けされたじゃがいもを、パイ生地に包んでカラリと揚げたもの。熱々のサモサをおやつに頬張るのはこのうえなく美味しいけれど、正直寝不足の朝に食べたいものではない。

ああ、中国の朝の定番、何も味付けがされていないシンプルなお粥が食べたい……。

ついでにタージマハルでの一枚を。実物は想像以上に大きく感じた。

サッパリとしたスープが体に染みるベトナムのフォーが懐かしい……。

仕方ないので駅で売っていたバナナを頬張り、これでもかと砂糖がたっぷり入ったチャイをすすった。こういうときは砂糖の入っていないお茶が飲みたいのに……とブツブツ不満を垂れながら。

夜は夜で、状況は少しも変わらない。食堂車がすぐ隣だったので、暇にまかせてキッチンを覗きに行くと、立派なヒゲを蓄えたコックさんがニコニコと迎えてくれた。

「お、これはマサラ味以外のメニューも期待できるのでは？」

かすかな希望を抱きながらメニューを尋ねてみると、

「ターリーとビリヤニだよ！　どっちも美味しいよ！」

とコックさんはにっこり。ターリーとはインドで定番のカレー定食のことで、ビリヤニとはインド風の炊き込みご飯だ。もちろん、どちらもこってりとマサラ味に仕上げてあるに違いない。

それでも少しは栄養をつけないとと意を決し、チキンの入ったビリヤニを買ってトモちゃんの待つ席に戻った。すると先ほどまでニコニコと談笑していた同席のインド人家族が急に顔をしかめた。

「申し訳ないけど、僕たちはベジタリアンだから、肉を食べるならほかの席に移ってくれないか」

「……はい」

そんなあ、何も悪いことはしていないのに……。

内心ではそう思ったものの、口には出せない。この国はベジタリアンの方が市民権を得ているのだ。異端者の私たちはスゴスゴと席を移るしかなかった。

ハイデラバードに着いたのは早朝だった。長い列車の旅に疲労困憊した私たちは、早々に宿を見つけチェックインした。少し休むと当然のようにお腹が減ってくる。私たちは宿のおじさんを捕まえてリサーチを試みた。

「どこかにいいレストランない？」

するとおじさんは、自信満々に言い放った。

「最高にうまいレストランがあるよ」

ところが、教えられるがままにそのレストランへ行ってみると、そこはやっぱりターリー屋だった。店の前に立っていたボーイさんらしき男の子は、「ターリー以外もあるよ！」と胸を張って言うが、あるのはドーサとかプーリーとか、どれもインドの定番メニューで、おそらくマサラ味のものばかり。それ以外は油で揚げたもの、もしくはこってりと甘いものだけだろう。

二人とも「とりあえずマサラ味はパス。油っこいものはパス」な気分だっただけに、ボーイさんには悪いがこのお店は断念した。

しばし歩いていると、サンドイッチ屋さんが目に入った。西洋風の店構えで、食事をしているインド人もどことなく洗練されている。

「ここなら、普通にマヨネーズが入ったサンドイッチが食べられそうだね」

私とトモちゃんはついぞ見つけた楽園に足を踏み入れるように、ウキウキと店に入った。とりあえずメニューの一番上にあった、最も無難で定番そうなベジタブル・サンドを頼む。

届けられたベジタブル・サンドは、一見したところ普通のサンドイッチだ。

「遂にマサラ味じゃないご飯だね」

声を弾ませながら、ガブリとかぶりつく。そして舌を伝わってきたのは――想い焦がれたマヨネーズの味、ではなく、やっぱり慣れ親しんだマサラの味だった。

「サンドイッチまでマサラ味とは……」

私たちはがっくりと肩を落とした。

ハイデラバードはインドで六番目に大きな都市だと聞いていたけれど、街中で観光客の姿はほとんどと言っていいほど見かけなかった。着いた日もその翌日も一日中きょろきょろと辺りを見回して歩いていたけれど、ツーリスト向けのレストランもない。もちろん海外から来るＶＩＰが泊まるような高級ホテルに行けば、洋食もそれなりのものがあるのかもしれないが、貧乏旅行者の私たちにはちょっと手が出ない。

仕方なく、夜ご飯には以前宿のおじさんに教えられたターリー屋に行ってみた。出てきたターリーは、サブジー（野菜カレー）もダール（豆のスープ）もホカホカで実に美味しそうだ。

けれど、一口食べてビックリ！

サブジーがまさに口から火が出る勢いの辛さなのだ。慌ててダールを一口すくってみたが、残念ながらこちらも激辛。

「か、辛い〜」

口をハフハフさせる私を見て、店のお兄さんが声をかけてきた。

「ご飯にカードをかければマイルドになるよ」

カードとはヨーグルトのことだ。早速挑戦すると、確かにマイルドにはなった。けれど依然としてスパイシーなマサラ味には変わりなく、私たちは涙目になった。

あまりのマサラ攻撃にぐったりした私たちは、次の夜、奥の手を思いついた。食料品を売っている商店に行き、「こいつは辛くない！」と店のおやじも太鼓判を押したインスタントラーメンを手に入れたのだ。

ネパールで食べたインスタントラーメンは、ほとんど日本のインスタントラーメン、それも日清のチキンラーメンに酷似していた。ネパールとインド、きっと置いてあるインスタントラーメンはほとんど変わらないだろう。簡単にお湯が沸かせるコイルヒーターを持っているので、それでラーメンをすすろうという作戦だ。

「わびしいね……」と言いながら、トモちゃんとお湯が沸くのを待つ。ボコボコと沸騰してきたところで、麺をカップにあけ、粉末のソースを振りかける。

ふと見た粉末は、黄色い色をしていた。どこか胸騒ぎがした。

運命の三分がすぎた。無言のままトモちゃんが思い切ったように麺をかき混ぜ、フォークで一口すすり、顔をしかめた。

「やっぱりマサラ味だ……」

eri

十年後のコメント

実はこの後、私の父はハイデラバードに暮らし、かの地でしばらく仕事をしていた。人口は約七百万人、日本でいえば埼玉県ほどの人口がある大都市なのに、相変わらず外国人は少ないようで、日本人駐在員は二桁もやっとという程度にしかいないと言っていた。

「でもハイデラバードにはハードロック・カフェがあるんだよ！　イタリアンも！」

タフな父はそう笑っていたが、それでもやはり食生活は厳しかったらしい。自炊がほとんどだが、「手に入る食材のバリエーションが少ない」とこぼしていた。

当時、日本に一時帰国した父が「とにかく向こうで手に入らない魚が食べたい。魚、魚！」と言っていた。それを見て、旅行者でもマサラ味に辟易したのに、住むとなると大変だろうなあと同情したのだった。

巨石ゴロゴロタウンで目にしたもの★インド

eri

「巨石ゴロゴロタウンが見たい」

インド有数の大都市ながら観光客にはマイナーな街ハイデラバードに来たのは、たったこれだけの理由だ。インド本の決定版だと思う『河童が覗いたインド』（妹尾河童・

著）のハイデラバードの項を読んで、いつか行きたいと願っていたのだ。

かの本には、こう書かれている。

「ハイデラバードはヘンな町であった。岩山や巨岩は、地球上の至る所にあるから、別に驚くことはないが、こんなにデカイ顔をして、町の中に岩が居座っているところは、初めて見た」

河童氏の精密なイラストによると、家よりも大きい巨石が街の中にゴロゴロしており、その合間を縫うようにして家が建っているのだという。中には巨大な岩の上に建っている家もあるそうだ。

熱き想いを抱いてハイデラバードへやってきた私たち。しかしいざやって来てみると、拍子抜けしてしまった。

巨石がゴロゴロした城から見渡し、巨石ゴロゴロタウンを探す。

インド有数の大都会だけあって、街にはビルが立ち並び、車が片側四車線も通れるような大通りが街の真ん中を通っている。無数のオートリキシャーとバイク、それから埃っぽいのと人が多いのは、大都会とはいえやっぱりインドっぽいけれど、何より巨石はどこにも見当たらないのだ。

「うーん、困った……」

ハイデラバードに行きたいと言い出した以上、なんとなく責任を感じた私は途方に暮れてしまった。

河童氏の足取りを辿れば、きっと巨石ゴロゴロタウンに辿り着くはずだ。そう思い、まずは氏がオススメするゴールコンダ・フォートに向かった。ここは自然の巨石の上に建てられた珍しい城だ。

城の外に張り巡らされた城壁は、「中国の万里の長城みたいだろ？」と警備員のおじさんが自慢気に話していた通り、広大な城下町をぐるりと取り囲んだ立派なものだった。

「織田信長《おだのぶなが》が建てた城みたい。戦国大名としては彼が初めて、町ごと城にする城下町の設計をしたんだよ」

日本の城好きのトモちゃんが、豆知識を披露してくれる。

巨石の上に建てられた城のてっぺんには、街を一望できるテラスがあった。三百六十度はるか地平線までハッキリ見渡せる。その風景の中にはあちこちに岩山と巨石があり、中にはポツポツと家が並んでいる場所も見えた。あのあたりが河童氏が巡った「巨石ゴロゴロタウン」だろうか。

トモちゃんとの相談の結果、「きっと河童氏はタクシーをチャーターしてあちこち自分の好きなところに行って見てたんだよ。だから私たちもそうしよう」と、バックパッカーとしてはバブリーにも、オートリキシャーをチャーターすることに決めた。

「巨石ゴロゴロタウンに行きたい」

そんな私たちの熱い想いが伝わるのか――オートリキシャーをチャーターする際の一抹の不安がコレだった。マヌケにも、例の河童氏の本は宿に置いてきてしまった。あの絵を見せれば一発なのに……と思いつつ、似ても似つかない絵を描いて必死に説明する。

「よし、分かった！　巨石と家があるところだね！」

でっぷりとしたお腹のオートリキシャーのおやじは、自信満々な顔で頷いた。英語が堪能だし、何よりこの土地に強そうな男だった。私たちは彼を信頼することにして、オートリキシャーを出発させてもらった。

「君たちが来たかったのは、ここだろう？」

しばしのドライブののち、おやじはキキーッとブレーキをかけ、どうだと言わんばかりに、私たち二人が座る後部座席を振り返った。

けれども目の前の光景はまったくもって巨石ゴロゴロタウンではなく、城下町にある歴代の王様のモスク風のお墓だった。

「ここじゃない！」

必死に説明する私たちに、「どうやら変な客を乗せちまったようだ」とおやじはちょっと困った顔を浮かべた。

とりあえず、お城のてっぺんから見た巨石ゴロゴロタウンの方角を目指して走り出してもらう。

「あ、巨石が見えてきた！」

「もっと右の方に行って！」

鼻息も荒く指示を出す私たちに、出っ腹おやじは「こんなところを見たいと言ったのはキミたちが初めてだ」と半分呆れながら、オートリキシャーをブイブイと走らせてくれた。

果たして、右へ左へ指示を出し、辿り着いたところは確かに巨石がゴロゴロしていた。

けれども一歩足を踏み入れて、「しまった」と後悔した。

その巨石ゴロゴロタウンは、いわゆるスラム街だったのだ。

岩山の傾斜に沿って立ち並ぶ家は、どれも「家」とは呼べない粗末なものばかりだった。ボロボロの布でやっとこさ覆いをしたテントとでも言おうか。通路にたくさんのゴミが落ち、そばには生臭い匂いを放つドブ川が流れている。テントの下から生まれたばかりの赤ん坊を抱えた母親と、五、六人の子どもたちが、明らかに好奇の目でこちらをじーっと見ていた。

「ここの人たちはノーグッドだから」

出っ腹のおやじはそう言って、巨石ゴロゴロタウンを散策する私たちの後をついてきてくれた。普段なら「ガイド代目当てかしら、面倒だわ」と追い返すところだけど、正直ついてきてくれて心強かった。彼がいなかったら、この街を歩く勇気は出なかったかもしれない。

ボロボロのテントから、穴だらけのワンピースを着た少女が、照れてはにかみながらこちらを向いていた。きっと外国人が珍しいのだろう。インド中でよく見られる、子どもらしい素直な反応だ。

私はいつものようにカメラを向けた。それに気づいた少女も、いつもインド人の子どもがするように、シャキッと気をつけのポーズをとり、こちらを向いた。

でも、いつものように子どもに近寄ってシャッターを切ることはできなかった。かなり遠くから、遠慮がちにパチリと撮るのが精一杯だった。いたたまれない気分になって、早々にその巨石ゴロゴロタウンを後にした。

「河童さんは、どこの巨石ゴロゴロタウンを見たんだろうね」

「でもきっと、私たちが行ったところではないよね……」

帰り道の私たちは、ポツリとそんな話をした以外は、終始無言だった。

eri

十年後のコメント

帰国後の二〇〇五年、こうしたインドの貧困を、真正面から取り上げているノンフィクション作家がデビューした。『物乞う仏陀』を書いた石井光太氏だ。同作品は開高健ノンフィクション賞と大宅壮一ノンフィクション賞にノミネートされ、その後も彼は精力的に世界の貧困や悲しみを綴っている。

奇しくも彼は、私の中学校時代の同級生だ。同じ教室で机を並べた友人が、私が目を背けた世界を、しっかりと目を開いて見ていることに感服する。

アフロヘアの神様、私を見初めて！★インド

eri

インドや宗教に興味がなくても、「サイババ」という名前を聞いたことがあるという人は多いだろう。かつて日本でも「何もないところから灰やらアクセサリーやら時計やらを取り出すビックリ人間」としてマスコミなどを賑わせていた、あのアフロ頭のおじさんである。

おじさんとは言ったものの、インドではサイババは生き神として知られている。生まれたときから「特別な子」として数々のエピソードを持つサイババ。十二歳のときにヘビに噛まれて生死の淵をさまよった後から不思議な力を発揮し始め、何もないところから「聖なる灰」や花や食事を取り出すようになったという。それから本格的な布教活動に入ったが、当時は弱冠十二歳でありながら、まるで博学なおじいさんのような英知に満ちていたそうだ。

そんなサイババのエピソードはインド中に知れ渡っていて、インド人でサイババの名前を知らない人はいない。個性豊かなヒンドゥー教の神様の中の一人として位置づけられ、インドの家を覗くと彼のブロマイドが恭《うやうや》しく祭壇と共に飾ってあることも珍しくな

い。

サイババが生まれたのは、南インドの小さな村プッタパルティだ。そこには現地では「アシュラム」と呼ばれる修行道場があり、彼はそこを拠点に信者たちと一緒に暮らし、布教活動をしているという。

私はぜひ一度この「生き神」を見たかった。何しろトレードマークのアフロヘアがキャッチー過ぎる。「何もないところから時計を取り出す」など、彼が起こす奇跡的なエピソードもミーハー心に火をつけた。率直に言うと、私もサイババ時計が欲しかった。

私たちはこうして、一路サイババが暮らすというプッタパルティを目指したのだった。

アシュラムと呼ばれる修行道場までは、専用バスで向かった。しかもそのバスはいままでインドで乗ったバスの中では格別にゴージャスだった。いわば「デラックス・サイババ・バス」である。

プッタパルティに近づいてきたところ、突然前方に妙な建物が見えた。丸い屋根に丸い窓、赤い壁と白のラインのグラデーションという外観の建物は、まるで巨大なタコのようだ。あまりの奇抜さに、

「あ、あれは何？」

と隣のインド人のおじさんに訊いた。

「あれはサイババが建てた病院なのだよ」

おじさんは自慢気に答えてくれた。

なぬっ、早くもサイババが登場か！　おじさんいわく、サイババは教育と医療に力を入れており、ここプッタパルティにある学校や病院はすべて無料だという。

しかし巨大なタコのような建物のセンスも、サイババの意向なのだろうか。しかも無料ということは、それだけ莫大なお布施が集まっているということか。私はむしろそんな下世話なことが気になった。

そうこうしているうちに、ピンクと水色に塗られた妙に可愛らしい門をくぐった。左右を見渡すと……そこは思いがけずメルヘンな空間だった。村にある建物の多くがピンクや水色やクリーム色といったパステル系の色で塗られている。交番までもがピ

サイババの街プッタパルティ。入口のゲートからして、他では見られないファンシーさ。

ンクと水色で包まれて、これでは泥棒も怖がらないのではと思ってしまう。

そのメルヘンさは、ディズニーランドの「イッツ・ア・スモールワールド」か、はたまたサンリオのピューロランドか。対象年齢三〜七歳ぐらいの女の子が喜びそうな世界——これもサイババ自身のセンスだろうか。

アシュラムと呼ばれる修行道場は、村のど真ん中にあった。村全体がアシュラム中心に出来ているのだ。アシュラムの入口にはこれまたメルヘンな色使いの門があり、その上にはヒンドゥー教の神々が黄金に輝いて鎮座していた。目の前に広がるメイン通りにはゲストハウス、レストラン、洋服屋、土産物屋がずらりと立ち並び、さながら一大観光地だ。

土産物屋は店頭いっぱいにサイババ・グッズを並べている。あっちを向いてもサイババ、こっちを向いてもサイババ。しかし妙にメルヘンなパステルカラーの建物とサイババのアフロ頭だらけのコントラストは、明らかにミスマッチだ。

「すごいところに来ちゃったねえ……」

私とトモちゃんは二人揃って絶句したのだった。

着いて早々、宿泊手続きをとり、しばしお世話になる部屋に向かった。

部屋はお湯が出ないのを除けば、かなり快適だった。広過ぎるぐらい広いし、大きなテーブルもサイドテーブルもあり、シンプルだけど日当たりもいい。何よりトイレ、シャワー付きで百ルピー（約三百円）と、破格の部屋代に二人とも思わずにやけてしまったのだ。

部屋のクオリティもさることながら、サイババのアシュラムは、インドの片田舎にあるとは思えないほど大きく、立派で、しかもやっぱりメルヘンだった。

アシュラムの中には三千人収容できるという礼拝堂、サイババの御殿、巨大な工場のような食堂、サイババ博物館、緑の豊かな庭園に数々の祠《ほこら》、それに高級マンションのような信者の宿泊施設など、多様な施設がある。

アシュラムを歩いている人は、インド人が八割、残りは外国人だ。しかも外国人の多くが伝統的なインドの民族衣装いわゆる「インドルック」で、彼らの本気度が窺える。まだ会えていないだけなのか、気づかないのか、日本人の姿は見かけない。

初日の夜はアシュラムの外で夕食をとることにした。

アシュラム内の食堂はベジタリアン・フードだけで、しかも食堂は男女別。つまり夫婦で夕食を食べることもできないという。周囲にはツーリスト向けのカフェやレストランも多く、そちらの方が断然魅力的なのだ。

手頃なレストランに入り、満腹ついでにネットカフェでメールをチェックしたら、夜も十時。デザートにバナナを買い、それをブラブラさせてアシュラムに戻ったところ——なんと門が閉まっていた。建物は全体的に電気が落ちていて、早くもひっそりとしている。

そして堅く閉ざされた門の向こうには、係員のおじさんが目を三角にして立ちはだかっていた。

「こんな時間まで何をしてた！」

私たちが泊まっていることを伝えると、おじさんは厳しい口調で責めたてた。弁解しようと慌てふためく私たち。

「九時には電気が消えるから、明日はそれまでに帰ってこないとダメだよ！　アシュラムはホテルじゃないんだ」

私たちをそう諭すと、おじさんは渋々と門を開けてくれたのだった。

部屋に戻ると、「アシュラムの規則」と書かれた紙を見つけた。いわく、部屋ではほかの信者の迷惑になるような騒音を出さないこと。アシュラムでは卵を含む、ノン・ベジタリアンフードを食べてはいけないこと。お酒を飲まないこと。電気、水を使うときは最小限にとどめること。清潔な衣服に身をつつむこと。男女は交じって（Mix）はいけないこと……。門限のこともしっかり書かれていた。

思うがままにこの半年暮らしてきた私たちには、「あれはダメ、これもダメ」と言われているようで、耳が痛い。そもそもここでは肉食を禁止しているから、外でモリモリ肉を食ってきた私たちは端から邪道なのである。隣ではトモちゃんがアルコール禁止の項目を恨めしそうに見ている。

「やっぱりアシュラムはホテルじゃないんだね……」

当たり前のことにいまさら気づいた私たちは、普段のように部屋で好きな音楽をかけることもせず、シーンと静寂に包まれたアシュラムの夜を迎えたのだった。


翌朝五時、まだ真っ暗な中を「眠いよ〜」と目をこすりつつ外に出る。早くも多くの信者たちがしゃきしゃき歩き、礼拝堂に向かっていた。

アシュラムでは計四回の礼拝が日課だが、そのどれもサイババが登場するという。だから日々の最大のイベントはこの四回の礼拝なのだ。

しかも熱心な信者は、さらにもうワンランク上のスペシャル・サービスである、「インタビュー」と呼ばれる機会を粘り強く狙っている。これは、いわばサイババの気まぐれで決まる「VIPルーム行き」。VIPルームでは、サイババが例の白い灰やらブレスレットやら時計やらを出してくれるらしい。また、そこに呼ばれた人の中には不治の病が治ったなど、様々な奇跡も起きているらしい。

朝の礼拝は七時からなのだが、その「ＶＩＰルーム行き」を狙って、五時ぐらいからスタンバイしているのだ。

信者はスタッフに指示されながら、男女分かれて整然と並ぶ。一通り並び終わったところで今度は抽選がある。列ごとに先頭の人がクジをひき、番号の若い順に礼拝堂に入れるというシステムだ。早く入れた方がサイババが通る花道の近くに陣取れ、ＶＩＰルームに呼ばれる可能性も高くなるという。

ただし考えてみればこのシステムだと、結局抽選で運が決まるわけで、何も朝五時に行かなくてもいいような気もする。だいたい寒いし、眠いし……。

千人近くも信者が集ったところで、クジが回ってきた。これで席順が決まるのだから、熱も入るというものだ。先頭がクジをひくと、自分の列にまるで伝言ゲームのようにその結果が伝えられた。

「四！」

私の前の白人のおばさんがそう叫んだ。クジは二十番ぐらいまであるというから、四番とは決して悪くない。これで私はサイババに見初《みそ》められるかも？　そんな淡い期待を抱いていたら、前の白人のおばさんは大きくため息をついた。

訊くとイタリアから来ていて、もう一ヶ月も毎朝並んでいるというのに、いまだ自分の列が一番のクジを引いたことがないのだという。そりゃあ、ため息も出ちゃうよな。でもここで一ヶ月もそんな生活を送れるこの女性は、一体どんな仕事をしているのだろう……。

朝六時半、いよいよ列が動き出す。礼拝堂に入る前に、スタッフの女性によるボディチェックがあった。大きなカバンの持ち込みはダメ、カメラもビデオもメモ用紙すらダメ。腹巻タイプの貴重品袋も中身を開けて見せなければならない。サイババは絶大な影響力を持つだけに、暗殺を恐れてい

礼拝堂はとにかくだだっ広く、そして途轍もなくゴージャスだ。

るのだろうか。その厳しさに、「いよいよ来るな、サイババ！」と期待が高まる。

朝七時、三千人が入るという礼拝堂は人でいっぱいに埋め尽くされていた。日本ではビックリ人間か怪しい教祖のようなイメージのサイババだが、ここインドではこれだけの人が救いを求めて集う「生き神」なのだと、改めて思い知らされる。

どこからともなくピローンと怪しげなシタールの音が聞こえてきた。信者が一斉に背筋を伸ばし、合掌する。

「きたっ！」

私は思わず身を乗り出した。

女性陣の座る席の中央部から、ゆっくりサイババが現れたのだ。

橙色のドレスに身を包んだサイババは、背筋は少し曲がっているものの、七十すぎとは思えないしっかりとした足取りで歩いてきた。足首まである長いドレスでゆっくりと歩く姿は、まるで人魚のようだ。肌のツヤはそこらで売っているブロマイドと変わりなく、若々しい。それにしても立派なアフロヘアだ。

目を見開いて観察するうちに、いよいよサイババは私の列に近づいてきた。周囲の人はどうやって持ち込んだのか、みんな一斉にサイババに宛てたラブレターを手に高く掲げている。

しまった、ラブレターなんかない！　と、私は一瞬にして焦った。

けれども、ここで怯んでいるわけにはいかない。

「私は日本から来たのよ！」

周囲に負けない熱い眼差しでサイババを凝視する。

「私をVIPルームに呼んで！」

ひたすら念を送る。そんな私の怨念にも近い思いを感じたのか、サイババはこちらをチロリと向いた。

「サイババ！」

私は心の中で大きく呼びかけたが――愛しのサイババはすぐクルリと向き直り、後ろにいたインド人のおばあちゃんの涙ながらの訴えに耳を傾けてしまった。どうやらサイババはそのおばあちゃんをVIPルーム行きに指名したらしい。おばあちゃんは白馬の王子様に見初められたかのように顔を紅潮させている。

むむむ……と唸ったものの、もはや私の念力もこれまでのようだ。サイババはソロリソロリと真逆の方角へ向かってしまった。白馬の王子様ならぬアフロの神様は、どうやら私を見初めてくれなかったようである。

結局この日は六人ほどの信者をピックアップし、サイババはまた御殿の奥に消えていった。

それにしてもVIPルームに呼ばれるのは三千人分の六、つまり五百分の一の確率だ。礼拝は一日四回あるから、計算上は百二十五日滞在して一度選ばれれば妥当なわけだ。それを初日から狙おうという方が甘いのだろう。私はそう自分に言い聞かせ、VIPルーム行きは無理かもなあと、半ばあきらめた気持ちになった。

そんな心構えがいけなかったのだろうか。その日以降、私が並んだ列が初日の「四」以上の番号を引くことはなかった。そしてアフロの神様はつれなくも私の前を素通りしてしまうばかりだった。

アシュラムを出る日、今日ついにVIPルームに呼ばれたという白人のおばあちゃんが、知り合いらしき白人女性と話していたのを見かけた。

「私がどう生きていくかは私次第で……サイババはそう言って、手に白い粉を……」

おばあちゃんは感極まって号泣しながら、そのときの様子を鮮明に語っていた。

それを見ていたら、考え込んでしまった。もし私がインタビューに呼ばれていたら、周囲の人の熱心さに尻込みして、何も言えないかもしれない。もしくは、口を開けば真っ先に、「ぜひ時計を出してください」なんて図々しいことを言ってしまいそうだ。

やっぱり私は信心が足りなかったのね、信じないものは救われないのね……。サイババの心を射止められなかったことも仕方ないと納得しながら、アシュラムを出たのだった。

eri

十年後のコメント

二〇一一年四月、遂にサイババがこの世を去った。御年八十四歳、自身の予言よりも早い死だった。サイババ死去のニュースが伝えられると、世界中の人は彼の莫大な資産の行方に注目した。それもそうだろう。当時ですら私が見たプッタパルティの村とアシュラムは、インドの片田舎とは思えないゴージャスさとメルヘンさだったのだから。

当時の日記を読むと、アシュラムのノリにいまいちついていけない雰囲気が伝わってくる。けれどいま考えると、観光地としてもかなり興味深いところだった。少なくともあの村とアシュラムは、「これもインド」として訪れておいて良かった場所だ。

入院しちゃいました★インド

そのとき僕は、インド随一の大都市ムンバイの安宿の中、狭いベッドの上でぐったり

していた。エリちゃんは「ネットカフェに行く」と言って出て行ったきり、一向に戻って来る気配がない。僕は突如訪れた体の異変に軽いショックを覚えつつも、このときはまだそれほど大事に至るとは考えなかった。

エリちゃんもエリちゃんで、まさか自分の夫がそんな大変な状況になっているなど夢にも思っていない。しかし数時間後にはそのまさかの事態が待ち受けていた——。

■エリから見た入院

部屋に戻ってくると、トモちゃんの様子が明らかにおかしかった。

「お、か、え、り……」

消え入りそうな声でつぶやいて、パッタリとベッドに顔を伏せる。オデコに手を当ててビックリ、かなり熱い。体温計で熱を測ってみて、私は愕然とした。なんと三十九度八分もあるのだ！

一時間ちょっと前、トモちゃんは「ちょっと具合が良くないから」と言って、ネットカフェに行くのをパスした。けれどもそのときは、部屋から見送ってくれたほどには元気だった。それがいまや、息も絶え絶えである。

——ど、どうしよう！

一瞬パニックになったが、とにかくありったけの洋服を着させて、ホテルのフロントに「このあたりで一番いい病院は？」と尋ね、タクシーでその病院へと駆けつけた。ボンベイ・ホスピタルという。インドの一大都市の名前を冠した病院だけあって、そんな変なこともなかろうと、なかば祈るような気持ちで病院に入った。

救急受付に行くと、救急車が入口を塞いでいた。救急車の中からは「ウー……ウォー」という恐ろしい呻き声が聞こえる。

「見ないように……」と自制したものの、つい救急車に目が行ってしまう。運び込まれた男性は頭からダラダラと血を流していた。不吉なものを背中に感じつつ、その脇をすり抜け、トモちゃんを診察室のベッドに寝かせる。

「うちのダンナ、四十度近く熱があるんです！」

いかにも偉そうなヒゲのお医者さんに必死に病状を訴えると、ヒゲ医者はごく当然といった顔で頷き、小さなメモ用紙にスラスラと何かを書き込んで、それを私に渡した。

「…………？」

よく事態が理解できない私に、ヒゲ医者は訛った英語でまくし立てる。

「この薬を薬局で買ってきなさい。それから注射器も。そのあと受付に行って、必要な書類をもらってきなさい」

えっ？　私は最初、自分が何か聞き間違いをしているのかと思った。だいたいこっちは急患なのに、あっちでコレ買って、そっちでアレもらってなんて……。ここでいますぐ処置することはできないのだろうか。けれどヒゲ医者はごく当然といった顔をしているから、そういうシステムなのだろう。

ガタガタ言っている余裕もなかったので、とりあえずダッシュで薬局に向かった。散々待たされて注射器と薬を手に入れ、後は必要な書類だ。

受付に行くと誰もおらず、ウロウロと探し回った。この間にトモちゃんの病状がさらに悪化して取り返しのつかないことになっていたら、どーしてくれんのよっ！　と私はイライラが募った。

しばらくして、受付にニヤケた顔をしたインド人の青年が現れた。こっちが目を三角にしているのに、別段悪びれる風もない。事情を説明すると、そのニヤケた顔の青年はニヤケ顔のままメモ帳のようなものをペリリと一枚破き、「十ルピー」と手を出してきた。

へっ、なんで？　ただのメモ紙なのに？

内心そう思ったが、やっぱりここでもゴタゴタ言う余裕はなかった。

十ルピーを渡すと、兄ちゃんは案の定そのお札を自分のポケットにしまい、今度はニンマリと笑った。ムキーッ！

救急の病室に戻ると、相変わらずトモちゃんはウンウン苦しんでいる。必死の思いで買ってきた薬と注射、それに書類を渡すと、ヒゲ医者は当然の顔をしてそれを受け取った。

「お尻、出して」

ヒゲ医者は、慣れた手つきでトモちゃんのお尻に太い注射をブスリと打つ。するとそばにいた事務員のような人がすすっとこちらに近づいて、手を差し出した。

「三十ルピー」

どうやらヒゲ医者が注射を打った代金として、三十ルピー払えというのだ。

その後も、一事が万事、何かをするたびにいちいちお金の話が発生した。

医者に入院した方がいいと思うが、どうするか？　と訊かれたときには困り果てた。病院には大部屋の無料ベッドから一泊五千五百ルピー（約一万六千円）の個室まで十ランク以上あったのだ。個室が良かったが、一時金として五万ルピー（約十五万円）を払わないと個室には入れないという。

ご、ごまんルピーって……。

相変わらずヒゲ医者は落ち着いた声で「君たちはいくらまで払えるか?」と言うが、旅行者が現地通貨でそんな大金を持ち歩いているわけがない。

けれど、この病院に来てから既に散々振り回されていたので、私の腹は据わっていた。いくら貧乏旅行者とはいえ、私たちは経済大国ニッポンからやってきたのだ。お金、お金という輩には言ってやろう。

「金ならある! 私たちは旅行者でいまは現金を持っていないけど、明日になったらそのぐらいは用意できるから。最高級の部屋にして!」

そう叫ぶと少しはスッキリした。本当はこの旅が始まるときに加入していた海外旅行保険でカバーできるだろうという目論見があったのだが。

にわかにリッチマンな外国人を気取ったのが良かったのか、しばらくすると感じのいい若い医者が現れ、「ワタシが担当します、よろしく」と笑顔で挨拶してくれた。こざっぱりとして、清潔感が漂う青年だ。そこからの対応は、先ほどと打って変わってスムーズだった。

ご丁寧にもトモちゃんには車椅子が用意され、慎重に病室まで運ばれた。

そのときもまだ、私たちより先に救急車で運ばれてきた男性は頭から血を流したままウンウン唸っていた。誰かが診ているわけでもなく、ただ放置されているようで、周囲には困り果てた顔の家族が付き添っていた。あの状況から見ると、きっと治療を受けるお金がないのだろう。

人の命はお金に代えられない――そんな言葉はこの国では建前だ。

インドは貧富の差が激しく、最下層の人は路上でギリギリの生活をしている。そんな光景をこれまでよく目にしていたから、この国でお金がいかに大事かは分かっていたつもりだった。それがインドなのだと割り切っていたけれど、いざ自分が当事者になるとやっぱり憤りを覚えずにはいられない。

地獄の沙汰も金次第――悲しいけれどそれがこの国の現実なのだ。

結局のところ、私たちができることといえば、海外旅行保険に後押しされながら、経済力にものを言わせるだけのこと。日本人で良かった、保険に入っていて良かった。静まった病室で私がいちばんに思ったのはこのことだった。

■トモが感じた入院

僕はインドの病院で入院生活を送っていた。

あまりに急激に高熱が出たので、マラリアかもしれない――お医者さんもエリちゃんもそんな風に考えていたようだ。

マラリアかあ……ツライ病気だろうな、と僕も内心ビクビクしていたが、血液検査をしてみたところ、幸いにもマラリアではなかった。最初のうちこそ高熱にうなされていたものの、入院二日目くらいには熱はひいた。ゲンキンなもので、熱が下がってくると、僕は早く病院から出たくて堪らなくなってきた。

しかし、そんな僕の願いは一笑に付された。

「退院なんてとんでもない！　最低でも五日間は病室で安静にしていなさい」

お医者さんはだだっ子をたしなめるようにそう言った。

エリちゃんも付き添いという形で同じ部屋で寝泊りすることが許されたので、

「仕方ない。ここを宿だと思ってゆっくりするか」

と腹をくくるしかなかった。

僕が運び込まれたのは、ムンバイで一、二を争う大病院のファースト・クラスだった。部屋は十一階の広々とした部屋で、日本の病院と比べても遜色のないレベルで清潔だ。大きな窓からの見晴らしはすこぶる良く、ムンバイ屈指のロマンチック・スポットと言われる海岸沿いの大通り「マリーン・ドライブ」が一望にできる。

お金に比例するのだろう、病院側のケアも手厚い。ナースコールを押せば専属の看護師さんがピッと飛んできてくれる。シーツは毎日交換してくれるし、部屋を掃除しますだの、ゴミは溜まってませんかだの、ヒゲを剃《そ》りませんかだの……とにかく至れり尽くせりで、まるでマハラジャになったような気分なのだ。

「どこの国でも看護師さんは白衣の天使だよなあ。インド人の看護師さんというのも悪くないなあ。いや、ぜんぜん悪くないなあ」

デレデレとしている僕を、エリちゃんが白い目で見つめる日々が続いた。

ところで、病院の英語というのは難しい。専門用語が多過ぎて、看護師さんやお医者さんが言ってる単語がさっぱり分からない

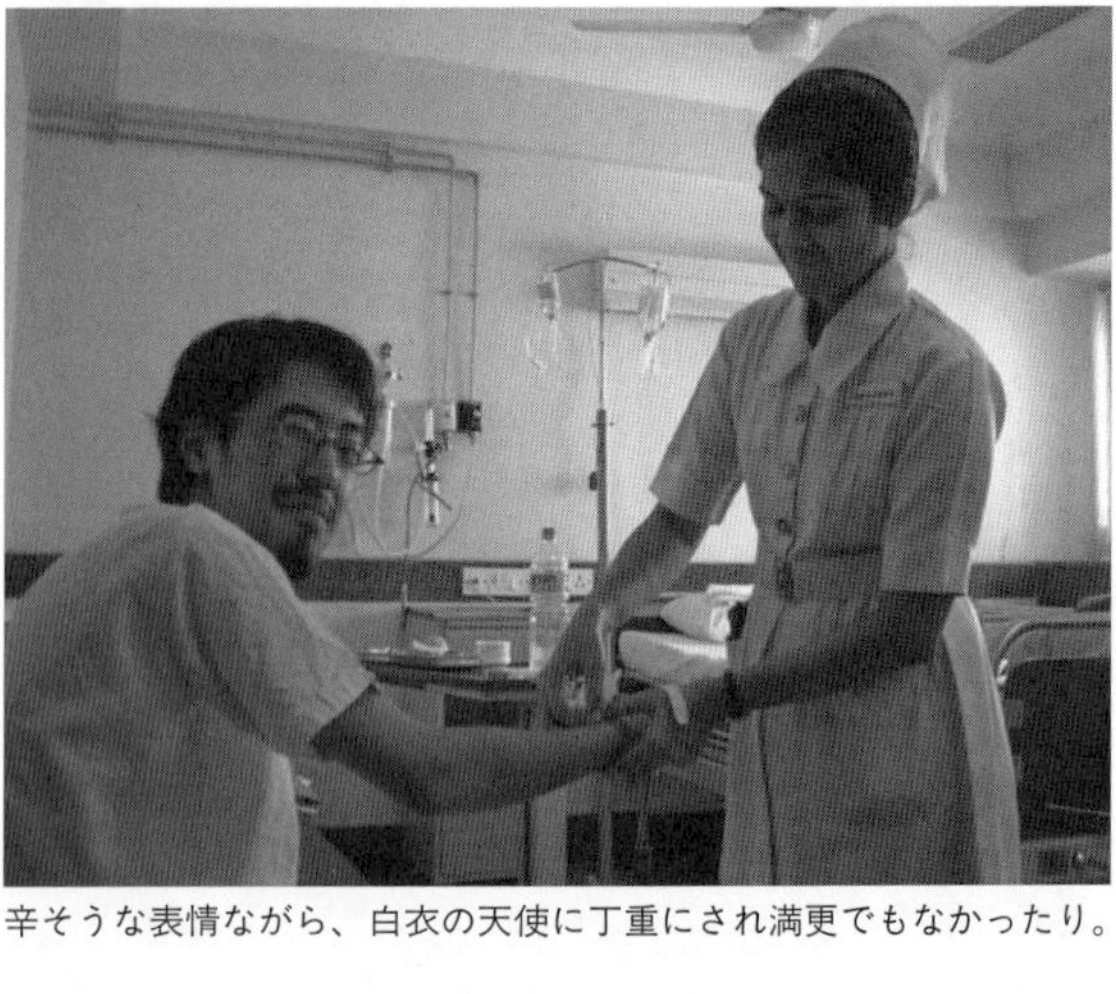

辛そうな表情ながら、白衣の天使に丁重にされ満更でもなかったり。

のだ。

入院した翌日、看護師さんが空のビーカーのようなものを差し出してきて、コレに〇〇しろと言った。状況から察するに、検尿もしくは検便だということが想像できたのだが、そのどちらか確証がない。

途方に暮れていたら、エリちゃんが機転を利かせてくれた。

「こっち？　それともこっち？」

そう聞きながら、ビーカーを体の前にあて、次に後ろにあてた。

尿なのか、便なのか――ジェスチャーで訴えたのだ。

すると、これが年頃の看護師さんのツボにハマッたらしい。予想外の大ウケで、近くにいる看護師さんみんなが顔を赤らめながら大爆笑した。結局、検尿だということが判明したのだが、なんだか僕まで恥ずかしくなってしまった。エリちゃんは相変わらずケロリとしていたけれど。

いくら快適な入院生活とはいえ、やはり病院は病院だ。ベッドで寝ているだけの生活というのはいいものではない。おまけに苦労したのが食事だった。

驚いたことに、インドでは病院食までもターリー（カレー定食）なのだ。日本人の感覚で言えば、病人にそんな刺激のあるものを……と唖然とするのだが、インド人の感覚ではそうではないらしい。

いや、確かに病人向けに外のカレーよりもマイルドな味付けがなされているのだが、それでも弱った体でカレーを食べる気にはなれない。朝食に限りパンやお粥も出たのだが、昼食と夕食はホントに毎食カレーだ。

カレー、カレー、パン（カレー味）、カレー、カレー、お粥（カレー味）、カレー、カレー……。ノイローゼになりそうである。

仕方ないので、ときどきエリちゃんにこっそりとテイクアウトのものを買ってきてもらったりして乗り切っていたが、お医者さんはカレーは消化によいから、病院食を食べなさいと強くすすめる。結局、僕が残したカレーはというと、エリちゃんが毎回美味しそうにパクパク食べていた。

これがインドの病院食。どこからどう見てもカレー……という毎日。

ある日、エリちゃんが病院のキッチンを借りて、そうめんを茹《ゆ》でてくれることになった。日本から送ってもらった救援物資、とっておきの日本食である。

思えば食事のことにしてもそうだけど、今回は本当にエリちゃんにお世話になった。彼女は僕を病院へ運んでくれ、入院の手続きを整え、保険金の支払いの交渉までしてくれた。僕はただベッドに横になっているだけで、後の面倒なことはすべて彼女がやってくれたのだ。

精神的にも彼女が常にそばに付き添っていてくれたのは頼もしかった。僕一人でインドの病室のベッドの上に何日も監禁されていたら、きっと寂しくて寂しくて仕方がなかったであろう。彼女が作ってくれた麵とつゆだけのシンプルなそうめんが、インドで食べたものの中で最も印象に残る食事となった。

結局最後まで病因は分からずじまいで、退院後診断書を見てみると、病名の欄に「acute gastroenteritis」と書いてあった。

——出た！　また分からない単語である。

辞書を引いてみると、「急性胃腸炎」と書いてあった。なんだ、要するにお腹を壊したということか。それで五日間の入院……。

さすがはインド、病気も強力なのである。でも、考え方によってはこれぐらいで済んで良かったのかもしれないなと回想しつつ、僕たちはマハラジャのような大病院から、ウナギの寝床のような狭くて小汚い安宿の部屋へと戻ったのだった。

e&t

十年後のコメント

「旅行中、体調崩したりしませんでしたか?」と訊かれることがある。そのたびに、お得意のこのエピソードを引っ張り出す。

とはいえ、私はいまだに旅先で入院したことはないし、トモちゃんもこの一回のみ。風邪を引いたりお腹を壊したりはするが、幸い地元薬局や持ち合わせの薬でなんとか乗り切れている。でも、インドでのこの経験から、海外旅行保険は欠かさないようにしている。やっぱり、「地獄の沙汰も金次第」なのだ。(エリ)

無事に退院を果たして間もなく、僕たちはインドを後にした。

飛行機がムンバイの空港の滑走路から離れた瞬間は、後ろ髪引かれる思い——なわけもなく、実に清々《すがすが》しい気分だった。

やっとこの国からオサラバできる! と快哉を叫んだほどだ。

入院の一件は、大きなトラウマを残したのであるが、その後も僕はインドを再訪することになる。それも二度も!

あの国が大嫌いな気持ちには変わりがない。けれど一方で、世界の中でもこれほど気になる国も珍しい。嫌い嫌いも好きのうち、ということなのだろうか。(トモ)

アフリカ

2003年１月21日〜４月29日

アフリカ上陸！　しかし……★エチオピア

tomo

ムンバイを朝七時に出発した飛行機は、十時三十分にケニアのナイロビに到着した。時差は二時間半だから、計六時間ほど飛行機に乗っていたことになる。六時間のフライトなんて、本当にあっという間だ。機内食を食べて一眠りしたら、もうそこはアフリカ大陸なのであった。

機内の窓から外を眺めると、見渡すばかりの大草原が広がっている。さっきまで海だったから、いま目にしているこの陸地は、間違いなくアフリカ大陸であろう。

「アフリカにやってきた！」

改めて実感し、胸に込み上げるものがあった。

ケニアにはとりあえずは入国せず、ナイロビからそのまま飛行機を乗り継ぎエチオピアを目指すことにしていた。エチオピアの首都アジスアベバまでは、ナイロビから約二時間ほど。拍子抜けするほどの短距離である。

ケニア航空の機内食は満足のいくもので、上機嫌で昼間っからビールをがぶがぶと飲みまくった。いやはや極楽極楽。

それにしても、飛行機の移動は楽チンだ。これまでひたすら陸路のみでアジアを回ってきただけに、その快適さには心の底から感動してしまった。あまりにも呆気なく目的地に着いたので、ちょっぴり味気ない気持ちさえしたほどである。

アジスアベバのボレ国際空港が目視できるまで近くに迫ってきた。アナウンスが流れ、シートベルトを装着する。

いよいよ着陸——が、ここで困った事態になった。

この期に及んで、急にトイレに行きたくなってきたのだ。調子に乗ってビールを飲み過ぎてしまったせいだろうか。

既に機体は着陸態勢に入っており、席を離れることは不可能だ。我慢できるかできないか、かなりぎりぎりだ。どちらかといえば、危うい。新しい大陸への期待に胸を膨らませる余裕はなく、僕は悶絶するしかなかった。我ながらマヌケというか、情けないというか……。自己嫌悪に陥るのだった。

不運は重なるものである。飛行機は空港の上空をなぜか三度も旋回し、たっぷり時間をかけて着陸した。実際の時間以上に僕には長く感じられた。

でも、なんとか最悪の事態だけは免れることができたようだ。

「着いたよ〜！　エチオピアだよ〜！」

隣でエリちゃんは目を輝かせ、はしゃいでいるが、僕はそれどころではなかった。

一刻も早く——トイレへ行きたい！

「さてさて、宿はどうしようかねえ。っていうかタクシーとかいるのかなあ？」

僕の苦悶を知らないエリちゃんが、矢継ぎ早に無邪気な台詞を繰り出してくる。彼女には何の罪もないが、僕は完全に冷静さを欠いていた。

「は……、はなしかけないで！」

思わず口をついて出たのはそんな乱暴な言葉だった。エリちゃんは目を丸くして、ぽかんとしている。

「どうしたの？」

「トイレに……、トイレに行きたいんだ」

悲壮感を漂わせる僕を見て、彼女は状況を理解したようだった。そして次の瞬間、あははは！　と声を上げて笑い始めたのだった。

「馬鹿だねえ。早く行ってきなよ」

ところが、飛行機が着陸した場所は、無情にもターミナルビルから少し離れていた。降りた後、バスに乗って移動しなければならないのだ。僕は天を仰ぎたくなった。

タラップを駆け下り、ほとんど一番乗りでバスに辿り着いたものの、乗客が全員揃うまでバスは発車しないようだった。一秒でも早くトイレに行きたい僕にとっては、これはまさに地獄の待ち時間であった。ようやくバスが発車し、着いた先はなんと飛行機からわずか百メートルほど離れた場所。

「こんな距離で、いちいちバスを使うことないのに……」

ブツブツ文句を言いながらも、僕はターミナルの中を全力疾走した。やがて見えてきたのは——トイレ、ではなくイミグレだった。手前にはトイレはないのだろうか。

おまけに、どうにも様子がおかしい。イミグレは窓口があるのみで、なぜか誰もいないのだ。無人の窓口を前に茫然と立ち尽くしていると、係員らしき男がツカツカやって来た。

「ここじゃない！　あっちだ！」

声を張り上げ、逆方向を指差している。

ここじゃない……って？　どう見ても目の前にあるのはイミグレである。ほかの乗客たちもみな首を傾げながらも、言われた方向へとトボトボ歩き出していた。

我慢も限界ラインに近づいてきた。エリちゃんを遥か後方に残し、列の先陣を切って一人脇目もふらず突き進んだ。

やがて、入口らしきもの見えてきたのだが——。

「こっちじゃない!」

別の係員が現れ、また違うと言う。こうなると、頭はもうパニック状態である。誰もどこへ行っていいのか分からないのだ。そういえば、飛行機で一緒だった客室乗務員の姿も見当たらない。乗客たちは皆口々に文句を言いながら、あっちへ行ったり、こっちへ来たりを繰り返した。たらい回しである。

──もう限界かも……。

目に涙がじわっとしはじめたときだった。

「カモン!」

上方から呼ぶ声が聞こえた。見上げると、乗降口らしき通路から係員が顔を覗かせていた。近くの階段から二階へ上がった。最初からこの乗降口に飛行機を接続してくれればいいのに……。

そのまま誘導についていくと、先ほどとはまた別のイミグレが見えてきた。どうやらこっちが本物らしい。辺りを舐めるように見回したが、トイレらしきものはどこにも見当たらなかった。

「トイレはどこですか?」

「イミグレを出たところにありますよ」

……がーん。イミグレには早くも長蛇の列ができていた。僕は涙目で訴えた。

「入国手続きをする前に、先にトイレに行ってもいいですか？」

ダメ元で思い切って尋ねたつもりだったが――なんとオーケーの返事！

トイレに駆け込んだ。間一髪のところで、難を逃れられたのだった。

イミグレとは思えないゆるさだった。これがアフリカ流なのだろうか。僕の切羽詰まった表情に同情してくれたのかもしれない。

ともあれ、手遅れにならなくて良かった。本当に良かった。


話はこれで終わりではなかった。

無事に用を足し、身も心もスッキリして再びイミグレまで戻ってきた。落ち着いてよく周りを観察してみると、当然ながら黒人ばかりだ。トイレのことしか頭になかったので、気づいていなかった。

そうだった、僕はアフリカにやって来たのだった。ようやく実感が湧いてきた。

ゲンキンなものである。自分がアフリカにいる事実に興奮を隠せず、ニヤケ顔でエリちゃんの元へ戻った。

しかし、ここで思いがけない壁が立ちはだかったのだ。エリちゃんはなぜかイミグレの脇にある別室の入口で深刻な顔をして待っていた。

「ビザが降りない……」

彼女のその台詞を理解するのに時間を要した。ビザが、降りない？

「……なんで？」

「ビザを取るには四十ドル相当の現地通貨が必要なんだって。でもいまは、両替できる空港内の銀行が閉まっているみたい」

「なにそれ、じゃあどうすればいいの」

「あのオジサンが言うにはね、パスポートをここに預けたままいったん入国して、市内で現地通貨を調達してこいって。それですぐに空港に戻ってきたら、お金と引き替えにパスポートを返してくれるらしい」

考えただけでも辟易する段取りだった。そんな面倒なことをしなければならないなんて、聞いてないいし、想像もしていなかった。

別室の内部では、僕たちと同様にビザを取得できないでいる外国人たちが何人かいるようだった。中でもシク教徒らしいインド人富豪のふとっちょオジサンは、怒りを顕《あらわ》にして係官に詰め寄っていた。

「いまこの国に到着したばかりだから、現地通貨なんて持ってるわけないだろ！　両替所が開いてないなんてそっちの都合じゃないか。別にドル札だっていいだろう。何が問題なんだ？　とにかく、俺はドルで払うからな！」

至極もっともな意見である。手に百ドル札を握り締め、恐ろしい剣幕で激昂していたインド人オジサンだが、最終的には交渉決裂したらしく、あきらめてトボトボと出て行ってしまった。

僕たちも仕方なくパスポートを預け、そのままエチオピアに入国した。イミグレで逆らっても逆効果だということを、ここまでの旅で痛いほど学習していた。

空港建物の外に出ると、間髪容れずにわっと黒い人だかりに囲まれた。

客引きである。いかにも怪しさが漂う、そういった輩の登場も予期はしていた。僕たちは適当にあしらいつつ、隅っこに置かれた灰皿の方へと避難した。

「どこに行くんだ？」

「面倒くさいことになったねえ」

インド製の煙草を吸いながら、夫婦で作戦会議をしているときだった。誰かがこちらに寄ってくるのが見えた。さっきの客引きの一人だ。

最初こそ無視を決め込んでいたのだが、僕はなんとなくこの客引きが気になった。女性の客引きなのだ。アジアでは客引きはたいがい男性だった。女性の客引きなんて、なんだか新鮮だ。話を聞いてみると、彼女はタクシーの客引きらしい。

「現地通貨がなくて、パスポートをイミグレに預けているんです。だから、どうしようかいま考え中で……」

僕たちの素っ気ない応対にもめげず、彼女があまりに熱心に車へ導こうとするので、思わずこちらの状況を正直に伝えると、事態は動き始めた。客引きの彼女は、どこから別の男を呼んできてこう言ったのだ。

「いくら必要なの？　七百三十ブル？　大丈夫。彼が両替してくれるそうです」

渡りに船とはこのことである。闇両替というやつだろうか。正真正銘、空港内の銀行は閉まっていたし、市街までは距離もあるから、なりふり構っている場合ではない。

「レートは？　ドルだといくらになりますか？」

「一ドルが八ブル」

念のため尋ねたものの、正直なところそのレートが良いのか悪いのかまったく判断がつかない。ガイドブックをめくると、一ドル＝約七・九ブルと書いてあった。本の発行時のレートなので、あくまでも参考程度だが、この客引きの言い値と大きな違いはないようだ。

「まあ、それほど悪くないかな……」

結局、僕たちはこの男に闇両替してもらうことにした。いかにもな怪しい感じの男だったが、市内まで出て両替して再度空港へとんぼ返りする手間賃を思えば、多少ボられていたとしても結果オーライだろう。

「オーケー」と伝えると、怪しい男は僕たちを手招きした。この場で替えてもらえると思っていたので警戒モードになる。裏路地に連れて行かれ、ピストルでズドン、なんてことはないのだろうか。

恐る恐るついていくと、男は脇目もふらず前をズンズン歩いて行く。これはもしかしたら本当に……。冷や汗が出たところで、男はようやく立ち止まりお札を数え始めた。単に人目に付かない場所に行きたかっただけだと分かり、僕は胸を撫で下ろしたのだった。

手に入れた現地通貨を持って、再びイミグレに戻った。

「これでどうだ！」と自信満々にお金を見せる。

「どこで手に入れたんだ？」

係官は疑わしげな目つきで僕たちを見返したが、やれやれといった感じでポンッとパスポートにスタンプを押した。

今度こそ正式にエチオピアへ入国、である。

トラブル続きで、すっかりクタクタだった。だからイミグレを出ると、僕たちを待っていた先ほどの客引き女性に連れられるがまま、タクシーに乗り込んだ。

女性は単なる客引きにすぎず、運転手は陽気な黒人のオジサンだったが、なぜか助手席に女性も一緒に乗ってきた。一瞬、訝《いぶか》しげな感情が頭をもたげたが、こういうことも既にインドで馴れっこだったので、いまさら文句を言うこともしなかった。たぶん、後でコミッションを運転手からもらう腹づもりなのだろう。

実は空港内をたらい回しにされたのも、銀行が閉まっていたのも理由があった。これは後で知った話なのだが、アジスアベバのボレ国際空港は僕たちが到着した日の前日にオープンしたばかりだったのだ。

よくよく振り返ってみると、空港は国際空港というには規模はそれほど大きくないものの、ピカピカだった。エチオピアの経済水準からは考えられないほど立派な空港と言えた。人がまばらだったし、係員たちがいまいち勝手が分かっていない様子だったのは、まだ空港としてきちんと機能していなかったからだ。

真新しい空港をいち早く利用できたと考えればラッキーなことなのかもしれないが、

そのせいで見舞われた不幸を思うと悪態をつきたい気分だった。

　ちなみに空港の外でお世話になった闇両替のレートだが、やはりというか、ボられていた。それも十ドル近くも。うーん、してやられたのである。

　さらに言うと、空港から乗ったタクシーも相場の二倍の額を取られていたことを知って、僕たちは歯嚙みして悔しがったのである。

「ボられたのは残念だけれど、それよりやっぱりトイレでしょう。あのときのトモちゃんの顔といったら……ぷぷぷ。は、はなしかけないで！　だもんね。もう一生忘れないよワタシ」

「だって、緊急事態だったんだよ」

オープン翌日のボレ国際空港。がらんとしており、人もまばら。

「は、はなしかけないで！　あははは」

「…………」

僕は顔を真っ赤にして口をつむぐしかなかった。しかしアフリカ大陸へ到着早々の大失態である。自分のことながら、先が思いやられるなあ。

tomo

十年後のコメント

まさか本当に「一生忘れない」とは思わなかった。いまだに、エリちゃんはこのときのことをギャグにして僕をいじるのだ。

「トイレに行きたい」と言おうものなら、「早く行かないと、はなしかけないで！　だもんね」と嘲笑《ちょうしょう》されるのが我が家のお約束である。あれ以来、飛行機が着陸する前には意識的にトイレへ行くようにしている。

アフリカのおっぱい★エチオピア

eri

次の目的地をアフリカにしたのは、気候のせいだ。

というのも、トモちゃんが入院していたインドの病室のテレビで「世界の天気予報」

という番組をやっていた。その番組では、ゆったりとしたBGMと共に、明日の予想気温はイランの首都テヘランで五度、トルコのイスタンブールに至っては零度という恐ろしい数字を出していたのだ。

当初はインドからパキスタンへ出て、イラン、トルコと進む予定だった。実はパキスタンのビザまで既に取ってあった。けれど、ユーラシア大陸をこのまま西に進むと、極寒の中の旅になるのは目に見えていた。天気予報が教えてくれた彼の地の気温に、私たちは怖じ気づいてしまったのだ。

だったら南半球のアフリカに先に行って、夏を満喫しよう――。

我ながら単純な理由だ。私たちはパキスタンへ行くのを断念し、前から興味があったエチオピアに飛ぶことに決め、航空券を手に入れたのだった。

ところが、出発日が近づくにつれて、私は気が重くなっていった。だいたい、いつもトモちゃんに向かって「旅ってのはね……」と偉そうに吹聴していたけれど、私がいままでちゃんと旅したことがあるのはアジアばかりなのだ。

アフリカといえば――貧困、エイズ、暴力。

私の頭の中にはアフリカのダークなイメージが渦巻いていた。

正直、アフリカには行ってみたかったけれど、実際に行くとなると、怖かった。

殺されるんじゃないか、生きて帰ってこられないんじゃないか……出発前の私は超ビビっていて、終《しま》いには胃がキリキリ痛む始末。

そんな私を見て、旅立ちから半年ですっかり旅人らしくなったトモちゃんは、「大丈夫だよ、きっと」とあっけらかんと笑っている。

すっかり立場逆転である。


エチオピアの首都アジスアベバは、予想以上に都会だった。

どこにもサバンナはなかったし、キリンもゾウもいなかった。道行く人はオシャレで貧困や暴力のイメージとはほど遠い。しかし周囲を見渡すと、私たち以外はすべて黒人だ。


黒、黒、黒……そして、その黒い肌に、真っ白い眼がギョロリと光る。

着いて早々、右も左も分からずドキドキしながら連れられて行った宿は、なんと娼婦宿だった。階下のバーを覗くと、ギンギラに派手な衣装に身を包んだ娼婦のお姉さま方が、ヒマそうにお喋りに興じていた。

そんな風景に最初はドギマギしたが、しかしその後、彼女たち娼婦はこういったバーのみならず、アジスアベバの町中を闊歩していることに気づいた。

金髪に染め、パンツが見えそうなタイトスカートを穿《は》く若い黒人の女の子。髪の毛を細い三つ編みで編み込み、黒い肌に真っ赤な口紅を塗りたくったおばちゃん。彼女たち娼婦軍団は、明らかに周囲から浮いている存在だった。

しかしいざ面と向かってみると、娼婦のお姉さま方の多くがくったくなく明るく、うっかりやってきた東洋人の私たちに実に親切だった。

「ハロー、チャイナ？　ジャパン？」

宿のバーや道端で声をかけてくる女性に「ジャパーン」と笑顔で答えると、「ジャパーン！　ウェルカム・トゥ・エチオピア！」とニッカリ笑ってくれる。

ときには香水のぷんぷんする体で、ぎゅーっと抱きしめてくれる娼婦のおばちゃんもいた。そのたびに私は黒人特有のでっかいおっぱいに顔をうずめながら、「ああアフリカだなぁ」と、なんだか感慨深い気がしていた。

エチオピアは世界でも有数のＨＩＶ発症率の高い国でもある。もちろん、このこともエチオピアに入って初めて知ったのだが、一説によるとエチオピア人の三十パーセントがＨＩＶポジティヴであるとも言われている。

アジスアベバの市内にある民俗博物館では、ちょうど「ストップ・エイズ！　ポスター展」なるものをやっていて、エイズ防止を唱えるポスターがたくさん貼り出されていた。抱き合う男女の姿にコンドームがコラージュされたもの、一本の注射器に大きな×印が付けられたものなど。

中でも、薄暗い部屋でしょんぼりと俯《うつむ》く娼婦が描かれたポスターが目についた。ぎゅーっと私を抱きしめてくれた娼婦のおばちゃんも、こんな不安な夜を過ごしているのだろうか。一見明るい街に見えるエチオピアの首都アジスアベバも、また色々な闇を抱えているのかもしれない。

エチオピア滞在も十日を過ぎた頃から、私は黒人を見てもドキドキしなくなった。それどころか、最初は「黒人」という一括りでしか見えなかった人々の顔が、徐々に見分けられるようになってきた。黒人にも様々なタイプの顔があり、ことにエチオピア女性は美人が多いような気がした。

文中で触れたポスター。説明書きによると、これを描いたのはまだ10代の若者だという。

こうなるともう、娼婦のおばちゃんに「ハーイ」とおっぱいをムギュッと押し付けられても、「ハーイ」とムギュッと抱きしめ返す余裕すら出てきた。

「殺される！」と怯えていたアフリカにも普通に人は住んでいて、みんな普通に日常を送っている——。そんな当たり前のことが、アフリカに来てやっと分かり始めてきたのだった。

eri
十年後のコメント

エチオピアといえば「飢餓に苦しむ子どもたち」のイメージが強く、最初は訪れるのが本当に怖かった。けれども行ってみるとごく当たり前の「日常」が溢れていた当時の感覚は、いまでも強烈に覚えている。

二〇一一年、エチオピア航空が私たちがマイレージを貯めているスターアライアンスに加盟した。あれからエチオピアには行っていないが、これを機にそろそろ足を向けたい気もする。

南京くんとの戦いの日々★エチオピア

エチオピアの首都アジスアベバに着いて、早々に客引きに連れてこられたのは完全な

る娼婦宿だった。下の階がバー&レストランになっていて、昼間だというのにドッコンドッコン派手な音楽が鳴り響き、人で賑わっている。

エチオピアの安宿は「ブンナベッド」と呼ばれ、娼婦宿を兼ねたところが多いとは聞いていた。

「うーん、ここは確かに噂通りだねえ」

そんな第一印象を持って部屋を見せてもらうと、これがどっこい、思っていたよりもずっといい部屋なのだ。広々としていて、日当たりもいい。

「疲れちゃったし、なんかここも面白そうだよねえ」

例によって例のごとく、私たちはあまり考えないままにこのいかがわしい宿にチェックインしたのだが——。

「かゆい!」

深夜、自分の体が猛烈にかゆいことに気づいて目が覚めた。がばりと起き上がると、体中にモゾモゾした違和感が残っている。

「やられた……」

私はまだドコドコと下のバー音が鳴り響く部屋で、ガックリと肩を落とした。これは旅行者の間では「南京くん」という名前で親しまれている南京虫だろうか。もしくはダニか。とにかく、何ものかに体を刺されたらしい。

「掻いちゃダメ、掻いちゃダメ、ダメェェェ」

ムヒか何か、虫刺され用の薬品の昔のCMソングが頭の中で鳴り響くものの、掻かずにはいられない。

体をボリボリしながら明かりをつけてみると、同じベッドでトモちゃんがぐうぐう寝ていた。彼自身には何の非もないが、こういうときは無性に腹が立つものだ。

「ちょっと！　私がこんなにかゆくて大変なのに、なんで寝てるワケ！」

無実のトモちゃんは私に思いっきり蹴っ飛ばされ、わけも分からないまま寝ぼけ眼《まなこ》をこちらに向けている。そのトモちゃんをベッドから引きずり落とし、持っていた殺虫スプレーをベッド一面に撒き散らした。乱暴だが、対処方法はこれしか思いつかなかった。

鬼のような形相でベッドにスプレーをかけまくる私を、まるで悪夢を見ているかのような表情でトモちゃんが遠巻きにしていたが、そんなことは知ったことじゃない。

「ムキイイイ！」となりながらベッド全面にスプレーをかけ、ようやくその夜は眠りにつくことができたのだった。

その日以来、私と南京くんの壮絶な戦いの日々が始まった。翌日には宿を替え、比較的キレイな部屋に移ったものの、敵はいつ隙をついて出てくるのか分からない。

部屋に荷物を置くと、私は目を三角にしたまま、まずは例の殺虫スプレーをベッド中に撒きまくった。虫が死ぬぐらいだから体に悪いことは分かっている。けれど、撒かないともっと体に悪いのだと自分を納得させながら、ハンパじゃない量をベッドに撒いた。

それから緊急用に持っていたアルミのシートを二枚重ねにして、ピッタリとシーツの上を覆う。これはサバイバルシートと呼ばれ、破れないアルミホイルのような素材のものだ。ただし動くたびにシャカシャカとうるさい音が鳴る。けれども、あのかゆみ地獄に落とされるなら、シャカシャカぐらいなんだって言うんだ！

いざ寝る段になると、自分の全身にも防虫スプレーを撒く。それに加えて、体にピッタリとフィットするババシャツとモモヒキを着用した。これだけだと露出している首周りや足首がヤラれる危険性があるので、上には首までピッタリと閉まるウインドブレイカーを着用し、下は靴下を履く。こうして顔以外の全身をすべて布類で覆って、ようやく寝る準備が完成するのだ。

悲しいかな、私はエチオピアにいる間中ずっと、登山に行く人のような防寒スタイルで、汗をかきながら眠りにつく日々が続いた。アルミのシートが広げられたベッドでホイル焼きのようになりながら。

それでも南京くんは隙を見ては私を襲ってきた。ベッドにスプレーを撒いた後にホッと一息ソファに座ると、太ももを刺されている。外出して戻ってくると、先ほどまでキレイだったところに、赤いプツプツができている。国内線に乗ったときでさえ、飛行機を降りた後に見ると、お腹を刺されていたのだ！

不思議なことにというか、悔しいことにというか、南京くんやらダニやらの被害を受けているのは、すべて私一人だった。同じベッドに寝ているというのに、トモちゃんの肌はつるつるとキレイなままなのだ。

「きっと、私の方が美味しいんだよ」

悔し紛れに言ってみるものの、悔しさは全然紛れない。南京くんにとって美味しくなくたっていいのに……。

思えばアジアの安宿だって結構ボロボロでヒドイところがあったけれど、一度もこんな目には遭わなかった。

「エチオピアに入ってから急に刺されるよ

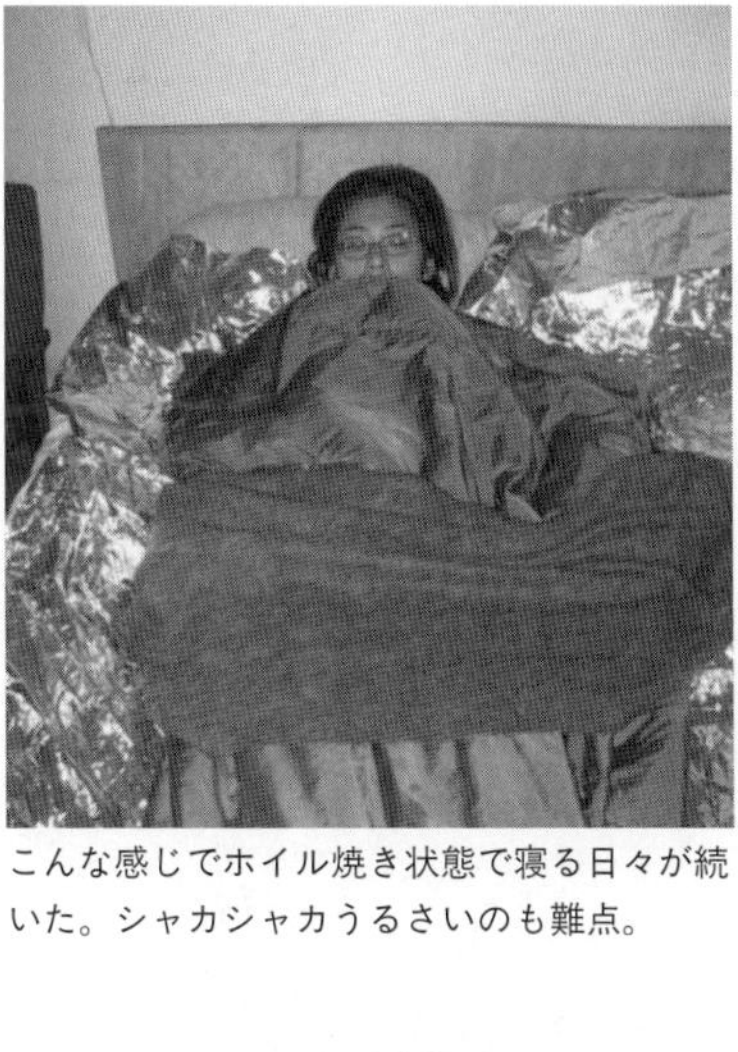

こんな感じでホイル焼き状態で寝る日々が続いた。シャカシャカうるさいのも難点。

うになった」

と語っていたのは、エチオピアの南、ケニアから来た旅行者だ。

なぜエチオピアだけ？　また別のエチオピアに在住の日本人はこう言っていた。

「エチオピアは標高が高くて、あまりマラリア蚊がいないから。ほかの国はマラリアが怖いから防虫対策がしっかりしてるんじゃないかな」

うーん、なんだか納得したような納得しないような。虫にも国境線があるのか？

そして当然のようにエチオピア人は刺されない。

「ベッドに虫がいるよ」と宿のおばちゃんに伝えたら、「ええ？　信じられないわ」という顔をされた。

「ワタシは一度だって刺されたことはないわ」

自信満々にそう言われると、なんだかこちらが一方的に悪いような気さえしてくる。

エチオピアに入って以来、旅行者に会うと、挨拶の次に「刺されません？」と訊いてしまう私。自分よりもヒドイ人を見ると胸を撫で下ろし、トモちゃんのように無傷の人には羨望の眼差しを向けてしまう。

——今日もホイル焼きベッドが私を待っている。

eri

十年後のコメント

いまだにエチオピアほど虫に刺された国はない。最近エチオピアに行った旅行者も、当時の私と同様に南京虫やダニに刺されたとのこと。やはり虫にも国境線があるのだろうか。なぜエチオピアの安宿では虫に刺されるのか——どなたかこの答えをぜひ！

熾烈な客引き合戦の結末★エチオピア

tomo

アジスアベバに到着してから数日間、僕たちはエチオピア航空のオフィスを毎日訪ねた。ラリベラ行きの国内線の航空券を購入するためだ。

アジスアベバの北方にあるラリベラまでは、バスを乗り継いで陸路で行くことも可能だが、片道三日も要してしまう。この道は相当な悪路らしい。往復六日もひたすら移動に費やすのは、さすがにちょっと勿体ない気がしたのだ。エチオピアは国内線の料金がそれほど高くはない。ならば飛行機でサクッと行って、ササッと帰ってくるのもたまには良いだろうと考えてのことだった。

ところが、エチオピアの国内線は常に満席状態。数少ない座席を求めて、マメにオフィスへ問い合わせなければならなかったのだ。

　ようやく手に入れたチケットでラリベラを訪れた。そもそもここはエチオピア観光における最大の目玉と言える一大観光地であると聞いていた。だから、空港に着いて飛行機を降りたとき、あまりに殺風景な空間に目を瞬《しばた》かせた。

　空港といっても、滑走路一つと小さな建物があるだけで、周りはひたすら広大な荒地なのだ。赤土が剝き出しになった地面には植物がほとんど生えておらず、見渡す景色は赤茶色一色といった具合だ。田舎というより僻地と言うべきかもしれない。

国内線は小さなプロペラ機だった。あっという間にラリベラに到着。

空港の到着ロビーで荷物が出てくるのを待っていると、客引きが何人かやってきた。村までのタクシーの勧誘らしい。とりあえず値段を訊いてみると、三十ブルという答えが返ってきた。日本円にして、約四百二十円である。

「た、高くない？」

エチオピアの物価はとびきり安い。アジスアベバで泊まった宿は、ダブルで四十ブルだったぐらいだ。三十ブルは正直、高い気がした。

そんなこちらのネガティブオーラが伝わったのだろうか。客引きの一人が、値段を下げてきた。二十ブルだという。いきなり十ブルも下がった。

「お、やっぱ下がるんじゃん」

旅も半年を超え、僕もさすがに多少は旅慣れしたようだ。何をするにも常に付きまとう値段交渉にどう向き合うか、コツみたいなものもなんとなく分かってきた。

出てきたバックパックを背負い、二十ブルの客引きに付いて空港から出ようとしたときだった。別の客引きが険しい表情で追いかけてきて叫んだ。

「十五ブル！」

おっと、さらに安くなった。どうやら売り手市場のようだった。客の取り合い合戦といった様相である。客引きたちは何が何でも自分の車に乗せようと、ほかの客引きを出し抜こうとする。激しい応酬のやり取りをポカンと傍観していると、勝手に値段がどんどん下がっていく。遂には十ブルまで下がった。

勝負あり、かな。僕たちはその十ブルを提示した男の車に乗ることにした。

――ところが、なのである。

なんとさらに追いすがってくる客引きが現れたのである。

「五ブルでどうだ！」

もはや金額は関係なく、意地で張り合っているようにすら見えた。安ければ安い方がありがたいのは言うまでもないが、一方で僕たちは面倒くさくなってもいた。

「どうしよう、五ブルはかなり安いね」

「でも、もうこの人の車に乗るって言っちゃったしなあ……」

ここでオロオロした僕たちもいけなかった。

「君たちは俺の車に十ブルで乗ると言ったじゃないか！　交渉は成立したのに、この男に乗り替えるのか？」

男の主張はもっともではある。

「そう言われてもねえ……安い方がいいし」

意を決し、五ブルの男に乗り換えようと決めかけ――。

「オーケー！　じゃあ五ブルでいいから俺の車に乗れ！」

男は渋々といった顔で値段を下げてきた。安くなったのは嬉しいが、後味の悪さが残ったのだった。

激しい客引き合戦が決着し、空港に停まっていたタクシーが一斉に出発し始めた。タクシーといっても、単なる乗り合い型のミニバンだった。途中、道端で手を上げている人がいると車を停め、空いている座席に次々と乗ってくる。

「なんだなんだ、これじゃあバスと変わらないね。五ブルでも安くないのかも」

やがて前方に人だかりが見えてきた。僕たちの前を走っていたはずの別のタクシー、いやバスのようだった。近づいて、ハッとさせられた。

事故っていたのだ。道路の端が下り坂になっていて、車が傾いていた。カーブを曲がりきれずに道路からはみ出し突っ込んだように見えた。

「あれっ、あの車……」

「さっき五ブルって言ってた運転手だね」

眼を凝らして見ると、車はフロント部分がぺしゃんこになっていた。サーッと血の気が引いた。一歩間違えたら、僕たちはあの車に乗っていたのだ。

旅は選択の連続だ。ふとしたきっかけでババを引くことだってあるという事実を改めて思い知らされ、気が引き締まった一件だった。

tomo

十年後のコメント

旅に慣れれば慣れるほど、むしろこの手の値段交渉は苦手になってきている。歳を取ったせいもあるのだろう。短期が多い最近の旅ではとくにそうだ。貴重な時間を取られるぐらいなら、少しぐらいボられてもいいや、とあきらめてしまう。もちろん、あまりにも不当な金額をふっかけられたら戦うが。

金銭的損失以外にも、気分的な問題もある。上手く立ち回れないと、ときには禍根を残す結果も待っている。せっかくの楽しい旅行なのだから、ざらついた気持ちになるのは嫌なのだ。なんでもかんでも値切ればいいというものでもない。単なる甘ったれかもしれないが、十年後の僕はそう考えるようになった。

ラリベラ村のシサイ少年★エチオピア

tomo

「ハロー！　ジャパニ！」

ラリベラ村を歩いていると、そこらじゅうから声がかかる。アジアでも途上国の観光地に行くと必ずこういった場面に遭遇した。僕たちは適当にあしらいながらやり過ごすのが常だった。

しかし、ラリベラ村の「ハロー！　ジャパニ！」は、アジアのそれと比較すると、少し異質な感じがした。子どもたちは僕らを見つけると、駆け集まってくる。そして、

「ハロー！　ジャパニ！　ワンブル！　ワンブル！」

と右手を差し出すのだ。これがちょっとばかり過剰な感じだった。ブルとは、この国の通貨である。一日に何回、いや何十回、「ワンブル」と言われたことか……。

それだけならまだ仕方ないが、ここは日本人旅行者も多いのか、日本語での誹謗中傷ワードまで飛び交うのには本当に参った。

たとえば、「ち」や「ま」から始まる下ネタ言葉——。

それらを散歩しているだけで浴びせ続けられるのだから、気が重くなる。子どもたちには悪気がなさそうなので手に負えない。一体誰が教えたのか！

こんなラリベラ村の鼻タレ小僧たちの中でも、これは！　という逸材に遭遇できたのは何よりの救いであった。それがシサイ少年だ。

アジスアベバの宿で知り合った日本人旅行者から噂を聞いていた。

「ラリベラの子どもたちはかなりひどいのですが、この子だけは本当にいい子だから。

もし会うことができたら、良くしてあげてください」

ラリベラ村に着いた僕たちは、早速シサイ少年の捜索を始めた。

ところが、「シサイ」はエチオピアでは非常にポピュラーな名前で、そこらじゅうに同じ名前の人間がいる。宿泊していた宿のスタッフもシサイだったほどで、もうそこらじゅうシサイだらけなのであった。

それでも、話に聞いていた特徴と、「学校の先生と暮らしている」という情報を頼りに、僕たちは本物のシサイ少年を見つけ出した。

「同じラリベラ村の子どもとは思えないほどに物静かだね」

シサイ少年の第一印象である。

「ナイス・トゥ・ミーチュー！」

僕たちがニコニコと挨拶をすると、彼は恥ずかしそうに俯いた。人見知りするタイプのようだ。彼を連れてきてくれた別の少年がベラベラと喋っている横で、彼は無言で突っ立っていた。

「どこに住んでいるの？」

「学校へは行ってきたの？」

などなど、僕たちが質問をするときちんと受け答えしてくれるのだが、自らは台詞を発しようとしない。シャイな少年なのだろうか。

寡黙なシサイ少年は、頭の良い子だとも思った。十一歳には見えないほどに英語の理解力が高く、同世代のほかの鼻タレ小僧たちと比べてもどことなく知性が漂っている。

たとえば、こんなこともあった。

エリちゃんが少年たちに簡単な手品を披露し、そのやり方を教えるという場面でのことだ。みな必死になってトライするのだが、なかなか上手く再現できない中、最も早く手品を習得したのがシサイ少年だった。

ラリベラ観光の見どころの一つである、山頂の教会へ行くとき、僕たちはシサイ少年にガイドをお願いした。大人のガイドたちのように教会の細かい説明などはできないものの、道案内役として大いに奮闘してくれた。

山頂の教会へは、二時間ほど急な斜面を登り続ける。軽いトレッキングだが、標高が高いため、少し歩くだけで僕はすぐに息が切れた。しかし、毎日山を上り下りしながら学校に通っているシサイ少年は、まったく息を切らすことなく、スイスイと山を登っていった。都会育ちのモヤシのような僕としては、ただただ感心してしまう。

僕たちのペースが遅いことを配慮してくれたのか、ゼイゼイと息を切らしている横で心配そうに気遣ってくれたのにもウルッときた。いい子なのだ。

山頂に辿り着くと、コーラ売りが寄ってきた。喉がカラカラに渇いていた僕たちは、山頂価格のその割高なコーラを買った。シサイ少年にもご馳走してあげたが、彼は自分から飲みたいとは言ってこなかった。自分が同じ歳ぐらいの頃なら、「僕にも買って！」とおねだりするところだ。

無事に下山し、そろそろお別れという段になって、僕たちは今日のお駄賃としてシサイ少年に十ブル札をこっそり手渡した。なるべく人目につかないところで。ほかの子どもに見られたら、気の弱いシサイ少年のことだからブン盗られてしまうかもしれない、と思ったからだ。

「早くポケットにしまって。ほかの子には内緒だよ」

山頂への道すがら、シサイ少年と。左のオジサンは知り合い？

そう言うと、彼は恥ずかしそうにお札をポケットにしまった。「お金をくれ」などと言われたわけではないので、僕たちの自己満足であるし、余計なお世話だったかもしれないが、せめてその程度のお礼はしてあげたくなるような少年だった。

どこにも人間は暮らしているわけで、いいヤツもいれば悪いヤツもいる。貧しいがゆえに心荒《すさ》んでしまう子たちもいれば、貧しくても誠実に生きている子もいる。ラリベラ村でシサイ少年に会えて本当に良かった。

tomo

十年後のコメント

エチオピアは登場人物の多い国だったが、とりわけ印象深いのがシサイ少年だった。あれから十年経ったということは、彼は二十一歳か。もう少年というより青年と言うべき年頃だなあ。元気にしているかなあ。

ああ、怖かった★ケニア

エチオピアから飛行機でケニアへ飛んだ。いよいよここからは、本格的にアフリカ大

陸縦断旅行が始まる。陸路でケニア、タンザニア、ザンビア、ジンバブエ、ボツワナ、ナミビアと順に南下していき、最終的に南アフリカを目指す予定だ。

こう書くと、なんだか壮大な大冒険のようであるが、僕がそれらアフリカの国々の名前を知ったのはつい最近だ。いまなお、それぞれの国がどこにあって、どのように国境が接しているかなんて完全には理解していない。言い訳するわけではないが、アフリカというところは、日本人にとって馴染みが薄いのである。

そんなアフリカの中でも、ケニアは比較的知名度の高い国ではないだろうか。サバンナを巡るサファァリツアーは定番だし、マサイ族と聞いてイメージが湧く人もいるだろう。アフリカを代表する国として、少なくとも名前ぐらいは誰でも知っている。

首都ナイロビの空港に到着した僕たちは、ガイドブックを頼りに目星をつけていたホテルに電話で予約を入れた。

これまでのように行き当たりばったりで宿探しをしなかったのには理由がある。治安上の懸念があったからだ。

ナイロビはアフリカの中でもとくに危険な街だと聞いていた。街中では武装強盗の被害も続出しているという。それも白昼堂々襲われるというからシャレにならない。近隣諸国の内戦を受けて、大量の銃器がケニア国内に流れていることが背景にある。貧富の差が大きく、とくに黒人の低所得者が多く住むダウンタウンは、ほとんど無法地帯と化しているという話もしばしば耳にした。

そんな恐ろしいところだから、大きな荷物を背負って宿探ししていたら、飛んで火に入る夏の虫である。しかも僕らはいかにもひ弱そうな東洋人だ。鴨がネギならぬバックパックを背負ってやってきたぞとばかり、格好のターゲットになってしまうだろう。

「ナイロビの街は危険なので、無闇に歩かないように」

旅行ガイドブック『地球の歩き方』には、このように書いてあった。読んで正直ビビりまくった。「歩き方」の本なのに、「歩かないように」なのである。それぐらい治安が悪いということなのだろうか。

おっかなびっくり街に繰り出してみると、確かに安全な街ではないということがビシビシ伝わってくる。まず驚いたのは、すべてのお店の入口に鉄格子が付いていること。そして、その脇には必ずといっていいほど、ライフル銃を持った警備員らしき屈強そうな男が待機していた。

「うわあ、すごい物騒なところだねえ」

僕がそう言うと、エリちゃんも厳しい目つきで頷いた。

道を歩いていると、十歳にも満たないような少年たちがペットボトルを口に咥《くわ》えてしやがみ込んでいるのが目に留まった。

「シンナー、吸ってるのかな」エリちゃんが小声で耳打ちする。

「………」僕は衝撃のあまり言葉を失ってしまった。

さりげなく視線を送ると、少年たちはかなり危ない目をしていた。心ここにあらずという感じで、どうにも物悲しい雰囲気なのだ。目の当たりにした現実の光景に心がチクリと痛んだが、僕にはどうすることもできなかった。

ナイロビの街を歩いているのはほぼ九十九パーセントが黒人で、白人はほとんどいない。聞くと、白人の裕福な層は、揃って郊外の高級住宅地に住んでいるのだそうだ。人種差別はなくなったとはいえ、住み分けはいまだきっちりとしている。

しかも街中では、僕たちのような外国人旅行者はほとんど見かけなかった。ケニアはアフリカ屈指の観光大国なので、外国人旅行者がいないはずはないのだが……。

「きっと、みんな治安の悪さを恐れてタクシーで移動しているんだよ」

エリちゃんが硬い表情のまま言った。「歩かないように」というガイドブックの忠告が頭をよぎった。

僕たちは警戒するあまり、自然と歩くスピードが速くなっていった。誰かにつけられていないかどうか、気になってしようがないのだ。十メートル進むごとに、チラッと後方を振り返りながら歩く形になった。

冷静になって考えると、そんな歩き方をしていたらむしろ怪しい。ゆっくり、堂々と歩いた方がかえって良かったのかもしれない。しかし、いざ街を歩いているときは冷静さを欠いていた。心の余裕はまったくなかった。

怖い怖いと思い込んでいると、必要以上に色々なものが怖く見えてしまう。僕たちは外出のたびに、まるでこれから戦地へ赴くかのごとく気を張り詰めていた。無事宿に帰ってくると、「ああ、怖かった」と安堵の息を吐いていたのである。


実際の話、旅行者で強盗の被害に遭っている人は少なくない。僕たちがナイロビに滞在していた間も、日本人の旅行者が文房具屋で買い物中に銃を持った男たちに襲われたと聞いた。それにしても文房具屋とは……。押し入る強盗も強盗である。

ナイロビに住んでいるという日本人の女性は、こんな恐ろしいことも言っていた。

「この前あそこの角で銃撃戦があってね……」

宿のスタッフのお姉さんとは、次のようなやり取りもあった。

「両替できる場所を教えてほしいんだけど」

「あなたたちだけだと危険だから、私がついて行ってあげるわ」

大げさだなあと感じたが、断るのも悪い気がして、彼女の案内で両替所まで連れて行ってもらうことにした。両替所への道すがら、大通りから外れて路地へ入った瞬間、急に人気《ひとけ》がなくなった。暗がりにたむろしていた若者たちに、ジロリと睨まれた。

「……僕たちだけで来なくて良かったね」と肝を冷やしたのだ。

それでも、昼間はまだマシな方である。暗くなると、現地の黒人でさえも街を歩いている人はほとんどいない。僕たちもさすがに夜は外へ出るのを控えた。宿のベランダから街を見下ろすと、まるでゴーストタウンのようだった。

夜は外出しにくいので、夕食は早めに済ませるか、あらかじめ食材を買っておき、宿の台所で自炊するしかなかった。

元々ケニアでは外食できるところが少なく、あっても高級レストランかファストフードぐらいしか選択肢がないのだ。街中に屋台があって、美味しそうな湯気がむんむん漂うアジアの雑踏が懐かしくなった。

けれどもナイロビは東アフリカ一の大都会。スーパーへ行くと野菜から肉まで一通りのものは揃っている。自炊をした方が安く美味しいものが食べられそうだった。

僕たちはこの頃から頻繁に自炊をするようになった。

ただし僕自身は料理はからっきしダメである。エリちゃんも、これまで料理なんてほとんどしたことがなかったのだが、いざやってみるとこれが意外と板についていて、彼女の料理の腕はメキメキ上達していった。

「美味しいご飯さえあれば、どんなところでも暮らしていけるもんだねえ」

「私って意外と料理できるかも」

僕がエリちゃんの料理の腕前を褒めると、彼女も得意げに自画自賛したのだった。

結局、僕たちは二週間もナイロビに滞在した。

この街は文明に触れられる都会だった。大いにビビリながらも、久々のシティライフが満更でもなかったのだ。最後まで怖さを払拭《ふっしょく》することはできなかったが、慣れてくると次第に居心地が良くなってくるのは不思議だった。

幸いなことに、とりたてて怖い目には遭わなかった。自炊をしていたこともあり、

毎日通ったナイロビのスーパー。気さくな店員さん、ありがとう。

最後の方は「旅」というより「住む」という感じになっていた。「住めば都」という言葉があるが、まさにその通りなのだ。

tomo

十年後のコメント

このときの自炊経験は、僕たちの夫婦生活に大きな影響を与えることになった。必要に迫られて始めた料理の楽しさに、エリちゃんがすっかり目覚めてしまったのだ。

日本に帰って日常生活に戻った後も、我が家では毎日夫婦で食卓を囲んでいる。彼女は食材や調味料にもこだわり始め、野菜やお米はお取り寄せまでするようになった。毎日違うメニューが並ぶから、家に帰るのが楽しみである。

相変わらず美味しいものを食べるだけの夫としては、あのときケニアへ行って本当に良かったとしみじみ回想している。

ナイロビの編み倒れ★ケニア

ナイロビの女の人の髪型は、これまで行ったどの国よりもお洒落だ。
女の人の頭を見ながら街をブラブラ歩いていても、飽きることがない。黒人特有の黒

い縮れた毛をびっしり細かく編み込んで模様にしていたり、ストレートに伸ばしてデコラティブにセットしていたり、頭のてっぺんに冠のように山盛りのつけ毛を付けていたり。

「その髪型、どうやってるの？」とつい訊きたくなる人も多い。

そういえば、アフリカのガイドブックに、西アフリカのセネガルの人はとてもお洒落で、「セネガルの着倒れ」との異名をとるほどだと書いてあった。

セネガルが着倒れなら、ナイロビはきっと「編み倒れ」だろう。

「やっぱさ、ナイロビに来たからには、ねっ」

ある日思い立ってトモちゃんを強引に説得し、ヘアサロンへ行くことにした。私もアフリカ風の髪型になりたい！　というミーハー心ゆえだ。

宿のお姉さんに相談すると、行きつけのヘアサロンを紹介してくれるという。やった！　急いで支度をして、お姉さんの後をついていく。

「どんな髪型にするの？」と訊かれ、「私もエクステンション（つけ毛）で髪を長くして、全部細めの三つ編みにしたい」と伝えた。

そうして連れて行かれた先はヘアサロン……かと思いきや、普通のスーパーマーケットだった。はて？　と首を傾げながらもお姉さんの後を追う。店内のいちばん奥の一画に近づいてみて、私は目を見開いた。そこにはつけ毛やかつらがドサリと一つのコーナーに固まっていて、黒々とした山になっていたのだ。

髪が大量に並んでいる光景は、ちょっと薄気味悪かったが、宿のお姉さんは平気な顔でこう教えてくれる。

「ナイロビではヘアサロンに行くときも、自分でつけ毛を買っていくのよ。お金をかけたくない子は、つけ毛だけ買って自分たちで編んでいるのよ」

それらのつけ毛には黒いのから茶色いのから金髪まで、長いのから短いのまで、ストレートからウェーブまで、様々な種類があった。このコーナーだけでも、ナイロビ女性の髪の毛に対するこだわりが、妖気のように立ち上っているように思えた。普通のスーパーで売られていることからも、つけ毛がこの街の日常生活に入り込んでいることが理解できた。

「うーん、あなただったら、頭全体で八束のつけ毛が必要ね」

さすが編み倒れのナイロビ女性らしく、お姉さんは躊躇なくアドバイスしてくれた。俄然やる気で、黒々とした髪の毛の束をアレコレ選び、ドサドサとカゴの中に放り込んだ。そんな私を見て、付き添いで来てくれたトモちゃんはちょっぴり不安そうだ。

「ちょ、ちょっと、そんな奇抜な頭にしちゃうの？　やっぱり女の子はストレートがいいと思うんだけどなあ……」

いまさらながらボヤいているが、そんなことは知らないのだ。

海外で髪型を変えるのは楽しい。かつてチベットでパーマをかけたこともあったし、今回の旅ではベトナムと中国の雲南省で髪を切った。

「美容院」の空気は、どこか万国共通なものがある。女どうしで何か秘密を共有するような、密やかな楽しみ。観光地とは一味違った、地元の雰囲気に触れられるあの感覚も好きだ。観光客慣れしていない、普通の日常に飛び込んだような美容院の空気は、妙にリラックスできる。

そんなことをトモちゃんに言うと、

「キミは女王様体質だからね、人に何かしてもらうのが好きなんだよ」

と、鋭く分析されてしまった。オホホホホ。

つけ毛を手に入れた後、お姉さんはダウンタウンの中にある、ちょっぴりいかがわしい雑居ビルに連れていってくれた。階段を上ると、四畳半ぐらいのサイズで、「美容院」というよりは「髪結い」とでも言った方が似合いそうな空間が現れた。

でっぷり太った黒人のおばちゃんが、人の良さそうな笑顔で迎えてくれる。お手伝い風の若い女の子が二人。

私はお店にあるカタログから、「こういう感じにしたいの」と指差した。海外の美容院ではこのやり方が一番スムーズなはずだ。

料金は値切って値切って約二十ドル。正直、現地の物価を考えるとちょっと高いかなという気もしたが、せっかくだし……とその値段で手を打った。あまり値切り過ぎて雑な仕上がりになるのは怖いという女心もあった。

おばちゃんはつけ毛をひとつまみすると、素早く私の根元にそれをからませ、目にもとまらぬ速さで編んでいった。ボンドも何

気の遠くなるような作業だが、おばちゃんは手際よく編んでいく。

も付けないで、しっかりとつけ毛が地毛の根元に絡んでいるのは、さすがプロだ。つけ毛を付けるのはおばちゃんの役目。ある程度まで編んでいくと、その下はお手伝いの女の子が続きを編む。そんな分業制で作業は進められた。

それにしても……幅五ミリぐらいの三つ編みを頭の毛すべてに施すのだから、膨大な時間がかかりそうだ。

「大変な作業だよねえ」

「あなたのはそんなに細かくないから大丈夫。すっごく細いのだと、朝八時から編み始めて夜の十時までかかることもあるのよ〜」

おばちゃんはこともなげに言い放ち、せっせせっせと編んでいく。

最初に値切ったのが、ちょっぴり申し訳ないような気もしてきた。

「アナタの髪はこのままどんどん長く長く伸びるの？」

作業を始めてから約二時間、そろそろ飽きてきたなと思っていた頃、髪結いのおばちゃんが尋ねてきた。

「放っておいて、腰ぐらいまで伸ばしたことがあります」

「あらぁ、いいわねえ」おばちゃんが溜め息をついた。

「私たち黒人の髪の毛はね、カールが激しいからそんなに長くは伸びないの。ほんとはストレートの長い髪が好きなんだけど」

なんでもナイロビの女の人の多くはストレートの黒髪に憧れているが、がんばって薬品で髪を伸ばしても、東洋人のような真っ直ぐさはやはり出ないらしいのだ。また無理に薬品で伸ばしているぶん髪が弱くなってしまうから、水に濡れるとプツリと切れてしまうこともあるらしい。

「だから縮れ毛をストレートにしている人は大変なのよ。週に一度はメンテナンスに通わなきゃいけないんだから」

おばちゃんの言葉を聞きながら、なんだか申し訳ないような気持ちになった。

黒人のようなお洒落な髪型にしたいと、つけ毛を付けて編んでもらっているストレートヘアの日本人。それに対し、真っ直ぐな髪型に憧れて、アレコレと薬品を使って手を加える縮れ毛の黒人。

女の「美しくなりたい」という気持ちは、永遠に「ないものねだり」なのかもしれない。そんなことを考えながら、私はただされるままに編まれていった。

日も暮れ出した午後七時。途中、おやつタイムやらトイレタイムやらを挟みながら、三人の女性に囲まれて編み編み編み編み編み……されること六時間、遂に私の頭は完成した。

前から見ても、後ろから見ても、髪の毛という髪の毛がすべて細かく三つ編みになっている。うん、完璧！

迎えにきたトモちゃんは私の変わりっぷりにただただビックリしたらしく、口をパクパクさせている。その反応を見て、私はとても満足した。それだけ大変身を遂げたということだろう。

「ありがとう！」

私はゴキゲンな気分でおばちゃんに感謝を伝えた。

いざ帰り支度を始めて、大切なことを聞き忘れていたことに気づいた。

「これ、頭を洗うときはどうしたらいいの？」

その質問におばちゃんはさも当然といった顔でこう答えた。

「アラ、洗っちゃダメよ」

ちょっぴり予想していたけれど、大変身

ジャジャーン！　6時間もかけて遂に完成。
仕上がりに大満足。でも、頭が重い……。

を遂げた後の輝かしい未来に、僅かに不吉な影がさしたような気がした。

それからの日々は、天国と地獄の往復だった。

宿のお姉さんや道ゆく人などが、東洋人の私がアフリカ流儀の髪型をしているのを見て、お世辞でも「いい髪型ねー」と褒めてくれる。それを聞いて一瞬はニンマリとする。けれどもすぐに大変なことに気づいた。

暑くなるとムショーに髪がムレてかゆく、頭をかきむしりたくなるのだ。髪結いのおばちゃんいわく、「一ヶ月はもつわよ」とのことだったが、そんなに耐えられそうにない。八束ものつけ毛を付けただけあってボリューム満点で、そのぶん頭が重く、肩が凝るのも難点だった。美しくなるのは、なかなかに忍耐が必要だ。

その後、ナイロビを出て標高の低いタンザニアに入ると、まさに蒸し風呂のような熱帯気候が私の頭にのしかかった。対処法として先の尖ったもので頭のかゆい部分をポリポリと掻いていたけれど、ストレスは日に日に高まっていった。

「とにかく頭をじゃぶじゃぶと心ゆくまで洗いたい！」

そんな欲望が頂点に達したある夜、私はとうとう決断した。この忌まわしい（！）つけ毛をとって、夢のシャンプーをしようではないか、と。

あの美容院に行ってから二週間足らず。私は普通の人の半分も我慢できずに、ナイロビ流儀のお洒落道を降りることになった。

横で本を読み耽っているトモちゃんに、猫なで声でお願いする。

「髪の毛、とるの手伝ってぇ」

すっかり私のこの髪型に慣れてきたトモちゃんは、

「もったいない気もするけど……」

と言いながらも、しぶしぶ手伝ってくれた。

数本とったところで、トモちゃんの手が止まった。しかも曇った顔をしている。

「ねえ、これとるのに、恐ろしく時間がかかるんじゃない？」

そうなのだ。髪結いのおばちゃんは「簡単にとれるわよ」と言っていたが、一本とるのは、一本編むのの半分ぐらいの時間がかかることに気づいた。おまけに熱帯気候に放置されていた髪は、脂でギトギトしている。しかもつけ毛だか地毛だか分からない髪の毛や、フケとは認めたくないが確実にフケのような物体が、そこら中にハラリハラリと落ちてくるのだ。

「結婚とは、こういうことなんだね」

手を脂でギトギトにして三つ編みを解きながら、トモちゃんがつぶやいた。

「そうだよ、妻が髪がかゆいと言ったら、一緒に三つ編みを解くのが夫なのだよ」
私は笑ったけれど、トモちゃんの目は笑っていなかった。結局、元の髪型になるまで計四時間。まさに「ナイロビの編み倒れ」だった……。

eri

十年後のコメント

あれ以来、こんなに手の込んだ髪型をしたことは一度もない。しかしいま考えると、大都会ナイロビで六時間、三人に付きっ切りで作業してもらって二十ドルとは……安い。日本だと何万円としそうだ。

サバンナで大渋滞★ケニア

tomo

車の天井が開閉したのが、サファリ開始の合図だった。
「いまから二時間、ゲームドライブをします」
ポールと名乗る運転手兼ガイドが説明を始めた。いわゆるサファリのことを、「ゲームドライブ」と言うらしい。ゲーム好きの僕としては、俄然やる気がみなぎってきた。

「止まって欲しい場合には、声をかけて下さいね」

ポールさんがそう言った瞬間だった。

「止まって！」僕は声を上げた。

開始早々、すぐそばにシマウマが現れたのだ。いそいそとデジカメを向ける。写真撮影は、サファリツアーの最大の目的でもある。なんでも、「フォト・サファリ」などという言葉もあるらしい。大きなカメラに、バズーカ砲のようなレンズを付けた旅行者の姿もちらほら見かけた。普段以上に、シャッターを押す指にも力が入るのだ。

さらに車を走らせていると、ユラユラと揺れながら不思議な動きで迫ってくる大きな動物が遠くに見えた。

――えっ、恐竜？

と訝ったら、キリンだった。長い首が右に左に、前に後ろに滑らかにスライドするさまは、なんだかとてもファニーだ。キリンなんて動物園で何度も見たことがあるけれど、動物園にいるのとは別の動物のようである。檻に囲われず、野生の中で生きる本来のキリンの姿は心揺さぶられるものがあった。

「あそこにゾウがいるよ〜」

次々と現れる動物たちにエリちゃんも大興奮のようだった。

「ゾウはタイやカンボジアでも何度も見たしなあ。インドにもときどきいたし……」

ゾウに関しては、正直なところ最初はさして興味を掻き立てられなかった。けれど彼女が指し示す方向に目を遣ると――うわっ！　デカイ！

アジアで目にしたゾウとは、桁違いの迫力だった。アフリカゾウと言うらしい。雄々しいその姿に思わずシャッターを切っていると、ポールさんが解説を挟む。

「ゾウはサバンナの中でもとくに恐れられているんです。踏み潰されて亡くなった旅行者もいるので、気を付けて下さいね」

人間に懐ききっていたアジアのゾウとは、随分違うのだ。それにしてもゾウに踏み潰されるって……ブルッと怖気《おぞけ》が走った。

ほかにも、インパラやら、トピやら、次々と各種動物が視界に現れては消えていった。草食獣たちはとても愛らしく、見ていて心が和む。

一方で、サファリらしい動物として、僕が楽しみにしていたのは凶暴な肉食獣たちだ。中でも憧れ度ナンバーワンといえば、百獣の王、そうライオンである。

「そろそろライオンが見たいねえ。できればハンティングしてるところを」

日本語でひそひそ話していると、僕たちのワガママな発言がポールさんに聞こえたのだろう。ライオンは英語でも同じだ。彼はガイドらしく双眼鏡で鋭く遠くを観察し、何かを見つけたといった様子である方向へと車を走らせた。

到着した先には、何台もの車で渋滞が発生していた。すべて僕たちが乗っているのと同じタイプのサファリカーのようだった。

——こんなサバンナのど真ん中で渋滞？

「あそこ、何かいるよ」

エリちゃんが声を漏らした。視線を向けると——いたのである。ライオンだった。その姿から雄だと分かった。ふさふさのたてがみを風になびかせ、のっしのっしと歩を進めている。その雄ライオンが目指す遙か前方には——いた！

バッファローの群れである。ラッキーなことに、ハンティングの場面に出くわしたらしい。ちょうど日没前だった。本日の晩ご飯をゲットしようという心積もりなのだろうか。バッファローはライオンが近づくのに気がついた様子もなく、のんびりと草を食《は》んでいる。

ライオンは少しずつ、本当に少しずつ歩いて、バッファローとの間合いを詰めていく。食べられてしまうかもしれないバッファローには可哀想だが、このときばかりは心の底からライオンを応援してしまった。

ライオンがハンティングをしようとしているという情報は、速報としてマサイマラ国立保護区中に電光石火のごとく流れたようだった。次から次へとサファリカーが集まってくるのだ。そして随所で切られるシャッターの嵐。まるで大スターの登場を待ち構えるファンの群れのようだ。

しかし、展開はスローペースだった。雄ライオンは実に慎重に、バッファローとの間合いを計っているように見えた。一進一退の駆け引きは、数十分も続いた。

結局、決定的な瞬間には至らずに、ライオンはあきらめて去っていった。僕たち人間があまりにも集まり過ぎてしまい、気が散ったのかもしれない。

同じように大喜びしながら写真を撮りまくっていた自分のことを棚に上げるようだが、興味本位の野次馬に囲まれ、ライオン

大スターの登場にサバンナが沸き上がる。そりゃあ気が散るよね。

は可哀想だった。ライオンからすれば、今晩の食い扶持を得られるかどうかの瀬戸際である。決して遊びではないわけで、見世物でもない。

「頼むから放っておいてくれ！」

自分がライオンだったら、きっとそういう気持ちになっただろう。いささか後ろめたさを抱えつつ、僕たちはキャンプサイトへと向かったのだった。


サファリ二日目、僕たちはサバンナに設けられたキャンプサイトのテントの中で目覚めた。六時半起床は、朝寝坊な僕たちにとって少々辛い。約束の時間きっちりに迎えに現れたポールさんに急かされながら、朝ご飯を流し込むように食べ、車に乗り込んだ。まずは同乗者であるイギリス人のマダムを迎えにロッジへと向かう。

彼女はサファリ中こそ僕たちと行動を共にしつつも、宿泊はキャンプではないのだ。迎えに訪れたリゾート・コテージ風のロッジを見て、自分たちとの経済レベルの違いを見せつけられ、少しだけうらやましくもなった。

キャンプサイトには、一応シャワールームがあることはあるのだが、夜は結構冷え込むため、入るのに勇気が要る。それに昨日は疲れていたこともあり、結局シャワーを浴びずに倒れるように寝てしまったのだった。

だから僕たちが着ている服は、実は昨日とまったく同じである。対してマダムはというと、当然ながら昨日とは別の、これからサファリに行くとは思えないほどに小綺麗な服装だった。

「なんだか恥ずかしいね」

「うーん、旅の恥は掻き捨て、ということで。でも、匂わないといいけど」

苦笑いを浮かべていた僕たちと目が合うと、マダムは朗らかな顔をして、

「グッモーニン！」

と白い歯を見せた。幸い、服装のことは突っ込まれなかったが、彼女なら気がついていても、気がつかないフリをしてくれているのかもしれなかった。

この日は、丸一日ゲームドライブである。走り始めると、相変わらずそこらじゅうにキリンやシマウマがいて、寝ぼけ眼をこすりつつも嬉しくなった。

午前中は軽く車を流しつつ、昼食前にヒッポ・プールというカバの生息地を訪れた。ここでは車を一時降り、徒歩で川辺へ向かう。危険だというので、猟銃を持ったレンジャーが一人同行してくれた。

川辺に着くと、早速カバの群れと遭遇した。やる気がなさそうに水面にプクプクと浮かびながら、大きな口を大きく開けてブシャー！　と水しぶきを上げながら呼吸をして

いるだけのカバを見て、エリちゃんが言った。

「なんか、マヌケそうな動物だよね」

僕も同じ感想を抱いた。カバは水陸両用の動物で、日中は水の中にいて、夜にだけ陸に上がってくるという。僕たちが立っていた場所のそばにも、カバのものらしき足跡がたくさん残されていた。そのルックスとは裏腹に凶暴らしく、怒ると人を襲うこともあるという。ちなみにここにはカバのほかにワニもいて、双眼鏡越しにワニと目が合い、ビクッとさせられる一幕もあった。

ヒッポ・プールを出発し、しばらく車で走った後、ポールさんに促され車を降りた。

「ここは実は国境になっています。ここから向こうはタンザニアですよ」

妙に得意げな説明を聞いて、僕は拍手をしたくなった。陸路での旅を続ける自分たちとしては、国境には特別な感慨がある。

マサイマラ国立保護区は、タンザニアとの国境に接している。いざボーダーを越えると、そこはタンザニア領のセレンゲティ国立公園と名称が変わるのだ。

ただ、ここから向こう側といっても、小さな石碑がポツンとあるだけで、柵はもちろんのこと国境を示すようなものは何も見当たらない。実感は湧かないが、とりあえず一歩二歩とタンザニア側に足を踏み込み、記念写真をパチリ。

興味深いのは動物たちだ。当然ながら、こっちはケニア、そっちはタンザニアなどといちいち気にしているわけもなく、自由自在に行き来している。そんな彼らを見て、国境なんて人間のエゴの賜物だとつくづく思い知らされた。国境線を引く行為がちっぽけなものに思えて仕方なかった。

昼食は大きな木の下でピクニックとなった。車に詰め込んであったタッパーから食料を広げたら、ローストチキンや茹でたじゃがいも、パン、サラダ、フルーツなど、サバンナとは思えない豪華なメニューが並んだ。

ただしそれらは僕たち二人だけのぶんで、イギリス人マダムやポールさんはロッジから出された別のお弁当を食べていた。しかも日本の仕出し弁当のような、きちんとパッケージされたお弁当だ。こういう微妙な部分で待遇が違うので、一緒に行動していると格差を感じる場面も少なくない。

見た目こそロッジの仕出し弁当に敗北だが、タッパーから取り出した食事も僕たちからすれば十分に豪勢だった。味自体も全然問題ない。ここぞとばかりにバクバクと食べたけれど、ボリュームがあり過ぎて食べ切れないほどだった。

それよりも印象に残ったのは、ランチを取った場所だ。サバンナの中の単なる木陰である。柵はないし、いつ動物がやってきてもおかしくないロケーション。

「いまライオンとかに襲われたらひとたまりもないねえ……」

僕たちが冗談を口にしていると、ポールさんが言った。

「前にこの木の上にヒョウがいて、食事ができなかったこともありました」

ヒョウ……って。彼はとっておきのネタを披露しているといった感じで笑みを浮かべているが、笑い事ではない。僕はビクビクしながらお茶をすすったのだった。

昼食後のゲームドライブでは、気だるい空気が車内に充満していた。人間満腹になると眠くなるもので、やがて一人、また一人とウトウトと船を漕ぎ出してしまったのだ。沈黙の時間が続いた。

せっかくアフリカまで来てサファリをしているのに、寝ている場合ではない！

そうは思うものの、行けども行けども変わり映えのしないサバンナの景色にやや飽きがきていたのが本音だった。動物はなかなか見つからないし、いてもインパラやガゼルなど、同じ動物ばかり。ライオンとかチーターとかヒョウとか、そういう主役級の動物はなぜか一向に現れてくれない。

シマウマやダチョウといった、最初の頃は感動してはしゃぎまくった動物たちも、二日目ともなるとだんだんと見飽きてしまった。

「なあんだ、またシマウマかあ……」

ため息まで出る始末だ。結局この日の午後は大した収穫もなく、ひたすら長いだけのゲームドライブを終えたのだった。

食傷気味のダラダラムードを打ち破ったのは、三日目に訪れたマサイ族の村だった。といっても、観光客向けのいわゆる「観光マサイ村」ではあるのだが、これが予想以上に楽しめたのだ。

入口で一人の青年が僕たちを待ち構えていた。英語を話せるらしい。どうやら彼が村を案内してくれる段取りのようだ。

この青年、一見マサイ風の格好をしてはいるものの、よく見ると本物のマサイではなさそうだった。マサイ族は、耳たぶに大きな穴が開いている人が多く、それとすぐに見分けられるのだ。彼の耳たぶには穴はなかった。なんちゃって感が漂うそのにわかマサイ青年に、入場料五百シリングを支払う。

村へ入ると、まずはマサイ族の女性軍団がやってきて、歓迎の歌が始まった。これがまた、やる気ゼロな感じだ。僕たちは苦笑いを浮かべた。

続いて男性陣のダンスタイムとなった。

「ウッホ、ウッホ……」とかけ声を上げながら、飛び跳ねるように駆け踊る。

ジャンプ、ジャンプ、ジャンプ、ジャンプ――。

イメージしていた通りのマサイのダンスが繰り広げられた。男性陣の方が、女性陣と比べると若干やる気が感じられる。それにしても、マサイの跳躍力は噂に聞いていた以上のものだった。こっちへ来いと手招きされ、僕も一緒になってジャンプしてみたが、彼らの半分も跳び上がれなかった。

ダンスが終わると、ガイドの青年が村のあちこちを案内してくれた。牛の糞で作られた家に入り、ミルクをご馳走になる。家の中は想像よりも暖かかった。青年は格好こそ観光マサイだが、だからこそ説明も手慣れたものだった。

「一夫多妻制のマサイ族では、牛を何頭所有しているかが男性のステータスなんです。

ニヤケ顔で歓迎ダンスに混ざる。彼らもカメラを意識していた。

一方で、牛の糞でこういった家を作るのは女性たちの仕事とされています。村は遊牧のため三ヶ月周期で引越しをするんですよ」

旅していて手応えを得るのは、こういった豆知識を蓄積できる局面だ。僕たちは好奇心丸出しで、彼の話に耳を澄ませたのだった。

さらに村を見て回っていると、若いマサイの男女に囲まれた。物売りである。さすがは観光マサイ村といった展開に戸惑いつつも、僕は彼らが手にしていたものの一つに興味を引かれた。ライオンの牙だという。本物かどうかは定かではないが、それをネックレスにしたものだった。

値段を尋ねると、二十五ドルだと言う。うーん、高過ぎる。

ちなみにこの観光マサイ村の中には、マサイグッズの即売スペースのような場所がちゃっかりと併設されていたりもする。木彫りのキリンやゾウ、マサイ族が好んで身につけるビーズのアクセサリー類がほとんどだが、大半はナイロビの土産物屋でも目にするものだ。

「ナイロビで買うよりもここで買った方が安いかもよ」

期待を胸に品定めをしてみたものの、マサイたちの言い値はナイロビの土産物屋よりも数倍高かったことも付け加えておきたい。

最後に火を熾《おこ》すところを見せてくれる予定だったが、小雨が降っていたので中止になってしまった。ガイド青年にお礼を言い、マサイ村を後にした。

キャンプサイトまでは、徒歩で帰ることになった。

「でもこの道って、徒歩で帰ってもいいのかなあ……」

素朴な疑問が頭をもたげた。キャンプサイトのスタッフ二人が護衛として付いてきてくれたのだが、動物と戦えそうな武器は何も持っていないようだった。

一抹の不安を抱えながら、早歩きでブッシュとブッシュの間の未舗装路を進んでいるときだった。道端に石碑がポツンと佇んでいた。何だろうか——。

英語で書かれていた説明を読んで、僕は血の気が引いた。

それは、イギリス人青年を追悼するものだった。なんと、いままさに僕たちがいるこの場所で、彼はゾウに踏みつけられて死んでしまったのだという。しかも事件があったのは西暦二〇〇〇年と書かれていた（現在二〇〇三年）。

つい最近の話ではないか！

「やっぱさあ、ここって歩いちゃいけないのでは……」

僕たちはさらに歩くスピードを上げて、キャンプサイトへ急いだのだった。

tomo

十年後のコメント

ライオンに車が群がるあの光景はいまだに忘れられない。

遠く憧れの地へやってきたら、予想以上に観光客だらけで……という状況にはしばしば遭遇する。自分のことは棚に上げ、辟易することも多い。けれど所詮は観光旅行であって、冒険ではない。ならば割り切って楽しんだ者勝ちなのだ。

近年、我が家ではこの種のスポットを「プチ秘境」と呼んでいる。ハワイや香港のような日本人にとっての定番の旅先ではないものの、こだわりが感じられるところ。「遠くへ来たなあ」と実感できるような旅先である。日本からだとなかなか行きにくい場所だからこそ、旅は際立った印象を残す。

それらの旅は、『めざせプチ秘境！』（角川書店）という一冊の本にまとまった。

二十一世紀型マサイ族★ケニア

eri

「ジャンボ〜」
やる気のなさそうな声でそう言いながら、彼はのっそりとドアを開けてくれた。アフリカでも有数の都会、ナイロビでのことだ。

サファリ会社の経営する宿にチェックインしたところ、門番をしていたのがマサイ族の若き青年、キマロだった。

恐らくアフリカでいちばん有名な民族と言えば、マサイ族だろう。かつて日本でもサッカーの中田選手と一緒にジャンプをしているCMが放送されていたのを覚えている人もいるかもしれない。

彼らは赤を基調としたカラフルな布を身にまとい、耳たぶには巨大な穴を開け、そして原色のビーズでできたアクセサリーをジャラジャラつけている。そのルックスはいかにも「アフリカの民族」を体現したようで、パッと見のインパクトは大きい。

マサイ族はケニア、タンザニアを中心に、独特の生活習慣を守りながら遊牧生活を送っている。赤い服をまとって猛獣たちとも勇敢に戦う彼らは、「赤い闘士」との異名をとる。マサイ族の青年はライオンを殺して一人前という慣習があり、そのために野生のライオンの数が減ってしまっているらしい。勇敢な話のようで、どうにも困った話でもある。

誇り高く勇敢な性格から、都会ナイロビに出てきたマサイ族は、ガードマンとして雇われていることも多い。キマロもその一人だった。

「マサイ！」

乱暴にも、そのサファリ会社の人はキマロのことをそう呼んでいた。

当初は「マサイ族に向かってマサイ！　はないんじゃないの？」と思っていたが、本人はいたってへっちゃらそうで、いつもたっぷり間を置いてから、「イエ〜ス」と間延びした返事をしている。動きもゆったりしていて、歩いていてゴミ箱を蹴飛ばすようなドジもよくしていた。

ハッキリ言って、全然「赤い闘士」じゃない。イメージしていたマサイ族よりもずっとトボケているキマロに、私は興味津々だった。

彼はその宿に付いているキッチンでよく料理をしていた。ゆっくりとした動きながら鶏肉やら牛肉やらをガンガンとぶったぎり、そのままガッツリと煮込んだ彼のシチューは、まさに「男の料理、ここにあり」という感じで、見ていて頼もしい。

そうかと思えばチーズとパンでホットサンドを作って、美味しそうにパクついていたりもした。マサイ族がチーズ入りのホットサンドを食べてる姿は、なんだかイメージと違うなあと思いながら、よくよく見ると私たちがスーパーで買って冷蔵庫に入れていたチーズをちゃっかり使っていた。キマロめ！

しかもキマロは、テレビが大好きだ。夜になってサファリ会社の人が帰宅し、残された宿泊客とキマロだけになると、彼のテレビ・タイムが始まる。

椅子に足をのっけながら、ときおり鼻くそをほじりながら、彼はいつも食い入るようにテレビを観ている。格闘系の番組がお気に入りなのは、やっぱりマサイ族の血なのかもしれない。

マイケル・ジャクソンも気になるようで、マイケルのインタビュー番組を食い入るように観ていた。彼の隣の席に座って一緒に眺めていると、

「Face, Change, Face, Change」

としきりに言っていた。マイケル・ジャクソンの整形疑惑については、キマロも思うところがあるらしい。

彼はいつも、マサイの証である大きな穴が開いた耳たぶをくるりと耳の上にかけながらテレビ鑑賞していた。伝統と現代が入

株式ニュースから歌番組まで観っぱなし。筋金入りのテレビっ子だ。

り交じったその光景は、まるで「二十一世紀のアフリカの民族、ここにあり」といった感じだ。

ケニア、とくにナイロビは思っていたよりもずっと都会だ。「アフリカの民族＝文明から離れた人々」という先入観を覆すシーンには多々出くわした。「マサイ族がテレビを観るなんて！」とショックを受けるのは、「日本にはサムライがいない！」と嘆くのと、そう遠くない話なのかもしれない。

そう思ってキマロの方を見ると、その腕にはジャラジャラとしたマサイ族のビーズのアクセサリーに交じって、デジタル時計がキラリと光っていた。

eri

十年後のコメント

ナイロビはアフリカの中でも都会で、治安は良くない。いま考えるとそんなデンジャラスな街の宿のガードマンが、オトボケ感満載のキマロ一人だけで、大丈夫だったのだろうか？　当時は何ごともなかったが……。

キマロは持っていなかったが、当時からナイロビでは携帯電話を持っている人も少なくなかった。最近でいうと、フェイスブックの友だちの中にマサイ族がいる友人も。こうしたグローバル化は加速していて、世界はどんどん狭くなっている。

本モノのマサイマーケット★タンザニア

「サファリの観光マサイ族も良かったけどさ、どうせなら本物のマサイ族に会いたいよね」

私たちはそんな話をしながら、タンザニアのアルーシャという街に降り立った。この地では毎週マサイ族の、マサイ族による、マサイ族のためのマーケットが開かれているという情報を入手したのだ。

そもそも、本モノのマサイとはなんぞや？

その定義はなかなか難しいが、観光業に従事していないマサイ族、とでも言おうか。伝統的な遊牧生活を送っているマサイ族ならなおいいが、マサイ族の定住化は年々進んでいるらしいので、それも難しいのかもしれない。

マーケットに行くまでは、私たちも何が「本モノ」か分からなかった。あの光景を見るまでは……。

「マサイ族のマーケットは、どこでやってるの？」

アルーシャに着いて、さっそく宿のお兄さんに尋ねた。

「マサイマーケットは日によって開催される場所が違うんだ。明日の場所は、ここからダラダラで三十分ぐらいだよ」

「え、ダラダラ？」

「そう、ダラダラ！　ダラダ～ラ！」

そう言うと宿のお兄さんは自信満々に頷いた。

後に知ったが、ダラダラとはミニバンを改造した乗合バスのことだ。ケニアでは「マタトゥ」という名で、爆音を轟かせながら街中を爆走していた。同じ乗り物でも、国が変わると名称も変わるのだ。

「しかし、ダラダラかあ……。なんか遅そうだよね」

「明日は、ダラダラでダラダラと行こう」

私たちはそう言い合って、翌日を待った。

「絶対三十分じゃ着かないよね」

ダラダラに乗り込んだ当初はそう予想していたのだが、予想に反してダラダラはダラダラすることもなく、むしろ殺人的なスピードで、目的の村まで到着した。

が……降り立った田舎の村には、ポツリポツリと人がいるだけ。しかもみな普通の洋服だ。マサイ族のトレードマークである赤い布をまとった人は誰もいないし、そもそもここにマーケットの華やかさはない。

途方に暮れて周囲の人に訊いてみると、

「マサイマーケットは、ここからさらに一時間ほど行ったところだ」

と背後から流暢な英語が聞こえてきた。振り返ると、襟付きのシャツをしっかりズボンにインしてベルトをキュッと締めた、いかにも村いちばんの秀才くんといったいでたちの黒人青年が立っていた。

秀才くんの英語と、周囲の人たちのジェスチャーいわく、目指すマサイマーケットへは、ここからさらにダラダラを乗り継がなければ行けないらしい。正直、本当にマサイマーケットは今日やってるのか？　と不安に思わないでもなかったが、ここまで来たら引き返す気にはならない。

お目当てのダラダラに乗り込んで、胸を撫で下ろした。オンボロの車内には、カラフルな大きな買い物カゴを持ったマサイ族のお母さん方が、ぎっしりと座っていたのだ。

「これから買い物よ！　買って買って買いまくるわよ！」

車内にはそんな雰囲気が充満していた。中には布の下からポロリと胸がはだけていても平気な様子のマサイ族のおばあちゃんが座っていて、なんだかようやくイメージする「大らかなアフリカ」が見えてきた気がした。

そうこうするうちにダラダラはやっぱりスピードを上げ、マサイマーケットが開かれていると いう噂の村へ田舎道を突っ走った。

「わあ、いるいる！　マサイ族がいるよお」

マーケットに着いた瞬間、まるでサファリに行って動物を見つけたときのように、私は奇声を発してしまった。失礼と言えば失礼だが、それはそれは壮観だったのだ。

赤い布をまとったマサイ族の男性があち

言葉が通じれば、もっとコミュニケーションが取れるのになあ。

らこちらにいる。タンザニアで「カンガ」「キテンゲ」と呼ばれるカラフルな柄物の布を身につけている女性も多い。

そこは原色に満ち溢れた、ザッツ・アフリカとでも呼びたくなる市場の光景だった。キョロキョロしながら辺りを見渡す私の様子を、マサイ族の面々は怪訝《けげん》な顔で遠巻きにしている。見渡す限り私たち以外の観光客はいない。明らかに異邦人の香りを漂わせながら、私たちは市場を散策した。

市場はいわゆる「青空商店」がほとんどだ。赤い布や、マサイ族が愛用する車のタイヤのゴムを再利用した黒いサンダルが並べられたお店では、オシャレ青年の一団が、お互い声をかけながらあれこれ吟味していた。女性用の布「カンガ」が山積みになったお店では、まるでバーゲンセールのように、大きなお尻をユサユサしながらおばちゃんたちが布を取り合っている。

食品コーナーもあり、主食として食べられる緑のバナナは、巨大な房ごと埃っぽい地面の上に直にドーンと置かれていた。ほかにもトマトやじゃがいもなどの野菜や大豆のような豆が並ぶ。

しかしここにいるマサイ族の面々は、ひたすらお洒落だ。前頭部を昔の日本のサムライ式に剃り上げ、後頭部を細いブレイド（三つ編み）でいっぱいにした青年。おでこには白くて細いハチマキのようなアクセサリーをつけていて、それがまた絵になる。

　彼らはコミュニティの中では家畜を守る「戦士」の役割なのだ。赤い染料を髪にかけ、赤い布の民族衣装とマッチさせているおばさんもいた。真っ黒い髪と顔両方を、真っ白い染料でデコラティブにペイントしていた青年三人組も。

　ただ残念なことに、写真を撮りたいと思って何人かのマサイ青年をナンパしてみたものの、なかなか色良い返事がもらえない。とある青年たちなどは、カメラを見せるだけで、まるで撃たれるんじゃないかという顔をして後ずさったほどだ。

　マサイ族の間では「写真を撮られると魂を抜かれる」と信じられており、撮影嫌いな人が多い。もっとも観光マサイは、むしろ撮らせてチップをねだる人もいるが……。このカメラに対するマサイ族たちの拒否感を垣間見て、ますますここが「本モノ」であると思えてきたのだった。

　そうこうしているうちにお腹が減ってきた。市場を奥に進むと、その先に「Nyama Choma」と看板が出ている店が目に入った。この市場では少ない屋根付きのお店だ。
　Nyama Choma＝ニャマ・チョマとは、ケニアやタンザニアでよく食べられる、スワヒリ流の肉のバーベキューだ。スワヒリ語は英語表記だから、言葉が簡単に読めるのがありがたい。

店頭には簡素なブロックのかまどがあり、その網の上には山羊《やぎ》の生首がコロンと乗っていて、一瞬ギョッとした。けれども負けじと店に入ると、お兄さんが愛想の良い笑顔を浮かべながら、英語で「どの肉がいい？」と訊いてきた。

指差す先を見て啞然とした。牛肉やら羊肉やらが、塊のままぶら下がっているのだ。もはや「何グラム」という肉の単位ではなく、「何キロ」という世界。

伝統的なマサイ族の食生活では、野菜はほとんど食べず、牛乳と牛の生血が欠かせないという。そして祝いのときには肉を潰す。いわば「ザ・肉食系」だ。それを体現したような肉オンリーの市場の食堂に、やっぱり本物のマサイマーケットだなあと嬉しくなった。

私たちが比較的小さい肉を選ぶと、お兄さんは網の上に肉を置き焼いてくれた。周囲に肉を焼く香りがぷーんと広がった。

トモちゃんは早速ビールを手にしている。いまかいまかと焼き上がりを待っていると、ニコニコお兄さんは今度は上目遣い気味に、猫なで声で口を開いた。

「あのさあ……僕も、ビール飲んでいいかなあ」

「…………」

オマエ、その愛想のいい笑顔は、そういうことだったのか！

内心、突っ込みを入れたくなった。けれどもその甘え声がキュートだったので、思わずトモちゃんと顔を見合わせ、「まあ、いいよね」と頷いた。

愛想のいいお兄さんは、いかにもぬるそうなビールをプシュっと開け、ゴクゴクと喉の音を立てて美味そうに飲んだ。

そんなこんなで、気づけばビール片手に、肉を前に、ニコニコお兄さんとの雑談が始まっていた。彼は日曜日に生まれたからサンデーという、冗談とも本気ともつかない名前だそうだ。私たちより年上だと思っていたが、今年二十八歳だというのでそう変わらない。奥さんがいて、子どもは生まれたばかりだと言う。

ちなみに彼の格好は普通の開襟シャツにスラックスというパリッとした姿で、タンザニアの都会人という風貌だった。マサイの証であるダラリとした耳の穴もない。

だが、彼もれっきとしたマサイ族だという。彼いわく、この市場が開かれる村の住人は、普通の格好をしている人もいるが、みんなマサイ族なのだそうだ。

「僕はクリスチャンで、クリスチャンのマサイはああいう原始的な格好はしないよ」

サンデーはお澄まし顔でそう言った。マサイ族はマサイ族らしくマサイ族っぽい格好をしていると嬉しい——そう思うのは、観光客の勝手な思い入れなのかもしれない。

「教育をちゃんと受けて、英語もそこそこ話せるマサイ族には、クリスチャンも増えているんだよ」とサンデーは誇らしげに笑った。

ランチを終え、満腹になってお店という名の掘っ立て小屋を出ると、その後ろがさらに広い広場になっていた。

「………！」

私たちは突如として現れたその光景に、二人して目を見張った。

「すごい光景だねえ」とトモちゃん。

「ほんと、これを見に来たって感じだよね」と私。

砂埃がもうもうと舞う茶色い大地には、赤い布をまとったマサイ族の男たちがぎっしりといた。そこには女子どもの姿は見えない。それはまるで赤い海のようだ。そしてその赤い海の間を、たくさんの牛や山羊などの家畜が埋め尽くしていた。

「牛は一頭五万シリング（約六万円）からだよ」

隣にいるサンデーが教えてくれた。マサイ族の権力は牛や山羊などの家畜の数で決まる。牛をたくさん持っているとリッチ。分かりやすくて、しみじみと良いなあと思った。

サンデーに別れを告げ、帰りのダラダラに乗り込んだ。

「結局さ、彼はビール一杯だけで、そのほかのモノは何も要求してこなかったよね」

「意外といい奴だったよねえ」

ダラダラの中でトモちゃんとそう語り合っていると、次々に人が乗り込んできた。

「これは早々に出発しそうだね、良かった〜」

アフリカでもアジアでも、バスは一杯になったら出発というシステムが多い。だから、人が乗ってくる＝出発が早まるわけで、私たちはダラダラの中で、ご満悦だった。

ところが、である。

すぐさま、「コレはヤバイかも」と身構える事態が起きた。私の足元に鶏が置かれたのだ。しかもそれは、当然のように生きたままだった。鶏が四羽、足を紐で縛られて、私の方を悲しげな目で見つめている。

「う、うう……鶏が……ヤバイ」

過酷な移動にはだいぶ慣れてきたとはいえ、日本人の私は車で足元に生きたままの生物がいるシチュエーションには慣れていないのだ。しかも彼らの中でイキのいい奴は、ときどき「コケ〜ッ！」と声を上げ、羽をバタバタさせる。そのたびに鶏の生温かい感触が私の足に触れ、目がバツ印になってしまう。そうこうしているうちにも、ダラダラにはさらに人が乗り込んできた。

ダラダラはもうこれ以上どうがんばっても乗れない、というぐらいギュウギュウになった状態で出発した。

しかし出発してすぐに、私たちの考えが甘かったことを痛感した。

これ以上どうがんばっても乗れないと思っていたのは私とトモちゃんだけのようで、ダラダラは道中で何度も停まり、さらに客を乗せていくのだ。

子どもは比較的スペースのある助手席にと決められているようで、五歳ぐらいの男の子を連れたお母さんが、慣れた様子で助手席の窓から子どもをひょいと中に入れた。それを助手席に座っていたおじさんが、慣れた手つきで受け取って、自分の膝の上に乗せる。まるで昔から知っている親戚の子どものように。男の子も慣れたもので、赤の他人おじさんの膝の上に大人しく座っている。

そうこうしているうちに、今度は赤ちゃんを連れている若いお姉さんの前でダラダラは停まった。お姉さんはさも当然というように、やっぱりひょいと窓から赤ちゃんを助手席の中に入れて、先客の五歳ぐらいの男の子の膝の上に、ちょこんと乗せた。

「たまたまバスに乗り合わせた、赤の他人三段重ねの術だね」

感心していると、足元で例の鶏四羽がコケーッと鳴き声を上げた。マサイマーケットは家に着くまでがマサイマーケットだった。

eri

十年後のコメント

カシュガルのバザールでも書いたが、その後私は『世界の市場』という本を出した。このマサイマーケットもやはり、カシュガルと並んで市場の面白さに目覚めた原点だろう。いまだにあのときの光景が、目の前にまざまざと浮かんでくる。

首都はゆるめの港町★タンザニア

タンザニアをほかのアフリカ諸国よりも少しだけ有名にしている理由に、キリマンジャロ山の存在がある。アフリカでいちばん高い山であり、そしてキリマンジャロ・コーヒー……その程度の知識はさすがに僕にもあった。
「ああ、かの有名なキリマンジャロ山のある国か」
失礼ながら、そのレベルの認識で訪れたのであるが、意外にもなかなか居心地の良いところだった。殺伐としたナイロビにちょっとだけ疲れていたせいもあるだろう。
人々の顔立ちや言葉などはケニアと変わらないのだが、ケニアほど洗練されていないというか、端的に言えばタンザニアの方が遥かに田舎っぽい。首都機能を持つ街ダルエスサラームは都会というよりはひなびた港町といった佇まいで、ナイロビのように垢抜けた若者もあまり見かけなかった。

別に都会より田舎の方が好きというわけではないが、僕たちはこの港町が気に入った。街全体に、どこかゆるやかな空気が流れている。東南アジアに漂うあの空気に通ずるものがある。

たとえば街を歩いていると、平日の昼間だというのに、何をするでもなくぷらぷらしている大人が多いことに気づく。もちろんスーツを着たサラリーマン風の人も中にはいるけれど、どちらかといえば暇そうな男たちの方が目につく。

仕事は大丈夫なのだろうか――アジアで感じたのと同じ疑問を抱くのだ。

極度の暑さがゆるさに拍車をかけている可能性もあった。緯度的には熱帯気候のインドネシアに近い。人々の性格は気候に左右されるのだとしたら、さもありなんという気がした。

タクシーの客引きなども、インドやほかの途上国のそれと比較すると少しもうるさくない。運転手は、路上に停めた車の中でいかにもやる気がなさそうに寝そべっている。

僕たちが車の脇を通ると、「タクシー？」とだるそうに気まぐれに声はかけてくるのだが、いちおう訊いてみた程度で、無視したり、「ノーサンキュー」と断ると、しつこく追いかけてきたりはしない。あっさりしているのだ。

たまにタクシーを利用してみると、今度はその自転車操業ぶりに驚かされる。目的地を告げいざ発車！　と思いきや、必ずといってよいほど最初にガソリンスタンドへ向かうのだ。収入の目処《めど》が立ったから、必要最低限な分だけを給油するのだろう。大抵は数リッターだけで、決して満タンにすることはない。

日本ではガソリンスタンドで、「十リッターだけ」「千円分だけ」と言って給油するのはいささか気恥ずかしい行為にも思える。僕は見栄を張って満タンをお願いするのが常だったが……。自分の中の価値観が崩れていくのは旅の醍醐味だ。

ダルエスサラームの東端に魚市場があり、漁から戻ったばかりの新鮮な魚介類が競りに出されているという。そいつはぜひ見たい！　と意気込んだ僕たちは、その魚市場へ行ってみた。

旅が始まって最初のうちは、僕はこの手の市場が好きになれなかった。アジアで市場へ行くと、ごちゃごちゃと散らかっていて、汚らしさに顔をしかめる場面が少なくなかった。物乞いの子どもたち——ときには大人もいるが——に囲まれたり、延々と付きまとわれ、神経を磨り減らさなければならないのが嫌で仕方なかった。

「エネルギッシュ」

「庶民の生活に触れられる機会」

「何も買わずとも雰囲気だけでも楽しめる」

などなど、肯定的な意見の旅人にはたくさん出会った。エリちゃんなどはまさにその典型で、市場へ行くと明らかに生き生きとする彼女を横目に、内心では面白くないと思っている自分がいた。

「……僕にはスーパーマーケットの方が似合っているのかもしれない」

意味もなくふて腐れていたのだ。

けれど旅を重ねるにつれ、市場へ対する抵抗感は次第に薄くなっていった。免疫ができてきたのだろうか。楽しむ余裕さえ生まれ始めていた。

そんな過渡期のタイミングで訪れたせいか、ダルエスサラームの魚市場には自分でも驚くほどに刺激を受けたのだった。

絵になる市場だった。足を踏み入れた瞬間、心が浮き立った。

ちょうど漁師たちが船から魚を降ろしているところで、人だかりができていた。掻き分けるようにして海際まで進むと、みなぎる熱気に圧倒された。

威勢良く声を張り上げる漁師たちは、街中でぷらぷらしている男たちや、やる気のなさそうなタクシー運転手たちよりも、何百倍も格好良く見えた。

「海の男ってワイルドだよなあ」

都会っ子の僕としては、羨望の眼差しを彼らに向けてしまう。

しつこく付きまとってくる輩もおらず、気楽に歩き回れたのも好印象だった。何を買うでもなく、あちこち行ったり来たりしながら、魚の写真を撮っているだけの冷やかし客であるのに、誰かに嫌な顔をされることもなかった。

素人目にも、いかにもイキが良さそうな魚ばかりだった。

「お刺身にして食べたいなあ」

居心地のいい市場だった。お兄さんの顔まで魚に見えてくる不思議。

叶わぬ願いと知りながらも、ついぼやいてしまう。

偶然にも、そして幸運にも、イカのゲソ焼きを作っている店の前を通りかかったのは、まさに空腹感を覚え始めたときだった。

「美味しそう。これ、売り物かな？」

涎を垂らさんばかりの勢いで凝視していた僕たちに気付き、おじさんが言った。

「五十シリングでいいよ」

「安い！」

日本円にして、たったの六円である。仮にもう少し高かったとしてもガマンできなかっただろう。おじさんに爪楊枝をもらい、ゲソをいただく。立ち食いである。塩を振りかけただけのシンプルな味付けだが、ビールが欲しくなる旨さだった。

「もう一つ食べてもいい？」

図々しくもお代わりをねだった。おじさんはニコニコしながら頷いている。

止まらなくなった。一つ、もう一つ、さらにもう一つ……パクパクパク食べ続けた。

デパ地下でちょこっとだけ試食するぐらいの軽い気持ちだったのに、調子に乗ってお腹いっぱいになるまで食べてしまったのだった。

「ふ～満腹、満腹」

大満足でおじさんに五十シリングを手渡し立ち去ろうとすると、呼び止められた。

「四百シリングだよ」

おじさんは困惑の表情を浮かべながら言った。

「えっ、五十シリングじゃないの？」

「八個食べたから、四百シリングだ」

あらら、一個五十シリングなのか。なぜか食べ放題だと勝手に勘違いしていたが、考えたらそんなわけない。自分たちの愚かさに顔が赤くなった。

「でも、あのおじさん、私たちが食べたゲソをきちんと数えていたんだね」

お店を後にすると、エリちゃんが苦笑いしながら指摘した。温和そうなおじさんだったが、案外しっかり者なのかもしれない。なんとなくトホホな気分で、僕たちは市場を後にしたのだった。

tomo

十年後のコメント

このときダルエスサラームで、僕は音楽テープ（ＣＤではなくカセット！）を買った。世界一周中は各地の音楽を漁るのは楽しみの一つだったが、タンザニアで買ったこのテープが結果的にマイベストとなった。

レイディー・ジェイディーという女性ボーカルのもので、タンザニア中どこへ行ってもかかっていた。アフリカンR&Bといった感じの歌モノだ。キャッチーなメロディーラインが耳に残る。当時はローカルのアーティストだったが、その後活躍の場を世界に広げているのを知り、僕はなんだか他人事とは思えず嬉しくなった。

トヨタさん、ありがとう★タンザニア

eri

アフリカ大陸に渡ってから、アジア系、とくに日本人に会う機会は極端に減った。絶対数が少ないからだろう。これまで行ったエチオピア、ケニア、タンザニアでは、「日本も日本人ももちろん知っているが、本物の日本人に会うのは初めて」と言う人に数多く出会った。

ただし彼らは日本人は知らないが、「日本車」はよく知っている。これまで旅した国同様、ここタンザニアでも、日本車を目にする機会は多い。その中にはホンダやスズキもあるけれど、いちばん人気なのはやっぱりトヨタだ。

その証拠に、タンザニアの車屋さんの前には、トヨタのマークだけ単体でショーケースに飾ってあったりするのだ。また、明らかにインドのＴＡＴＡ社製トラックのフロン

トガラスに、「TOYOTA」と書かれたステッカーがデン！　と貼ってあるのも見かけた。

「どこから来た？」と地元の人に訊かれ、

「ジャパン」と答えると、

「トヨタ！」と返されることも少なくない。

そんな光景に出くわすたびに、私は誇るものがある祖国を嬉しく思う。アフリカまで届いている、日本のテクノロジー。日本の自動車メーカーさん、とくにトヨタさん、ありがとう。

タンザニアでは、かつて日本で使われていたと一目で分かる、中古の車両をよく見かける。いまや日本車は世界中に流通していて、海外生産の日本車だってあり得る中、なぜそれが日本の中古車両だと分かるのか――。

車体にデカデカと「幻の麦焼酎、夢心地」とか、「田崎工務店」とか、「公認・横田教習所」などの文字が書かれているからだ。

最初にタンザニアに入って、「ひまわり幼稚園」のミニバスが通りかかったときには、目が点になった。かつてはお揃いの服を身につけた園児たちを乗せたであろう愛らしいミニバス。それは巡り巡って、東アフリカのプチ都会で、筋肉隆々の青年やでっぷり太ったおばちゃんたちをたっぷり乗せて、街中をブイブイ言わせているのだ。そういう車を見ると、「私もアナタもこんなところまではるばるご苦労さまだねえ」と労《ねぎら》いたくなる。

彼らが車体の日本語の文字をペイントし直さないのは、やはりコストがかかるから。けれどそれは恥じることでもなんでもなく、むしろ現地ではステイタスだという。彼らは「これは日本車だ」と証明するために、あえてそうした日本時代の文字を残していたりするのだ。

タンザニアに来て、ダラダラと呼ばれる、日本車の払い下げの公共のミニバスに乗ったときのことだ。後部座席は人がぎっしりいたので助手席に座ったところ、「オマエはチャイナか、ジャパニか？」と運転手のおじさんに訊かれた。

「ジャパニだ」と答えると、彼はすかさず言う。

「この車、なんて書いてあるの？」

その車には、ボディに「××養鶏場」と、こなれた明朝体でデカデカと書いてあった。私は素直に「××チキン・ファームだ」と答えた。

するとその瞬間、車内の空気が変わった。おじさん運転手の隣に座っていた友だちらしきおじさんが、ギャハハハハ〜！　と大爆笑する。一方でおじさん運転手は無口になってしまった。

「チキン」という響きがいけなかったのか。恐らく明朝体でカッコ良く書いてあるから、「カラテ！」とか「世界に名高いソニー」とか、もう少しカッコイイ言葉が書いてあると思っていたのだろう。実際、最初に「この車、なんて書いてあるの？」と訊いたときのおじさん運転手は、誇らしげだった。

悪気はなかったけれど、夢を壊して申し訳ない、と思った。彼のトヨタが「チキン・ファーム出身」だと知られたことで、これから愛してもらえなくなったら、私のせいかもしれない。ごめんよ。

eri

十年後のコメント

タンザニアのほか、南米でも同様の日本語入りバスを見かけた。またアジアではラオスやバングラデシュなどでも。考えてみれば日本で走っている車は、どれも異常にキレイだ。それらが時を経て、遠い異国の地で第二、第三の人生ならぬ車生を送っているというのは、決して悪い話じゃない。

その後も旅していて、トヨタ、ホンダ、スズキの三ワードで、現地の人と幾度となく話をした。祖国に誇れるものがあるのは、やっぱりいいことだ。

初めての海の世界★タンザニア

僕たちはタンザニアのダルエスサラームから船で約二時間ぐらいのところにある、ザンジバル島という島に来ていた。エメラルドグリーンの海、純白の砂浜、どこまでも続く真っ青な空、そして咲き乱れるブーゲンビリア。

これだけ完璧なシチュエーションなのに、まだそれほど観光開発されていないこともあって、驚くほどに観光客の姿は少ない。かなり穴場のリゾート地なのだ。

まるで美しい海を独占しているようで、僕たちはいつになくゼイタクな気分を味わっていたのだが――。

■トモの海

突然だが告白したい。僕はカナヅチである。

何をいまさら……という気もしないではないが、自分としては泳げないことはある種のコンプレックスであり、恥ずかしいという気持ちが少なからずあった。

エリちゃんはそんなことはお構いなしで、このことを周囲の人にペラペラ話してしまうタイプ。だから、「海」「泳ぐ」などの話題が出ると、目で彼女に「言わないで！」と牽制していたほどだ。

しかしながら、僕は海自体は大好きだ。

プールは泳げないとまったくもってつまらないけれど、海は違う。ビーチを散歩してみたり、砂浜で寝そべってみたり、波の音を聞きながらハンモックに揺られてみたり。それだけでも十分に楽しいのだ。

ザンジバル島に滞在していたときも、僕は泳げないなりにリゾートを満喫していた。

ところが、である。ある日エリちゃんがとんでもないことを言い出したのだ。

「一緒にシュノーケルツアーに行こうよ」

えっ、しゅのーける——シュノーケル？

「うーん……」

泳げない僕としては、やはりどうしても抵抗があった。

「溺《おぼ》れたら怖いしなぁ……」

煮え切らない返事を繰り返していると、エリちゃんは言った。

「泳げなくても、別に大丈夫だよ」

本当に？　確かに、スキューバダイビングは泳げなくてもできるという話は聞いたことがあるが……。

「本当に大丈夫なのかなあ」

「大丈夫、大丈夫！　私がついてるから」

なんだか男女の立場が逆転してしまったようだが、彼女の口車に乗せられ、結局そのツアーに参加することになってしまった。一応前日に泳ぎの練習をしたが、あまり進歩はなかった。こんなので果たして大丈夫なのか——。


シュノーケルツアー当日、ツアーが出るという浜辺へ到着すると、小さなボートが僕たちを待っていた。付き添いはボートの運転手とガイドの二人だけで、ほかに参加者もいないようだ。僕たち四人を乗せたその小さなボートは、さっそく沖合いのさんご礁スポットへと出発した。

浜辺から離れるにつれ波が強くなってきた。小さなボートなので、揺れが激しく僕はすっかり船酔いしてしまった。

「気持ち悪い……」

情けない声を出す僕とは対照的に、エリちゃんは全然平気な様子だ。むしろ遊園地のアトラクションにでも乗っているかのごとく大喜びしている。

陸地が遠ざかるにつれ、僕は次第に心細くなってきた。

「本当に大丈夫……？」

「大丈夫！　大丈夫！」

こんなやり取りが何度も繰り返された後、ボートは遂に目的地へ到着した。

「まずは私がお手本を見せるから」

エリちゃんはそう言って、ドボン、と海へ入っていった。

僕が一人ボートの上に残っていると、ガイドのタンザニア人が不思議そうな眼差しをこちらに送ってくる。

「君は行かないのか？」

痛いところを突かれたが、その疑問は当然だ。

「実は……泳げないんだ」僕は正直に理由を話した。

すると、そのガイドはポカンと虚を衝かれたような表情になり――、次の瞬間ゲラゲラと笑い始めたのだった。もう、だから言いたくなかったんだ。

やがて、エリちゃんがボートに上がってきた。

「すっごいよ～キレイだよ～！」

興奮しながら、海の様子を語ってくれる。

「お魚いっぱいいた？」

「いたいた！　トモちゃんも入って来なよ！」

「やっぱり行った方がいいかなあ……、というより行かないとダメ？」

「え～、ここまで来てなに言ってるの！　絶対行った方がいいよ。きっと後悔するよぉ」

「うーん……」

　ここは男らしく行くしかないようだ。ようやく観念した僕は、マスクとシュノーケルを入念に装着し、恐る恐る海へと入る
――と、足がつかない！

　いきなりパニック状態に陥りそうになった。地に足がつかないというのは、泳げない人間としてはやはり不安で不安でしょう

水を得た魚のよう⁉　スイスイ泳ぐ妻に羨望の眼差しを向ける。

がないのだ。

「とりあえず、最初は梯子《はしご》につかまってて！」

ボートの上からエリちゃんがアドバイスをしてくれる。言われた通り、両手で梯子をしっかりと握り、安全を確認したうえで、遂に顔を水面に――つけた。

その瞬間、僕はマスクをしていることなど忘れて、思わず目をつぶってしまっていた。

これじゃあ、何も見えない。

思い切って目を開けてみた。そして、見開いた。

奇妙な形をしたさんご礁が一面に敷き詰められ、その中を黄色や橙色などビビッドな色使いの無数の魚たちがゆるゆると泳ぎ回っていた。海の水は限りなく透明に近く、いちばん底の方までよく見える。

生まれて初めて目にした海の世界。そこは、まるで魚の王国だった。

あまりの美しさに、僕は自分が泳げないなんてことはすっかり忘れて見入ってしまっていた。少しでも長くこの光景を見ていたい――ただそれだけを願った。

その後どれくらい海に入っていたのだろうか。

十分にシュノーケリングを堪能した後、僕たちはボートの上でランチをとった。ほとんど甘みのないマンゴーが、やたらと美味しく感じられる。

「どう？　来てよかったでしょう？」

すっかりご満悦の僕を、エリちゃんが意地悪くからかう。

「え、う〜うん。まあね……」

心の中では万歳をしたいぐらいに嬉しかったのに、僕はまんまと彼女の術中にはまってしまったのが悔しくて、ちょっとだけ強がってそう答えた。

■エリの海

この世に泳げない人がいる、というのはもちろん理屈では分かっていた。

けれどトモちゃんから「僕、泳げないんだよね……」と衝撃の告白を受けたときは、「え、本当に？」と目が点になってしまった。

旅に出てからこれまで、トモちゃんに関して「！」と驚かされたことは散々あった。けれど、まさか泳げないとは……！

いま思い返してみれば、これまでビーチに行っても、トモちゃんは水際でチャプチャプ遊んでいただけだった。それで困ることもなかった。

ただしザンジバル島に来てから、泳げないことを笑ってばかりいられなくなった。というのも、この美し過ぎる海にはさんご礁のリーフがあり、ぜひ見ておきたい素晴らしさらしいのだ。私はどうしてもそこに行きたくなってしまった。

そのためには、ボートツアーに参加しなければならない。しかもここは観光客も少ないので、ツアーはたいがい申し込んだ一組だけで行くことになるらしい。もしトモちゃんが行かない場合、私一人でボートをチャーターすることになり、かなり高くつく。しかもせっかくボートをチャーターするなら、一人よりやっぱり二人がいい。

その晩、トモちゃんを説得にかかった。

「ビーチでこれだけキレイなんだから、さんご礁も間違いなくキレイだよ。きっと水族館みたいな世界が広がってるよ〜！」

「海の世界の美しさを見ないでこのまま一生終えるつもり？　そんなのもったいないよ」

「行ったら絶対に、この世にはこんなキレイなところがあったんだって感激するからさ！」

畳みかけるように前向きな言葉を並べる私。その執拗な口説きに、とうとう最後にはトモちゃんも根負けして、「じゃあ、行ってみるか……」ということになった。万歳！

翌日、私とトモちゃんはさんご礁に備えて、海辺で泳ぎの練習をすることにした。とにかく、マスクとシュノーケルを付けて浮きさえすれば、海の中の絶景は楽しめるだろう。それだけなら簡単！　そう私は思っていたが、その目論見は甘かった。

「じゃあ、まずはゆっくり顔を水の中に浸けてみよう」

と、私はマスクとシュノーケルを付けたトモちゃんに指示した。恐る恐るトモちゃんは海中に浸り——次の瞬間、「ゲホゲホ！」と慌てて立ち上がった。

「このシュノーケル変だって！　息できないよ！」

うーん、道具のせいではないと思うんだけど……。試しに私がそのマスクとシュノーケルを付けて泳いでみても、何ら問題はない。

どうやらマスクとシュノーケルを付けて浮くということだけでも、彼にはかなりハードルが高いようだと気づき、愕然とした。

「まずは浮いてみて！」

「ゲホゲホ！　沈んじゃうよ！」

だいたい私は海で浮くぐらい、赤ちゃんでもできると思っていた。しかしそれが間違いの元だったようだ。人間が浮くのは当然で、できないはずはないと決めつける私。対して、自分は経験がないからできるはずがないと逆ギレするトモちゃん。私たちの間には徐々に険悪なムードが流れてきた。最後には二人ともぐったりして、「明日、本当に大丈夫なのかなあ」と不安な気持ちでいっぱいだった。

その晩、私たちはブスッとしながら近くのレストランで食事をしていた。するとそこに同宿のスイス人夫婦がやってきた。観光客の少ないビーチなので、既にお互い顔見知りだ。まあまあどうぞ……と私たちはその夫婦と同席し、軽い挨拶を交わす。そのとき奥さんの方がふと思い出したように訊いてきた。

「そういえば昼間、泳ぎの練習をしてなかった？」

バレてるなら仕方ない。二人で苦笑しながら頷いた。次の瞬間、奥さんは意外なことを言った。

「実は私、スイスで水泳の先生をしているの」

なんと！　まさか水泳の先生の前で泳ぎの練習をしていたとは……。二人揃って意外な展開に驚く。そして、彼女はさすがにプロだった。

「とにかく水に入ったらまず体の力を抜くこと。そこから始めるといいわよ」

トモちゃんに向かって言ったその言葉には、実に説得力があった。

「それからアナタ」

「はい！」思わず生徒な気分で返事をする私。

「彼が浮いているときは、横で浮いていてあげてね。一緒に隣で浮いているのがいちばんいいのよ」

なるほど。昼間、私はトモちゃんに口であれこれ言うだけで、ちっとも彼にお手本を示していなかったことを思い出し、反省した。

彼女のアドバイスは、なんだか光が差し込んだようだった。このやりとりのおかげで、翌日私たちは晴れやかな気分でボートに乗り込んだのだ。

目的地までは意外と遠く、しかも波もあったのでボートはぐらぐらと揺れた。トモちゃんは真っ青な顔をしながら「この船、ホントに大丈夫？　ひっくり返らない？」と不安そうだ。

「このぐらいは全然問題なし！」

私がそう言うと、黒人の船頭さんが、言葉は分からないはずなのにガッハッハと笑っていた。しかし海の男が色黒なのは当たり前だが、黒人の海の男は最強に黒かった。黒光りしている肌に、青い海がよく映えた。

結局、シュノーケリング作戦は、大成功だった。トモちゃんはスイスイとまでいかないが、ボートにつかまりながら、カラフルな海の世界を堪能していた。熱帯魚とさんご礁が織りなす海の世界は、竜宮城のように美しかった。

「海の中ってこうなってたんだあ！」

歓喜の声を上げるトモちゃんを見て、私は心の中で密かに、的確なアドバイスをしてくれたスイス人の水泳の先生に頭を下げた。

t&e

十年後のコメント

本書をまとめるにあたり、個人的にもっとも削除したかったのがこの稿だ。別にいまさら格好つけたいわけではないのだけれど……。苦笑、ああ苦笑。（トモ）

結局十年経っても、トモちゃんは泳げないままだ。ただし二人とももうあきらめてしまって、いまさら「泳げたらいいね」という話も出ない。人間向き不向きがあるものだ……と思うようになったのは、大人になった証拠だろうか。（エリ）

亀のパウロ君と猫たちの物語★タンザニア

eri

彼に出会ったのは、ザンジバルにある博物館でのことだった。

その博物館は、入った瞬間に「しまったねぇ……」と苦笑したくなる残念な空間だった。展示品は埃にまみれ、手書きの説明書きは黄ばんで読解不可能だ。

「うーん、これでお金をとっちゃダメだよねえ」

私たちは呆れながら館内を歩き回っていた。すると東洋人が不機嫌な顔をしているのに気づいたのか、妙に愛想のいい館員のお兄さんが、もみ手をしながら近づいてきた。そしてニコニコと言うのだ。

「タートルはもう見たか？」

どうせ大したことないだろうとタカをくくっていた。ちょっぴり不機嫌のまま、「なんなのそれ！」とつっけんどんに訊いてみる。

その瞬間、愛想のいいお兄ちゃんは「どうだあ～！」と言わんばかりに、館内の窓をバーンと開けた。そして次の瞬間、私は固まってしまった。

「怪獣がいる！」

一瞬、そう錯覚した。そこには首をにゅーっと出した、巨大な亀が佇んでいたのだ。

館員のお兄さんは、勝ち誇った顔で私たちをその亀が住む裏庭に案内してくれた。近くで見ると、さらに大きい。浦島太郎が竜宮城に行くときに亀に乗って行ったとあるが、確かに目の前の巨大な亀は、大人が一人乗っても大丈夫そうなサイズだ。

「どうしてこんなところにこんな大きい亀がいるの？」

素朴な疑問を、お兄さんにぶつけてみた。

お兄さんいわく、彼の名前はパウロといって、セーシェル諸島からの贈り物のリクガメの一種だそうだ。しかも現在なんと百二十歳！　鶴は千年、亀は万年というけれど……。

「ホントに百二十歳？」

私がツッコミを入れると、お兄さんはムッとした表情で無言のままパウロのそばに置いてあるパネルを指差した。それによると、彼がセーシェル諸島から贈られたのが一九一九年のこと。いまから八十年以上も前のことだから、百二十歳というのもまんざらウソではないようだ。

最初はその大きさも衝撃だったが、いちばんの驚きはパウロ君が非常に人懐っこいということだった。最初はおっかなびっくり手を差し出したが、お兄さんの言われるがままに手で頭をナデナデしてやると、彼は気持ち良さそうに目を細める。

館員のお兄さんいわく、亀のパウロ君は肌の白い女性が好みらしい。

「君のことが気に入ったんだよ」と言われると悪い気はしない。

灼熱のザンジバル島に来てもうすっかり日焼けしていたが、それでも黒人ばかりの中にいると、この私でも肌が白い方になる。しかし亀はしっかり肌の色の違いまで見分けるとは……。

そしてお兄さんが言っていたことは誇張でもないようだった。しばらくナデナデしていたら、ちょっと離れた場所から「パウロ〜！」と呼んでも、のっしのっしとこちらに向かって歩いてくるまでに懐いたのだ。重そうな体をずりずりと引きずりながら、「ナデナデしてぇ〜」と言わんばかりにすり寄ってくるパウロ君。

しかもお兄さんいわく、彼はしっかり自分の名前を「パウロ」と認識しているほど賢いという。試しに「太郎」とか「ジョン」とか呼んでみたのだが、そのときばかりは「フンッ」とばかり、そっぽを向いてしまって、その姿がまた愛らしい。

亀が、しかもこんな巨大な亀が、こんなに人懐っこくて賢くて可愛い生き物だなん

こうして並んで見ると、いかに巨体かが分かる。頭はザラザラした感触。

て、知らなかった！

ザンジバル島と言えばもう一つ、欠かせない動物がいる。

それらは漁船が着くタイミングで港にちゃっかり集まって、おこぼれをもらう。かと思えば、公園で日向《ひなた》ぼっこしながら、のんびり毛づくろいをしている。

そう、この島には猫が多いのだ。しかも猫は地元の人々に愛されているらしく、人間を見かけると一目散にすり寄ってくるような良く言えば愛想のいい悪く言えば図々しい子が多い。

そんなザンジバル島で泊まったのは、まさしく「猫リゾート」だった。真っ白な砂とエメラルドグリーンの海が広がる最高のリゾート地だが、そこかしこに猫がウロウロしているのだ。

ここの猫たちも例外なく、遠慮という文字を知らなかった。美し過ぎるビーチで遊んでくたくたになって部屋に戻ると、テラスの特等席であるデッキチェアの上で、ちゃっかり猫が先に昼寝していたりする。レストランでもイスを引こうとすると、「あっ」となる。猫が寝ていて重くて動かないのだ。

そのくせいざ食事が始まると、十四以上はいそうな猫たちが一斉に「ちょうだーい」

とばかり、ニャアニャアと大合唱を始める。中には図々しく私の体までよじ登ろうとしている子猫も。そして食事が終わると、今度はレストランの真ん中で、思い思いに体をグデーッと伸ばして、毛づくろいしたりスースー寝入っていたりと、まさに自由奔放だ。

これらの猫たちにしても、また亀のパウロ君にしても、この愛想の良さはなんだろう。警戒心という言葉を知らない動物たちは、いかにものんびりとした南の島らしい。

eri

十年後のコメント

この原稿を読み、改めてネットで検索してみると、「リクガメは人に懐きますか?」という質問があった。その回答には、「かなり人に懐きます。テレビを見ていると、遊んでくれと言ってリモコンの上に乗ってボタンを押して邪魔したりします」というようなものすらあった。リクガメに芸を仕込んだら、仕込めるのかもしれない。

一方の猫だが、猫が愛される場所とそうでない場所はくっきり分かれる気がする。トルコやエジプトなどイスラム圏ではよく猫を見たし、ギリシャの島にも猫がウヨウヨしていた。猫が多い場所というのはやっぱり暖かい地が多く、そして可愛がられて生きているせいか、大抵はやたらと愛想がいいのだ。

アフリカで中国列車に乗る★ザンビア

tomo

この旅では、移動手段はバスと列車が圧倒的に多いが、どちらが好きかと訊かれたら、列車だと即答する。僕は身長が百八十センチ以上と、図体だけはデカイ。バスだと前の席との間隔が足の長さより短いことが多く、とても窮屈なのだ。

その点、列車は足が自由に伸ばし放題で気楽だ。トイレへはいつでも行けるし、寝台列車なら好きなときに横になることだってできる。要するに、列車はバスと比べると、はるかに快適なのだ。

タンザニアから陸路で南下するルートとしては、タンザン鉄道でザンビアへ行きジンバブエやボツワナ方面に抜ける方法、バスでマラウィやモザンビーク方面へ抜ける方法の二つが知られる。このうち、マラウィはビザ代がかからないこともあり、旅行者の間では後者のマラウィ経由ルートの方が人気が高そうだった。

タンザン鉄道は料金が結構高く、ザンビア自体は見どころも少ない。おまけにザンビアはここのところ治安が悪化傾向にあり、国立公園内を車で移動中の日本人女性が武装強盗に襲われ死亡する事件なども起きたばかりだった。

以上を総合して、僕たちはどちらのルートで南下するかを検討した。迷った末決めたのが、前者のザンビア経由だったのだ。

「やっぱり列車でしょう。タンザン鉄道、面白そうじゃない？」

「別にみんなと同じにする必要ないしね。ザンビアはちょっと怖いけど」

最終的に決め手となったのは、バスか列車かという移動手段の違いだった。

少し説明すると、タンザン鉄道はタンザニアのダルエスサラームから、国境を越えてザンビアのカピリムポシという街まで走っている国際列車だ。タンザニアの「タン」とザンビアの「ザン」でタンザン鉄道。現地の人たちにはタザラ（TAZARA＝Tanzania Zambia Railwayの頭文字を取って）という名で親しまれている。

全長千八百六十キロもの長大なこの列車は、中国の全面的な協力により造られたものだ。同じ社会主義国家のよしみなのか、中国が約四億五千万ドルもの資金を援助したという。中国列車に散々お世話になった僕たちとしては、ますますこのタンザン鉄道に興味が湧いてきたのだった。

ザンジバル島から帰ってきた翌々日、僕たちはダルエスサラームのタンザン鉄道駅へ向かった。チケットはザンジバル島へ行く前に既に購入してあった。今回はリッチにも一等寝台である。二等だと男女が別々になってしまうというので、仕方なく一等にしたのだ。イスラム教国家ならではの特殊な事情である。

駅の入口でチケットを提示すると、「こちらへどうぞ」と駅員が案内してくれ、さすがは一等といった感じの豪華な待合室に通された。ふかふかのソファが置かれ、「冷たいお飲み物はいかがですか？」と接客してくる係員も現れた。ほかの乗客たちもポーターに荷物を運ばせていたりと、見るからにハイソな匂いを漂わせている。

対して、待合室の外に目をやると、抱えきれないほどの大荷物を持って列車待ちしている人たちで賑わっていた。二等、そして三等の乗客なのだろう。アフリカも階級社会であるのだと見せつけられた気分だ。

乗車してみて、僕は既視感に囚われた。その理由に先に思い至ったのはエリちゃんだった。

「これ、中国で乗った列車と同じ造りじゃない？」

そうなのだ。定員四名のコンパートメントになっている一等寝台車の構造は、中国列車の軟臥に酷似している。いや、まったく同じに見えた。軟臥は、中国列車における最上位の座席で、僕たちは昆明から上海までの長旅でお世話になっていた。

「さすがは中国が造った列車って感じだね」

僕はしみじみとしながら中国旅の回想に浸った。これでお湯のポットが備え付けられていようものなら、中国列車そのものだなあと思ったが、そこまでは用意されていなかったのは少々残念である。

僕たちのコンパートメントには、ほかにオランダ人のおばさんが一人で乗っていた。四人部屋に三人だから、空間に余裕がある。しかもこのおばさんは、国境を越える前に途中下車してしまったので、それから先はずっと僕たち二人だけで占領することができた。

ドアを閉めてしまえば、もう完全な個室。プライバシーが守られた空間というのはとても居心地がいい。宿の部屋と同じ感覚でパソコンを出して日記を書いたり、夫婦喧嘩をしたりと、好き放題に振る舞えたのはいい意味で想定外だった。

中国列車との最大の相違点は、車内販売がまったくないこと。中国ではやれカップラーメンはいらんか、ジュースはいらんか、などとひっきりなしに物売りがやってくるものだが、タンザン鉄道車内はそういった物売りの類は皆無であった。

また、途中駅でのホームの売り子さんも少ない。駅に列車が着くと同時に、待ってましたとばかりに窓越しに熾烈な物売り合戦が始まるあの光景が懐かしくなった。駅によっては多少は物売りもいるのだが、いかんせん売っているものの種類が少なく、せいぜいバナナやサモサぐらい。ほかに、なぜか皮が付いた生のじゃがいもも売られていたが、そんなの買う人がいるのだろうかと謎が深まった。

ちなみに、食事は朝昼夜の三度支給される。支給といっても当然のように有料である。列車には食堂車が連結されており、本来はそこへ食べに行くのだが、一等に限りわざわざ席まで注文を取りに来てくれ、わざわざ食事を持ってきてくれるのだ。

さすがは一等車両と感心していたが、肝心のメニューが少ないのが残念だった。チキンかビーフか、ライスかチップス（フライドポテト）かを選ぶだけである。朝はパンと卵だったが、昼と夜は毎回このメニューなのだ。普通に美味しかったが、同じもののばかりだと正直飽きる。しかも高い。

ザンビアに入れば多少メニューが変わるのではないかと期待したが、あいにく同じだった。しかも為替レートが違うからか、ザンビアに入って以降は実質値上げの形に

駅に止まると物売りが集まってくるが、生のじゃがいもをここで買っても……うーむ。

なった。まったく同じメニューなのに。

それでも、ほかに食べるものといってもバナナやサモサくらいしかないので、文句を言いながらも我慢するしかなかった。節約のために一人ぶんだけ頼んで二人でシェアしたら、夜中にお腹が減るという情けないオチもついた。

始発駅から終点駅まで約三十六時間かかると聞いていた。しかし実際には、途中何度も故障で長時間停車し、結局到着したのは四十六時間後だった。

ほぼまる二日の大移動である。いくら快適といっても、さすがに四十六時間も同じ部屋から変わり映えのしない景色を見ているとウンザリもしてくる。持っていた本も読み終えたし、ゲームもやり過ぎていい加減疲れた。

「アフリカって雄大だねえ」

「あ、あそこにゾウがいる！」

最初のうちこそ感動と興奮に湧いたコンパートメントであったが、時間が経つにつれ気だるい空気が流れ始めたのだった。

国境にはとくに目印のようなものはなく――もしかしたら見逃しただけなのかもしれないが――、いつの間にか国が変わっていた。ザンビア側のイミグレ係員がやって来て初めて、「ああ、ザンビアに入ったのね」と気が付いたぐらいだ。

東アフリカ、とりわけケニア以南に関しては、人々の顔付きや街並みがほとんど変化しないようで、国が変わったという実感が湧きにくい。国が変わったことで変わるのは、通貨ぐらいなのだ。

翻ってアジアでは、国境を越えると人々の顔が変わり、街並みが変わり、言葉が変わり、食べ物が変わった。旅していて、その違いを肌で感じる場面が多々あった。中国製の列車に乗っているせいか、ついアジアの旅と比較してしまうのだった。

この列車の旅では印象的な出来事があった。ダルエスサラームを出発し、列車がまだタンザニア領を走っていたときのことだ。

コンパートメント内には、人数分のミネラルウォーターが備え付けられていた。出発前に慌てて駅の売店で買ったのだが、そんな心配は無用なのであった。しかも人数ぶんの石鹸まであった。さすがは一等車両。ブルジョワな気分に浸りながら窓の外を眺めていると、景色はすっかりアフリカの田舎である。

列車が通ると子どもたちがこちらに手を振ってくれる。こちらも手を振り返す。電気すらなさそうなこんな辺ぴな土地で暮らす子どもたちからすれば、文明の利器に乗って通り過ぎる東洋人なんて、宇宙人みたいなものなのかもしれない。

「素朴で無邪気な子どもたちだなあ」

　などと感心していたのだが――。子どもたちは僕と目が合うと、右手を前に突き出し、手の平でお椀のような形を作った。

「あれって、くれくれポーズ、だよね？」

「……そうだね。何かちょうだい、ってことかしら」

　夢見心地でいたのに白けてしまった。でも、無邪気な笑顔に清々しさが感じられたのも事実だった。

　僕は空になったミネラルウォーターのペットボトルを窓の外へ投げた。それを目がけて、子どもたちは飛びつくように駆けていく。大したものをあげられなくて申し訳なさが募った。

　一等車両で豪勢な気分を味わう僕たちと、素足でペットボトルへ駆け寄る子どもたち。距離としては目と鼻の先なのに、こちら側とあちら側には超えられない隔たりが存在する。またしても世界の矛盾を垣間見た気がした。

tomo

十年後のコメント

最近乗った寝台列車の中では、ロシアの列車が記憶に強く残っている。車両自体は古く、中国のものと比べると年代物にも見えたが、重厚な歴史を感じさせる落ち着いた雰囲気に心ときめいた。

ロシア語がまったく分からないことに不安を抱いての乗車だったが、コンパートメントで一緒になったおじさんがとても親切だったせいで不自由しなかった。お茶をご馳走になったり、食堂車で酔っ払いに絡まれたときに助けてもらったり（ロシアに酔っ払いが多いという話は真実だ）。かの国にはシベリア鉄道という偉大な存在もある。いつか乗ってみたいなあ。

ハイパーインフレに遭遇する★ジンバブエ

eri

「ジンバブエはいま、やばいよ」
東アフリカを南下していた私たちとは逆に、北上ルートをとっていた旅行者とすれ違うと必ずそんな話を聞いた。アフリカの真ん中からやや右下に位置するジンバブエという国。日本人にはほとんど馴染みがない国だが、近年の内政不安で経済が完全に崩壊、国は混乱の真っ只中にあった。

「確かにこれはヤバイかも……」

私たちが実際にそう感じたのは、隣国ザンビアからジンバブエの首都ハラレに向けてバスで移動していたときだった。車がズラーッと沿道沿いに停車してあり、しかもそれらはすべて無人なのだ。

最初はなぜ無人の車が行列をなしているのか、さっぱり分からなかった。バスで隣に乗り合わせた人が、「あの車はガソリンの到着を待っているのよ」と教えてくれた。経済の悪化に伴い、いまジンバブエでは輸入品であるガソリンが完全に枯渇しているのだそうだ。

「タクシーやバスの運転手さんとか、どうしてもガソリンが必要な人たちは、ブラッ

無人の車が入荷未定のガソリンを待つさまは、もの悲しさが漂う。

クマーケット（闇市）でガソリンを買うのよ」

その値段は、一リッターあたり日本円で五百円ほどもするのだそう。物価の高い日本と比べても三〜四倍の料金だ。

首都ハラレでは、経済の混乱ぶりが一層強烈だった。ガソリンに加え、料理用の油も入手困難になっていた。ハラレは首都だけあって、ちょっとしたビル群が並び、バーコードで読み取る式のレジが付いた、いまどきのスーパーマーケットも多い。いわば「アフリカの都会」だ。そんな街の現代的なスーパーでも、料理用の油のコーナーだけガランと空いていて、それは不気味な光景だった。

小麦粉や砂糖、さらには牛乳も手に入りにくいという。スーパーでたまたま牛乳が入荷した瞬間に立ち会ったが、人がワーッと押し寄せて、あっという間にブツは姿を消した。その光景はまさしく、テレビで見たことがあるオイルショック——トイレットペーパーに群がる人たちの姿と重なって見えた。

インフレもすさまじい。スーパーの前には毎日食すような品々、たとえば卵の値段などが張り出されているのだが、それが昨日百円だったものが今日百二十円になっていたりする。地元の人たちはどうやって生活しているのだろう。

そんな混乱の最中にある国だから、居心地が大変悪い——かというと、その逆だ。これが意外なほど居心地が良いのだ。

理由は様々だが、私たちが米ドルを持っているのも大きいだろう。

外貨が極端に不足し、輸入品が足りないこの国では、外貨獲得は生きるための必至の道。だから闇両替が横行しており、銀行で両替すると一ドル＝八百Z（ジンバブエ）ドルなのが、闇両替だと一ドル＝千三百Zドルにもなる。外貨を持っている我々旅行者としては、このからくりにより一ドルにつき五百Zドルも得をするのだから、結果として物価が安く感じられるのだ。

厳しい生活を強いられている現地の人からすればけしからん話で恐縮なのだが、私たちは米ドルを闇で両替することで甘い汁をすすっていた。ちなみに物価の目安としては、瓶入りのコカコーラが一本十円程度。これまで行った国の中で最も物価が安かったインドやネパールよりもずっと安い。

ちなみに四年前のガイドブックには、一ドル＝三十七・八Zドルと書いてある。四年間で実に三十倍以上もレートが変わったことになる。

半年前までは公定レートと闇レートの差がさらに大きく、それこそこの国では最高級のシェラトン・ホテルなんかに十ドルで宿泊できたらしい。

そうしたお得感もあり、またダイナミックな経済の動きを目の当たりにするのは面白くもあり、私たちはこのハラレに三週間以上の滞在、いわゆる「沈没」した。混乱の中にあっても、この国は文化度が高く、洗練された街並みと巧みに英語を操る人々も気に入っていた。

ただし、やはりインフレの影響で困ったことはいろいろあった。

ハラレに到着して早々に、ほかの旅行者に教えてもらった闇両替の店「時計屋」に行ったときのことだ。両替したいのは、当面の生活費として百米ドル。私たちはそれを切り出すと、店の主人は「いま五百Zドル札は切らしていて、百Zドル札しかない」と言う。仕方ないので、それでいいよと何の気なしに答えたのが裏目に出た。

「一、二、三、四……」

そう数えながら主人は、帯が付いた札束をボンボンボンと机の上に置いていったのだ。

「この量、なんなの……」

私たちは二人して絶句した。一ドルが千三百Zドル。つまり百米ドルだと十三万Zドルで、それが百Z札で来るとなると……千三百枚！　つまりペロリと一枚渡した百米ドル札が、百枚まとめて帯が付いた札束十三個分にもなって返ってきたのだ。

あいにく、カバンなどを持っていなかった。

「じゃあ、これを使う？」

と主人が渡してくれたのは、ただのスーパーのビニール袋。その中に札束十三個をドサドサ入れ、私たちはドキドキしながら時計屋を出ることになった。

「こんなに札束を持ってるのって、人生で初めてだよ」

外に出ると、トモちゃんが緊張した声でつぶやいた。

確かに、手にしているビニール袋に札束がいっぱい詰まっているという状況は、人生でそうそうない。しかもここはときには強盗も現れると聞くアフリカの都会だ。

周囲をキョロキョロと見渡し、私たちは大金を持っていることを悟られないように、そそくさと逃げ帰るように宿に戻った。その慌てっぷりがむしろ怪しかったかもしれないが……。

ようやく宿に辿り着いてホッと胸を撫で下ろすと、自然と札束タイムが始まった。こんなにたくさんの札束を目にする機会なんて滅多にないので、私たちは浮かれていたのだ。札束でほっぺたをペチペチ叩きながら、

「お前さん、これが欲しいんだろ？」

と言い合って「お金持ちごっこ」をしたり、両手に抱えられないぐらいの札束と共に

記念写真を撮ったり。

ひとしきり遊んだところで、トモちゃんがハッとした顔で、こう言った。

「でも考えてみれば、これは元々百米ドルと同じ価値なんだよね……」

あ、そうか。これは鉄一トンと綿一トン、どちらが重い？　というクイズにも似ている。それは量は違えど、どちらも同じ一トンであり、同じ重さだ。つまり百米ドル札も、いま手元にある十三個の札束も、どちらも同じ価値なのだ。

いやむしろ、インフレ真っ最中のこの国にあって、この大量のジンバブエドルが今後どうなるかは分からない。一枚の百米ドル札の方が、この札束の山よりもずっと信頼が置けるだろう。

「なんか急にお金持ちになった気がしたけど、気のせいだったね……」

「むしろ貧乏になったのかもね……」

私たちは肩を落としながら、経済という

生まれて初めて手にした札束の山に、つい取り乱してしまった。インフレ、恐るべし。

目に見えないものが、ここジンバブエに来て急激に存在感を増しているのを感じた。

その後、インフレ真っ只中のハラレでは何かとこの札束を持ち歩くことになった。なにせちょっと買い物をするだけでも、大量のお札が必要なのだ。最初はビニールに入れて札束を持ち歩くことに驚きを覚えたが、次第に地元の人たちもそうしていることに気づき、私たちの中でもすっかり「ビニール財布」は定番になった。ビニールに札束を入れて持ち歩くなんて、きっとこの国でしかできない経験なのではないだろうか。

eri

十年後のコメント

いまから考えると、この頃はまだ、「インフレ」程度で済んでいたのだろう。

ジンバブエのインフレはその後も加速し、最悪なときにはインフレ率が公式発表で最高一ヶ月当たり二億三千百パーセントに達した。これは約二十四時間で物価が倍（！）になるという恐ろしい状況だ。第二次世界大戦後の世界の中で最悪のインフレで、「ハイパーインフレ」と呼ばれた。

その要因とされるムガベ大統領の厳しい言論統制政策などもあって、ジンバブエは一時「世界最悪の独裁国家」とまで言われた。ちなみにムガベ大統領の長期独裁政治はいまなお続いている。

私たちが訪れたときは五百Zドル札までしかなかったが、その後高額紙幣がバンバン印刷され、最終的には百兆Zドル札まで出された。

ネット上でもゼロがやたらとたくさん付いた百兆Zドル札の画像が出回り、ジンバブエといえば「ハイパーインフレの国」として、ちょっとした話題になった。私たちのいたときから首都ハラレには強盗が出没していたが、インフレと共に治安はさらに悪化。一時は旅行どころではなかったようだ。

そして遂に二〇〇九年、ジンバブエドルは廃止された。現在同国では、米ドルおよび南アフリカ・ランドが通貨として利用されている。

それに伴い、経済と治安は安定したようだ。外務省が提供する海外安全ホームページによると、「現在ジンバブエの治安情勢は、首都ハラレをはじめ地方都市においても比較的平穏であり、体感治安は良好です」とある。二〇一二年に行った旅行者のブログなどを見ると、街には物が溢れ、人々は普通に暮らしているという。

結局、ジンバブエの首都ハラレは、この旅で最も長く滞在した街となった。経済の混乱があっても居心地が良かったのだから、本来旅行者向きの優しい街なのだろう。一昔前のガイドブックにも、「ハラレは東アフリカで人気の沈没地」とある。

近々、また行ってみたい国の一つだ。

アフリカで見るアフリカンのライブ★ジンバブエ

eri

ただいま深夜二時。

まさに興奮さめやらぬままにパソコンに向かっている。いましがた観てきたライブの余韻が、まだ体じゅうに残っているのだ。

　私たちが観たのは、オリバー・ムトゥクジというジンバブエのトップシンガーのライブだ。ジンバブエは東アフリカの中でも音楽の盛んな国で、オリバーを筆頭に、トーマス・マピューモなど世界的に活躍するミュージシャンは少なくない。

　ただしアフリカのミュージシャンの多くが、名が知れると海外に移住したり、ワールドツアーを中心に活躍したりして、「地元」でライブを観られる機会はそう多くない。

　そんな中、ある日カフェでジンバブエの英字新聞を見ていると、一つの広告が目に留まった。そこには、「オリバー・ムトゥクジ」の名前と、ライブの開催日、そして入場料は日本円でたったの三百円と記されていた。ジンバブエはインフレの真っ只中にあって、私たち外国人からすると現地の物価はかなり安い。

「それにしても、オリバーのライブが三百円って、お得だよ！」

　というわけで、元々音楽好きの私たちは、鼻息も荒く開場時間に合わせてライブが行われる野外ステージに向かったのだ。

「ライブは午後九時～　アンディ・ミラー・ホールにて」

　当日に改めて新聞広告を確認すると、それだけの記述しかなかった。とりあえず行ってみようと宿を出ると、パラパラと雨が落ちてきた。

ライブ会場までタクシーで飛ばし、着いたところで私たちは顔を見合わせた。

「え？　ホントにここ？」

そこは倉庫街のような閑散とした感じの場所だった。そばにカジノがあるのが目に入ったが、ライブ会場の方は人もまばら……というよりスタッフ以外は誰もおらず、しかも雨足が一層強まって、なんだかものすごく寂しい。

しかも会場はこの雨のなか屋根一つなく、周囲にはレストランのレの字もない。雨で試合が中止になったサッカーグラウンドのようなガランとした空間なのだ。

「うーむ……」

二人して唸ってしまった。そばにいたスタッフを捕まえて訊いてみる。

「何時に始まるの？」

「もっと夜遅くから始まる」

なんてアバウトなんだろう。ああ、いかもアフリカだ。

仕方なくアレコレ問い糾すと、なんとなく十二時ぐらいだろうと言われ、私たちはいったん宿のそばのレストランに退去して、あとでまた出直すことにした。

レストランでは、映画をテーマにしたイベントが開催されていた。どこに隠れていたのかと思うほど見事に白人だらけの空間に、ジンバブエという国の二重構造を感じた。

ちなみにこのレストランでも生バンドのライブが催されている。インフレで国が混乱しているとはいえ、ジンバブエは東アフリカの中では文化的に豊かな国なのだ。

晩ごはんを終え、タクシーに乗り込み、再度ホールに向かった。二人とも先ほどのガランとしたホールのイメージが脳裏に焼きついていて、なんとなく無言だ。

けれどもタクシーがホールに着いて、世界がガラリと変わった。

そこにはライトが煌々と照り、色とりどりの人たちが全身でリズムを刻んでいる。そしてその中心には、オリバー！

「さっきと同じ空間とは思えないねえ……」

ライブがスタートして早々らしく、私たちと同様にタクシーで人が続々と押し寄せてくる。踊りながら、先ほどのグラウンドの中に足を踏み入れていく観客たち。

十人編成の生バンドの中心に立つオリバーは、意外にも普通の黒人のおじさんというルックスだ。歌うのが楽しくて仕方ないとばかり、ニッコニコしながら軽やかにメロディーを奏でている。

彼の歌には力が入ったところがない。歌が一つの楽器であるかのように、音にリズムに溶け込んでいく。それでいて、アフリカ人の土っぽさ、黒人の色気が詰まっていて、歌として引き立っているから不思議だ。

そして驚くことに、お客さんは黒人が九十九パーセント。それ以外は私たちのほかに白人を一人見かけただけだ。先ほどのレストランの白人一色の光景との、見事なコントラストに驚く。

しかし黒、黒、黒……見渡す限り真っ黒な景色だ。

「アフリカに来たなあ！」と嬉しくなった。

むっちりとしたお姉さんが腰をブルブル震わせて踊るその隣で、インテリ風なおじさんが軽やかにステップを踏む。みなビール缶を片手に、思い思いに楽しんでいる。

しかもジンバブエの人は踊りが上手い。老若男女、大きなお尻をプリプリと振り、まさにリズムという波に乗っている。そして上手いのは踊りだけじゃない。オリバーが歌うのに合わせ、みんな同じ歌を口ずさんでいるのだが、その歌まで上手いのだ。

赤ちゃんをしょいながらでも踊りに来る、アフリカン・ママのパワフルさに圧倒された。

そこには黒人のパワーがムンムンしていて、私たちが思う「アフリカのライブ」が体現されていた。

旅をして早九ヶ月近くになる。最初はおっかなびっくりだった私たち二人も、もうだいぶ旅慣れたもので、ここにきて正直だんだんと感動が薄れてくるのを感じていた。とくに東アフリカは、当初抱いていたアフリカのイメージよりももっと都会だし、クリーンだし、洗練されているし、地元の人たちも野蛮でもなんでもなく親切であったかい人が多いし、インターネットも当たり前に繋がる。

正直、近頃は旅に物足りなさを感じていた部分もあったのだ。

けれど、その鬱屈とした思いは、今日のライブで思いっきりひっくり返されてしまった。まさに、求めていたアフリカが、ここにきて「ざまーみろ」と言わんばかりに私たちの前に正体を現したような気がした。

「アフリカってすごい！」

ビールを片手にブルブルとリズムを刻む人々の中に揉まれながら、心の底から感動したのだ。今晩はまだまだ眠れそうにない。

eri

十年後のコメント

この後もハラレでは、たくさんのライブに行った。いわゆる野外フェスでは、子どもを三人も四人も抱えて踊るアフリカ人のお母さんに圧倒されたり、かと思えば小さなライブハウスでベテランミュージシャンによるほっこりとお洒落なライブを鑑賞したり。結局ハラレの滞在が長引いたのも、ハラレの充実した音楽シーンに触れられたところも大きい。

　その後も海外でライブを観る機会はあるが、オリバーほど強烈な異国感のあるライブには、いまだに遭遇できていない。

グレートな遺跡を訪ねて★ジンバブエ

tomo

ハラレではひたすらぐうたらな生活を送っていた。アフリカの旅はアジアと比べると色々と過酷で、居心地のいいハラレで小休止と決めていたせいもある。とくに夜は治安上の懸念から思うように外出できないこともあり、必然的に籠もることも多かった。
そんなある日、僕たちは一泊の小旅行に出かけることになった。はるばるアフリカくんだりまでやって来て引き籠もっているのもどうかと一念発起したのだ。そもそも旅行中なのに「小旅行」というのもおかしな話だけれど……。

目指したのは、グレートジンバブエ遺跡。なんでも東アフリカ最大級の遺跡らしい。アフリカでの観光というと、サファリをはじめとした自然系のアクティビティが主だったものになる。だから、この手のいかにも観光スポットと呼べる場所へ行くのは久しぶりだった。歴史の浅いアフリカでは、遺跡自体が珍しいのだ。「東アフリカ最大級」というよりは、「東アフリカ唯一」の遺跡と言ってもよいのかもしれない。

ただし、かの地を既に訪れたという旅行者たちに話を訊くと、

「あまり期待しない方がいいっすよ」

皆口を揃えてこう言うのだ。親切な忠告には感謝しつつも、僕は内心では少なからぬ期待も抱いてはいた。

まずはハラレからバスで、遺跡観光の基点となるマシンゴという街へ向かった。バスから降りると、バス停のすぐそばの宿にチェックインをする。荷物のほとんどはハラレの宿に置いてきていた。身軽な小旅行なので気楽なものだ。

ひと休みした後、早速遺跡へ向かうことになり、宿のおばちゃんに行き方を訊いた。すると、遺跡まではバスを二回乗り継がなければならないと言う。

「……うーん、結構面倒そうだなあ」

グレートジンバブエは世界遺産にも登録されているほどの観光地、のはずである。だからきっと遺跡専用の移動手段があって、サクッと行って帰ってこられるだろうと高をくくっていたのが正直なところだ。思惑通りスムーズに事が運ばなそうな展開に、僕は戸惑ってしまった。

とはいえ、おばちゃんいわく、「合計で二十分ぐらい」で行けるらしい。

なんだなんだ、たったの二十分か。まだお昼を過ぎたばかりである。いまから行って夕方に帰ってくれれば、ちょうど良さそうに思えた。

ところが、である。教わった通りにバスを二回乗り継ぎ、遺跡に着いた頃にはなんと午後四時を過ぎていた。「二十分ぐらい」どころか、結局二時間もかかってしまったのだ。

ジンバブエのローカルバスは遅い。とにかく遅い。

走っている時間自体は大したことなくても、まず出発するまでの待ち時間が途方もなく長い。そして道すがら、理由も分からずに長時間停車することも日常茶飯事だ。まあでも、仮に途中の待ち時間がゼロだったとしても、とても二十分で辿り着ける距離ではなかった。

「あのおばちゃん、サバを読み過ぎ！」

僕たちは憤慨したが、アフリカに来てからは万事がこの調子なのだ。だいぶ慣れたつもりでいたけれど、やはり油断ならないというか、期待し過ぎは禁物なのである。

ともあれ、午後四時である。着いたばかりなのに、遺跡の閉園時間が迫ってきているという最悪のシチュエーションとなってしまった。いまから大急ぎで遺跡を見て、さらにマシンゴの街まで帰らなければならないのだ。

周囲を見渡す限り、タクシーは一台も停まっていない。帰りの足を確保できるか、不安が募る。しかも、バスを降りたところから遺跡までも、三十分は歩かなければならないようだった。

日没までには帰りの車に乗らなければ――そう考えると、遺跡を観光できるのは賞味一時間。いや三十分がいいところか。仮にもアフリカ最大級の遺跡である。世界遺産である。たった三十分で、どこまで見られるのだろうか……。

結果から言うと、そんな我々の心配は杞憂に終わった。

三十分で十分だったのだ。

ジンバブエという国名は「石の家」という意味で、この国を代表する存在とも言えるグレートジンバブエは、まさに「石の家」を実感できる遺跡であるとガイドブックに書いてあった。けれど、石の家というよりは、ただ石を積んでいるだけに見えた。

「これ、遺跡……なの？」

これまで見た遺跡の中で、ダントツのしょぼさだった。良く言えば「味がある」のかもしれないが、少なくとも僕にはグレートには感じられなかった。

意気揚々と観光に出かけたせいか、返り討ちに遭った気分だった。

「なんだか、負けたって感じだね」ガックリ肩を落とした。

敗れ去った僕たちは、ハラレに戻った後、再び沈没生活に戻ったことは言うまでもない。この国に来てから始めたドラクエも結局クリアしてしまった。グレートジンバブエよりも、ドラクエの思い出の方が強いなんて……なんだかなあ。

グレートジンバブエは、色々と突っ込みどころの多い遺跡だったなあ。

tomo

十年後のコメント

言いたい放題書いているが、世界にはさらにしょぼい遺跡がゴロゴロしている。いまになって回想すると、グレートジンバブエもそこまで悪くなかったような気がするのは、思い出補正がかかっているからだろうか。少なくとも、ロケーションの良さは抜群だった。日本から直接訪れたなら、また違った感想を抱いたのかもしれない。

それはそれとして、本稿を読んで個人的にドキッとしたのは、最後のドラクエの下りである。実はいまも僕はドラクエにハマッている（最新の「ドラクエX」）。まさにこれを書く直前までコントローラを握りしめていたところだ。十年経ったというのにまるで成長していない自分に呆れてしまった。

別に言い訳するつもりはないが、僕にとってドラクエは旅である。いや、ドラクエも旅である、と「も」を付けて言い直しておく。僕の周りの旅好きにはドラクエ好きが多い。リアルとバーチャルの違いこそあれ、あれほど旅心をくすぐるゲームも珍しい。旅に行けないときには、画面の中で空想旅行に励んでいる。

七十ドルのくせに……★ナミビア

eri

日本では七十ドル（当時のレートで約八千円）なんて、大した額ではないかもしれない。しかし、私たちが一ヶ月近く滞在したジンバブエでは、七十ドルは超大金だった。何せジンバブエは世界で最も物価が安い国の一つで、瓶コーラ一本が日本円で十円程度で買えてしまう。七十ドルといえば、コーラ八百本に匹敵する値段なのだ。

だからジンバブエから次なる国ナミビアへの長距離バスのチケットが七十ドルと聞いたときは、「そんなはずないよね」と二人して真っ向から否定した。

「セブンティー」と言うお姉さんに対し、「えっ、セブンティーンでしょ？　セブンティーンだよね？」と何度もしつこく確認して露骨に嫌な顔をされる始末。終いには紙にデカデカと「70」と書かれ、それを突きつけられたのだった。

「七十ドルもするんだ……」

チケットを購入した後も、私たちはずっとボヤいていた。

出発当日、停留所に現れたバスは、外見はもちろん内部もピカピカで、一瞬アフリカにいることを忘れるようなゴージャスなものだった。さすがは七十ドルも取るだけのことはある。

ところが残念なことに、バスの添乗員の態度が最悪だった。バスには飛行機のスチュワードのようなビシッと制服を着たイケメンの白人が二人と、インテリ風な黒人の男性が一人乗っていたのだが、三人ともどこか人を見下した態度なのだ。

乗客を散々待たせたうえに、荷物の仕分けは異常にちんたらしている。しかも、やれ荷物はここに置くな、カーテンは全部閉めろと、いちいちうるさい。ここから次の目的地までは計二十時間もある。私たちはなんだか先が思いやられるようで、バスに乗って早々にげんなりしていた。

「彼ら偉そうだからさぁ、そのうちマイクでレディース、アンド、ジェントルメン！と威張りながら言い出すんじゃないの？」

出発して数分後、トモちゃんとそんなヒソヒソ話をしていたら、その直後に先ほどのスチュワード風の乗務員がマイクを取り出して威張った口調で言った。

「レディース、アンド、ジェントルメン！」

予想が的中し過ぎである。二人で爆笑してしまった。

そしてバスが走り出した直後から、私は眠気に襲われていた。広大なアフリカを走るバスは、慣れてくると結構退屈だった。ときどきゾウやインパラが道を普通に歩いていて、「いやあ、アフリカだぁ！」と嬉しくなってしまうこともある。ただし後はひたすらブッシュ（茂み）、ブッシュ、ブッシュという単調な風景だ。

「アフリカ縦断！」というと、なんだかいかにも壮大なアドベンチャーを想像するが、実際のところ私たちはリクライニングシートでお菓子をボリボリ食べながら、「退屈だねえ」と座席でダラダラしていただけだった。

バアーーーーッン！

爆音が鳴り響いたのは、そんなゆるみきっていたときだ。

音と共に、それまで時速百キロ近くのスピードで快調に走っていたバスが突然ガクッとバランスを崩し、ヨロヨロと左右に揺れた。と同時に、車内では一斉に「キャー！」と悲鳴が上がる。私も「コレはヤバイ」と冷や汗がドッと噴出してきた。トモちゃんを見ると、強ばった顔で必死にひじ掛けにつかまっている。

――何が、どうなっているんだ！

頭の中が真っ白になった瞬間、グラグラと左右に振れていたバスがなんとか体勢を持ち直し、路肩に向かって減速しつつ安定し始めた。

「助かった……」

窓からバスの外に目をやったそのとき、バスの脇をどデカイ黒い物体が猛然と走り抜けていくのが目に入った。あれは……？

――タイヤだ！　このバスのタイヤが外れたのだ！

路肩に停車して車内が落ち着きを取り戻すと、私とトモちゃんはこのハプニングに、思わず顔を見合わせて笑ってしまった。これまで旅をしてきてバスや車が壊れたことは数え切れないほどあったが、自分たちの乗っているバスからスポーンとタイヤが取れ、それに追い抜かされるとは……。

「七十ドルもするくせに、タイヤ取れんな！」

「そうだそうだ！」と私たちがぶうぶう言い出したのは当然のなりゆきだった。

バスが停まってからの最初の難関は、タイヤ探しだった。

時速百キロのバスから外れたタイヤは、時速百キロの勢いで、この先のブッシュのどこかに突っ込んで行ったらしい。

「おーい、タイヤくーん」

乗客一同でタイヤを探す。その意外過ぎる展開には、もはや笑うしかない。

遂にはるか彼方のブッシュで、乗客の一人がタイヤを見つけたらしい。例の威張ったスチュワード三人が慌てて走り寄る。

彼らはやっと見つかった巨大なタイヤをせーので起こし上げ、コロコロと転がしながらバスまで戻ってきた。三人の顔は真剣そのものだったが、実際やっていることは小学校の運動会でやった「タイヤ転がし競争」みたいで、かなりマヌケな姿だった。

次なる難関は修理だ。スチュワード軍団は、どうやら偉ぶっているだけで、修理に関してはほとんどスキルがないらしい。彼らがまず最初に取った行動は、ノートパソコンを取り出し、携帯電話を使ってどこぞかと交信を試みることだった。

しかし、ここは数十キロ、いや数百キロにわたって文明のカケラもないようなアフリカの大地である。残念ながら携帯電話の電波はとても届かないようだ。スチュワード軍団は「クソッ」と舌打ちしながら、三人であーでもないこーでもないとパソコンをカチャカチャといじっていた。ブッシュに囲まれた周囲の景色はザッツ・アフリカだが、彼らスチュワード三人の動きはなんだか都会のもやしっ子みたいで、全然アフリカ感がないのだ。

一方でトラブルを目の前にして、たまたま乗り合わせた乗客の間には不思議な連帯感が生まれてきていた。大半はアフリカの黒人で、しかも現地物価からすると高額なバス代を払えるだけあって、いかにもお金持ちそうな人々だ。

「こんなところで停まって、ライオンが出ないかしら……」

余所行きのドレスで着飾った黒人のおばちゃんたちが、輪になって真剣に語っている。おばちゃんの話好きは世界共通なのか、今日会ったばかりの人とずーっとぺちゃぺちゃと話しているのだ。

しかも同じアフリカに住む人どうしといっても、民族や国籍が違うためだろうか、彼女たちの会話はすべて英語でなされていた。そのうち一人のおばちゃんが、好奇心を抑えきれないといった様子で、私たちにも話かけてきた。

「どこから来たの？」

「私たちは日本人です」と言うと、おばちゃんは食いついた。

「まあ、日本人を初めて見たわ！　日本人と中国人ってどう違うの？」

などと真剣な顔で質問を重ねてくる。

その後は私たちは気づいたら輪の中心にいて、乗客たちのキラキラと好奇心に輝く目を向けられていた。バスの修理を待つ退屈な時間の中、見慣れない東洋人と話すの

必死に修理するスチュワード。ちなみに敷いた毛布は乗客のもの。

は、彼女たちにとっては最高の暇つぶしだったようだ。

その後も修理に時間がかかり、結局タイヤがスポーンと外れてから四時間近くその場で足止めを喰った。頼りないスチュワード三人組は途中険悪なムードになりつつもなんとかバスを修理し、またナミビアに向けて出発した。このトラブルのせいで、立ち寄る予定だったレストランは営業時間を過ぎ、結局乗客全員、十五時間近く何も食べられずに目的地に到着した。

バス停に到着した後に例のスチュワード軍団がまた、

「レディース、アンド、ジェントルメン！」

と偉そうにマイクでお詫びを言っていたが、もはや誰も聞いていなかった。みんな、さっさとバスを降りてレストランへ駆け込んでいく。

「七十ドルのくせに、しょぼいバスだったねえ」

私たちもそんなことを語らいながら、バスを降りたのだった。

eri
十年後のコメント
時速百キロも出している車そのものからタイヤが外れるなんて……イメージすると笑えるが、

ちょっと間違えていたら大事故になっていたなあと、いま振り返ってみると冷や汗が出る。
その後、小さなエンコなどには遭遇したが、このトラブルを超えるものはない。そして超えないで欲しい。

地球じゃない惑星へ★ナミビア

tomo

ジンバブエのハラレからは、当初は南アフリカのヨハネスブルグへ向かうつもりだった。しかし予定を変更して、僕たちはナミビアへ向かった。南アフリカの上部に位置する大西洋岸の小国である。

実は気になるスポットがあった。ナミブ砂漠である。

アフリカ大陸南西部、主にナミビアの海岸沿いに延びる全長約千九百三十キロに及ぶ砂漠だ。アフリカを旅する旅行者の間では、「アカ砂漠」という通称で知られている。なんと、砂が赤いのだという。だからアカ砂漠。

砂漠と聞くと黄色いものだという思い込みがあるからか、赤い砂漠と言われてもいまいちイメージが湧かなかった。そもそも、つい最近までその存在すら知らなかったのだ。

ところが、アフリカで出会った旅行者は口を揃えて絶賛する。

「行って本当に良かった」

「あそこは最高！」

「俺はサハラ砂漠も越えてきたけど、アカ砂漠の方がいいよ」

僕は影響を受けやすいタイプなのかもしれない。

――そこまで言うならぜひ見てみたい！

気がついたときには、もう後戻りできないほどに気分が盛り上がってしまったのだ。

調べてみると、いちばん美しいアカ砂漠を見るためには、ソススフレイというナミビア南部の結構な奥地まで行かなければならないらしい。そこへ行くには、ツアーもしくはレンタカーを利用する必要があるという。

ソススフレイ――舌を嚙みそうな名前だが、とりあえずここが今回の目的地に決まった。ツアーかレンタカーでしか行けないというのは面倒だが、それだけ秘境感が漂う場所なわけで、ますます興味を掻き立てられたのであった。

さて、二択である。ツアーか、レンタカーか。

いちばんのネックは予算だった。人数が集まればレンタカーの方が安上がりなのは目に見えているが、僕たちは二人。

「ここはツアーしかないかな……」

ところが、勝手にそう決めつけるのは早計だった。調べてみると、意外なことにツアーの方がはるかに高い事実が判明したのだ。

思えば旅立ちから約十ヶ月、バスや列車に揺られて世界じゅうの多くの美しい景色を車窓から眺めてきたが、自らで運転した経験はない。旅先、それも外国で、自分で車を運転するなんて、それだけでスペシャルな体験に思えた。しかも砂漠である。こんな機会、人生にそう滅多にあるものではないだろう。

「これはもうレンタカーでしょう」

気持ちの切り替えが早いのも僕たちの特徴だ。あっさりとツアー案を却下し、レンタカーで行くことに落ち着いたのであった。

日本にいた頃は、万年渋滞気味な東京に住んでいながらも、どこかへ行く際は必ず車を選ぶ生活を送っていた。実はかなりの車っ子なのである。

目的地をとくに定めずに、ただ漠然と車を運転しながら、好きな音楽を大音量でかけ、ひたすらお喋りする——週末はそういう地味な休日を過ごしていた。月並みながら趣味はドライブと言ってよいだろうか。

今回借りたレンタカーは、お店の車種ランクの中では下から三番目のもの。いちばん下のランクはかなり安かったが、パワーステアリングなし、エアコンなし、オーディオなし。下から二番目はパワステあり、オーディオありだが、エアコンなしだった。三番目になると、これにエアコンが付く。今回行くのは砂漠であり、できればエアコン付きを選びたかったのだ。

アフリカでレンタカーというと、どんな車が出てくるんだろうと偏見を抱かれる可能性もあるが、ここナミビアはアフリカでも比較的リッチな国なのだ。街並みだけ見れば、ほとんど先進国と変わりはないほどに発展している。

レンタカー屋も、日本のそれと大差ないレベルだった。ビシッとスーツで決めたスタッフが、シャキシャキと仕事を進めている。あまりにスムーズに事が運ぶので、自分がアフリカにいることをしばし忘れそうになってしまったほどだ。

出発当日、早起きしてレンタカー屋に向かった。お世話になる車との対面、ちょっぴりドキドキする瞬間だ。合コンの待ち合わせ場所で、これから現れるであろう相手の女の子たちのことをあれこれ想像しているときのあのドキドキに近い。まあ下から三番目という低いランクの車だから、それほど期待はしていなかったのだけれど……。

店先にフォルクスワーゲンのポロが置かれてあったのを見て、

「あれじゃない？　見るからに下から三番目って感じじゃん……」

などとポロには失礼ながら二人でひそひそ話をしていると、奥の方から日産の巨大な四輪駆動車が出てきたのが見えた。

「あの四駆、いいなあ。僕たちも、いつかはあんなの借りたいねえ」

涎を垂らし、遠い目をしていたのだが――その車が、なぜか僕たちの前で停止した。

「実は……、ご希望のランクの車が全部出払っていまして。こちらの車でお願いできないでしょうか？　もちろん、料金はご予約いただいているものと同じで結構ですので……」

スーツ姿のスタッフの言葉に僕は耳を疑った。なんというラッキー！

「この旅始まって以来の幸運だね」

エリちゃんも信じられないといった驚きの表情を浮かべている。

僕は「しようがねえな、勘弁してやるよ」などとは言うはずもなく、ひたすらに「サンキュー・ベリー・マッチ！」を連発したのだった。

その後、スタッフが「ギアはこうやって入れて……」など、車の使い方講座を始めたのだが、嬉しさと興奮のあまりほとんど耳に入らなかった。

「大丈夫、これは日本車、僕たちは日本人、だから使い方の説明なんて不要なのだ！」と、奪うようにしてハンドルを握り、レンタカー屋を出発したのだが――。

いきなりエンストした。

実は、公道でマニュアル車を運転するのは生まれて初めてなのだ。偉そうなことを言っておきながら、早速この体たらくである。

スタッフが心配そうな顔で駆け寄ってきたので、

「ノープロブレム、ノープロブレム」

と、まるでインド人のように繰り返してかろうじて出発したのであった。

マニュアル車の運転は予想していた以上に難しかった。出発してからしばらくは、恥ずかしながら何度もエンストした。

ウィントフックは結構な都会であり、途中当然信号機はあるし、道も入り乱れている。おまけに坂が多い。ナミビアの人たちは、皆恐ろしく前の車との車間を詰めてくるので、エンストする瞬間は恐怖心に襲われた。

車を運転するのが好きとはいえ、実に十ヶ月ぶりだ。そして、ここは日本ではない。さらに言うと、四駆のこの車は必要以上に図体が大きく、小回りが全然利かないという罠も潜んでいた。予期せぬアップグレードに大喜びしたのも束の間、運転のしづらさに早くも匙《さじ》を投げたくなってしまった。

ようやく運転に慣れてきたのは、ウィントフックの街を出る段になってからのことだった。いざ首都を出ると、突如として景色が激変した。建物はおろか、人気もない。見渡せど見渡せど、あるのは茂みだけで、遠く彼方まで遮るものはない。茫漠とした大地は、地球が誕生したときのままの赤裸々な姿を残しているかのようだ。

どうやらこの国は、人口密度が極めて薄いらしい。きちんと街と呼べるのは、首都のウィントフックだけなのかもしれない。

目的地ソススフレイまでは一本道で、ずっと同じ道に沿って走るだけである。交通量は限りなく少なく、対向車とすれ違う機会もほとんどない。眠くなりそうなほどに単調なドライブだった。マニュアル車の運転にも慣れ、一丁前に心の余裕すら生まれてきていた。

砂漠に近づくにつれ、唯一の存在であった茂みすら次第に消失してきた。グランドキャニオンのような断崖の谷道になったか

「お願い乗せて！」あまりにも単調な道なので、ヒッチハイクごっこをして遊ぶ。

と思えば、真っ直ぐ水平線が望める荒野になったり、景色はドラマチックに変化した。そんな中を自分でハンドルを握るのである。このシチュエーションで興奮しないわけがない。

まるでレースゲームのようでもあった。いくつものステージをクリアして、アカ砂漠というゴールを目指す。途中、「Hungry?」と書かれた看板が現れたり、野生のダチョウに見つめられたりと、演出も申し分ない。僕は調子に乗ってぐんぐんアクセルを踏んでいった。

ところが、そんなのは序の口だった。ナミブ砂漠に近づくにつれ、非現実感はさらに増していったのだ。

今回のメインディッシュ——期待を裏切らない絶景が待ち受けていた。

「地球じゃないみたいだ」

噂のアカ砂漠に到着して、まずはそんな感想を抱いた。どこか余所の惑星に迷い込んでしまったかのようだった。

車を停め、自らの足で大地を踏みしめる。地面は干からびており、ところどころヒビ割れを起こしている。ポツンポツンと生えている植物も、見たことのない不思議な形をしていた。それらを写真に収めながら、僕たちは少しずつ歩を進めた。

前方に立ちはだかる巨大な砂丘へと踏み出すと、足がズボッと地面にめり込んだ。砂地である。勾配を上るにつれ、足がめり込む深さが増していく。遠く上方に見える砂丘のてっぺんへ辿り着くのが待ち遠しいが、砂に足を取られ満足に前へ進めない。

それに、一気に駆け上がってしまうのは勿体ない気がした。

想いを込めて、高度を稼いでいった。自分がいまこの場に確かに存在する事実を、一歩一歩、踏み込んで残る足跡によって、少しでも確かなものにしていく。

やがて唐突に視界が開けた。砂丘の頂上に到着したのだ。

遮るもののない、三百六十度の大パノラマ。滑らかなカーブを描いた砂山が大小連なり、遠く彼方まで続いている。砂地は確かに赤いが、より正確に印象を述べるなら、あんずのような色にも見えた。

怖くなるほどの静寂に包まれていた。ときおり強まる風の音だけが耳朶《じだ》を打ち、その風が僕たちがまさに立っている砂面を洗う。サラサラと風に乗って大気へと流れていく、あんず色の砂のさざ波に、しばし時間を忘れ見入ってしまった。

人間はいない。動物もいない。上ってきた後方の斜面の先には、僕たちの車が停まっているのが見えるが、後は動くものといえば僕たちだけだった。世界から僕たちだけが取り残されてしまったような錯覚がした。写真は何枚も撮ったが、それよりも、目の前に広がるこの空間をいつまでもずっと僕たちだけで独占したくなった。

もう一度、人間が暮らす地球とは別の、どこか遠い惑星へ来たような感慨が込み上げてきた。いまなら頭上に宇宙船が現れても、何ら違和感を抱かないだろう。砂地から突如として異星人が飛び出しても、素直に納得してしまいそうな自分がいた。


どれだけの時間、そこにいただろうか。ずいぶんと長い気がするし、あっという間だったかもしれない。なかば放心状態で車の運転席へ戻ったときには、空の色が褪せ始めていた。太陽が消えたのとは逆方向に目を遣ると、うっすらと月が浮かび上がっていた。

その月を見て、僕は目を擦ったのだった。夢なのではないか——。

満月だった。出来過ぎた話のようだが事実である。

まん丸のお月様へ向かって、車を走らせた。ハンドルを握る手に力が入ったが、アクセルを踏む足には力が入らなかった。一秒でも長く眺めていたかったから、無意識のうちにスピードを抑え気味の走行となっていたのかもしれなかった。

そのときだった。まったく予想だにしない事件が起こった。

ズン——という大きな音がして、僕の意識は現実世界へ呼び戻された。ハッと気がついたときには、車窓の景色が流れなくなっていた。控えめに載せていたアクセルペダルを踏む足に力を込めたが、流れは止まったままだった。

「車が……進まないね」

なんとスタックしてしまったのだった。降りて車の状況を確認し、僕は目の前が真っ暗になった。

最も恐れていた事態だった。タイヤが、見事に砂に埋まっていた。

来る道では気を付けていたのだ。満月に見惚れ、うっかりハンドル捌きを間違えたのである。

「でもさあ、これ四駆でしょう？」

エリちゃんの指摘に、暗闇に光が灯った。

「そうだった。こういうときの四駆だもんね。ああ、焦ったなあもう」

ところが、である。すぐに肝心なことに気づいた。

「……四駆にするのって、どうやるんだっけ？」

ギアレバーの横に付いている小さいレバーで駆動を入れ換えるのだろうとは想像がついた。けれど、あれこれ試してみても、うんともすんとも言わないのだ。ダッシュボードを開け説明書を探してみたが、それらしきものはないようだった。

僕は天を仰いだ。このまま出られずに、砂漠に取り残される事態を想像すると、暗澹たる気持ちになった。

万事休す――。うなだれ、途方に暮れて立ち尽くしていたときだった。

音が、聞こえてきた。最初は小さく、次第に大きく聞こえてきた。

「これ、エンジンの音……だよね？」

天の助け、とはこのことだ。僕たちは両手を大きく上げ、音が近づいてくる方角へと祈るような視線を送った。

暗闇にヘッドライトがキラリと輝いた。僕たちのと同じような四駆の車がこちらに少しずつ、少しずつ近づいてくる。そして――停車した。

降りてきたのは、紳士風の白人のおじさんだった。僕たちは駆け寄り、縋るようにして助けを求めた。

おじさんは目をパチクリさせていたが、やがて力強く頷いた。どれどれ、といった様子で僕たちの車を一瞥し、運転席へ回るとレバーの回りを操作して、手早く四駆モードへの切り替え方を教えてくれた。

晴れて四駆モードでアクセルを踏むと、さっきまでは空転を続けるのみだったタイヤが、ぐおんと音を立て砂の外へ飛び出たのだった。

おじさんが親指を立て、ウインクして見せた。僕たちが歓喜の声を上げたのは言うまでもない。

「サンキュー、サンキュー・ベリー・マッチ！」

馬鹿の一つ覚えのように同じ言葉を繰り返したが、何度お礼を言っても言い足りない気分だった。不覚にも涙がじわっと溢れそうだった。

なんでもないことのように、おじさんは颯爽と去っていった。少しだけ冷静さを取り戻すと、嬉しさに加え恥ずかしさが込み上げてきた。

「おじさん、最初は怪訝な顔をしていたよね」

「うん、四駆にする方法が分からないなんて、マヌケだもんね」

「よく考えたら、これ日本車なんだよね」

「日本人のくせに日本車の使い方も知らないのか、なんて思われたかも……」

とはいえ、笑い話で済んで本当に良かった。気を取り直し、再びハンドルを握った。

いつの間にか、月の位置がだいぶ高いところへ移動していた。

tomo
十年後のコメント

「どこが良かったですか？」

こんな質問をよく受ける。相手は何の気なしに尋ねているのだろうが、あまりにも難しい質問だ。良かった場所はたくさんあり過ぎて、そう簡単にベストは選べない。

けれど、テーマがある程度限定されるなら選択肢は絞られる。

「自然系スポットでどこが良かったですか?」

こう問われたなら、僕はナミブ砂漠と即答している。あれから十年が経ち、世界一周中には行けなかった絶景スポットも数多く訪ねたが、いまだにナミブ砂漠を超える場所には出合えていない。

アフリカ最後の国で考えるインドと中国について★南アフリカ

eri

東アフリカ、とくにケニアに入っていちばん驚いたのは、インド人があちこちにいることだ。インドのムンバイから東アフリカ一の大都会であるケニアのナイロビまでは六時間ほどの距離。決して近いとは言い難いが、それでもナイロビでは驚くほど多くのインド人を見かけた。

最も多いのが、商店のオーナーだ。ナイロビは治安の悪い街らしく、お店には鉄格子がなされ、黒人のガードマンが銃を掲げて入口に立っている。そんな物騒な商店、たとえば雑貨屋さんだったり、電気屋さんだったりに足を踏み入れると、店の奥で神妙な顔で新聞を読んでいるのがインド人だったりする。

それも口ヒゲはきっちり揃っていて、髪も七三分け、ちょっぴり出たお腹を覆うようにスラックスにシャツをインした、いかにも「ザ・成功したインド商人」という出で立ちだ。ナイロビで入ったある商店では、レジの脇にサイババを祀ったミニ祭壇も見かけた。

「おじさん、私たちサイババのアシュラムに行ったんだよ〜」

そんな話をしながら、「だからちょっとまけてよ」と言ったら、ほんのちょっとだけまけてくれたりもした。その後、タンザニアでもインド人をよく見かけた。

インドの、とくに観光客が多い場所へ行くと、物売りにしつこく付きまとわれたり、物乞いにねだられたり、ボラれたり、騙されたり、「インド人め！」という気分になることがよくある。

けれども、インドから海を越えたアフリカ大陸でインド人に出会うと、「おお、インド人よ！」と妙な親しみを覚えるから不思議だ。

アフリカ大陸最後の国、南アフリカも例外ではなかった。この国では人口の二〜三パーセントをインド系が占めるのだそうだ。

ケープタウンでは、やはりあちこちでインド人を見かけた。彼らの中には南アフリカ生まれの二世、三世も多い。ヨーロッパのようなお洒落な雰囲気を醸し出すケープタウンで生まれ育ったせいか、若いインド系住人はみな、すらっとした体をそれぞれに似合う格好で包んでいる。本土のインド人のような暑苦しさはない。

ナイト・スポットとして知られるシーポイントのバーでは、インド系の若者たちが、パーティで大はしゃぎしていた。ここは東京でいう六本木のようなところだ。

ミニスカートにヘソ出しの女の子、金髪Bボーイ風の男の子など。インド本土ではなかなかお目にかかれないファッションで踊る彼らは、まさにこの世の春を謳歌しているように見えた。インド本土では、ミニスカの女の子なんてムンバイのような都会を除けば、いやムンバイでだって滅多に見かけない。

世界一有名なインド人であるガンジーは、かつて南アフリカに、なんと二十一年も住んでいた。彼はこの地で弁護士をしながら、インド人の地位向上のために戦った。それがインドを独立へと導く運動の基礎となったのだ。

ガンジーがこのケープタウンの六本木にあるバーの光景を見たら、きっと複雑な思いを抱くに違いない。

一方、私たち日本人がアフリカでよく言われる言葉がある。

「チャイナ！」

地域によって頻度に差はあるが、たとえばエチオピアやタンザニアではとくに何度も言われた印象だ。東洋人がさらに少ない西アフリカでは、その頻度が増すらしい。ちなみに「チャイナ！」の類似形としては「チーノ」（タンザニアに多い）、とか「チュンチョンチャン」（これは中国人が話す言葉を揶揄ったもの）などがある。

しかし「チャイナ！」というのも微妙である。一部の黒人は、「自分たちが差別される側の人間だ」という意識があり、そしてそのコンプレックスを払拭するためか、中国人を差別する。彼らの中ではヒエラルキーの上位から白人、黒人、東洋人（中でも中国人）という序列なのだ。

彼らは白人に向かって「ホワイト！」と叫んだりしない。とある宿で、白人バックパッカーに「私たちが歩いてるとチャイナ！　チャイナ！　って言われるのよ」と話したら、「本当か？」とビックリされた。

微妙だと感じるのは、「チャイナ！」と言われる私たちが日本人であるということ。「中国人じゃないよ、日本人だってば！」と言い返したくなるが、じゃあ日本人は中国人より偉いのか、みたいな話になりそうだ。そうじゃない。

そしてその「チャイナ！」にも、色々な種類がある。中には明らかにこちらを侮辱した口調で言う輩もいるし、真顔で「チャイナ・ゴー・ホーム！」と罵られたこともある。

しかもそう言い放ったのは、やたら体の大きい若い子で、こちらもびびってしまい言い返せず……情けない。

ただ多くの場合、ちょっとした挨拶程度、好奇心から出てくる言葉だったりする。「お、東洋人じゃん！」という程度。だから私たちは「チャイナ！」と言われても基本的には適当に流すことにした。

それにしても当の中国人はどうなんだろう……と思っていたら、タンザニアで出会った中国人は、道端で「チーノ！」と言われると、平然と「イエスイエス、アイムチーノ。チュンチョンチャン」と言い返していた。さすが、タフな中国人だ。

中国人は、これまで行ったどの国でも出会った。アフリカ各国ではそれほど多くないが、それでもたとえばナミビアなんていう日本人にとっては超マイナーな国でも、ビジネスマン風のチャイニーズが街を闊歩していた。南アフリカのヨハネスブルグには、歴史あるチャイナタウンもある。

そして中国人もインド人と同じく、ここ遠くアフリカまで来ると、「おお中国人よ！」と兄弟のような親しみを覚えるのだ。

インド、そして中国——。旅の話をしていて、つい「そういえば○○ではさぁ……」とネタにしてしまうのが、これら二つの大国だった。そしてアフリカ大陸でも、両者は強い存在感を放っていた。

eri

十年後のコメント

印僑と華僑は、いまだに本当に世界のあちこちで出会う。また最近はそうした地元に根を張っている人だけでなく、団体旅行のインド人や中国人も本当に増えた。アジアの二つの大国は、本国に行かずとも私たちの旅先にしばしば登場する。

食べ放題のプロ★南アフリカ

tomo

アフリカ旅行もいよいよ大詰めだった。

この広大な大陸の最南端に位置する国、南アフリカである。

南アフリカというと、どうしてもアパルトヘイトという名の人種差別のイメージが強い。けれどもアパルトヘイトそのものはすでに一九九〇年に撤廃され、現在は人種差別は存在しないことになっている。

しかし、これまでずっと黒人の国々、いわゆるブラック・アフリカを旅してきた僕たちの目には、南アフリカは「白人の国」として映った。ほかのアフリカ諸国と比べ、明らかに白人の数が多いのだ。もちろん黒人もたくさんいるのだが、旅行者として普通に接する機会のある人たちは白人ばかりだ。街の造りはいかにもな西洋風で、とても洗練されている。物価だって先進国並みだ。

「なんかアフリカじゃないみたいだね」

「う〜ん、なんというかヨーロッパっぽいよね」

僕たちはそんなことを言い合っていた。アフリカの中のヨーロッパ、それが南アフリカの印象だった。

とりわけ僕たちが滞在していたケープタウンという街は、ヨーロッパ色が強いよう

ヨーロッパ風の洒落た街並みに、アフリカにいることを忘れる。

に感じた。メインストリートには日本の代官山にあるような小洒落た洋服屋やカフェが軒をなし、クラブやバーなどナイトスポットが充実している。街を歩く人々のファッションがお洒落で、通りの至るところで大道芸人たちが芸を披露しているのも、実にヨーロッパっぽい。実はこの後はヨーロッパへ飛ぶつもりでいたので、早くも気分が盛り上がってきたのだった。

僕たちは、ケープタウンに十日間ほど滞在した。十日間というと結構長いが、毎日ダラダラしていたわけでもなく、自分たちとしてはかなり精力的に活動した方だ。観光以外でも、ショッピングやグルメ、野外パーティなど盛りだくさんで、満足のいくまで滞在しようと思えば、十日間でも足りないくらいであった。

ケープタウンの最大の魅力は、都会なのに雄大な自然と共存しているところだろう。大西洋とインド洋が入り交わる広大な海に面していて、なおかつ背後にはテーブルマウンテンという巨大な山が聳え立つ。この山は頂上部分が平らで、遠目に見るとほとんど台形に見えることからその名が付いたのだそうだ。

ケープタウン最大の観光地でもあるこのテーブルマウンテンに行くにあたり、僕たちはある計画を企んでいた。きっかけは、街中で見つけたとある看板だった。

「毎週金曜日夕方六時～十一時、ＳＵＳＨＩ食べ放題！」

看板にはそう書いてあった。

SUSHI──スシ、そう寿司である！

なんでも、海洋交通の要所であるケープタウンの港には、日本のマグロ漁船なんかも立ち寄るそうで、この地には寿司屋も多いのだそうだ。さすがは寿司というか、お値段も僕たちにとってはそれなりに立派なものであったが、アフリカまで来て寿司が食べられるなんて驚きなのである。

「金曜って明日じゃん、行く？」僕は涎を垂らす勢いでエリちゃんに尋ねた。

「行く！」即答で返ってきた。

というわけで、僕たちは翌日の寿司食べ放題に向けて、せっかくだからう〜んとお腹を減らして行って、この一年分を取り返すぐらいにたらふく寿司を食べようじゃないか。そして、ならばついでに昼間のうちにテーブルマウンテンに登ったりして、寿司に向けて超腹ぺこになっちゃおうという、実にセコイ計画を考えたのだった。

テーブルマウンテンの麓までは、街の中心地から車で二十分ぐらいの距離だ。麓から頂上まではロープウェイが頻繁に運行しているが、僕たちはお腹を空かせるためにもロープウェイは使わずに歩いて登るつもりだった。

しかしいざ山の麓までやってきて、その勾配のきつさを目の当たりにしてみると、山登りは自分たちには荷が重いのではないかと日和った考えが頭をもたげた。

「う～ん、ちょっときつそうだねえ。どうしようか。やめる？」僕は提案した。

「……やめよっか」エリちゃんもすっかり怖気づいてしまったようだった。

とはいえ、美味しくたらふく寿司を食べるためにも、お腹を減らさなければならない。そこで僕たちは上りのみロープウェイに乗ることにして、頑張って下りだけでも徒歩で降りることに決めた。

「男は下りで勝負なのだ！」

「女も下りで勝負なのだ！」

冗談はともかく、これが僕たちの精一杯なのであった。

テーブルマウンテンの頂上では、想像していた以上の絶景が待っていた。遠く水平線へと続く海と、僕たちのいる陸地との輪郭がくっきりと浮かび上がったような光景を見て、学生時代に行った函館山から見下ろした景色を思い出したりもした。

頂上にはオープンエアのレストランがあり、ちょうどお昼どきだったせいで、食事をする観光客で賑わっていた。この日は僕たちは朝から何も食べていなかったから、他人が美味しそうに食べるのを見て涎が出そうになった。

「ここで食べたら負けだ」

自分たちに言い聞かせ、ジュースだけ飲んで、昼食は我慢することにした。

しばし景色に見とれた後、いよいよ山を歩いて降りることになった。下りで勝負と息巻いていたが、看板の類がほとんどなく、下山コースがなかなか見つけられなかった。ようやくそれらしきものを発見し、歩き始めると、思いのほか勾配は険しく、すぐに休憩をとりたくなってしまう。ひ弱な旅行者なのである。

それでも途中の景色は筆舌に尽くしがたく、断崖絶壁を降りるため、目の前に迫るケープタウンの近代的なビル群を一望にできるのが励みになった。

山を降りるにつれて街に近づいていく感覚は新鮮だ。

「ああ、山を下ってるなあ」とリアルに実感できるのだ。

無事下山した後は、いよいよその足で楽しみだった寿司の食べ放題へと繰り出した。

「行列ができていたら、どうしよう……」

既に食べ放題開始時刻を過ぎてしまっていたので、道中は気が気ではなかったが、店に着いてみるとそれほど混雑した様子でもなかった。

ひと安心して席に座る。店内にはカウンターがあるが、誰も座っていない。

「やっぱり寿司はカウンターだよな」

にわか寿司通を気取りながら、カウンターの向こうをチラリ見遣ると、寿司を握っているのはなんと女性だった。アジア系の女性だ。中国人のようだった。

寿司の本場日本からやってきた僕たちが目の前に座ったからか、中国人女性はいくぶん緊張した様子に見えた。プレッシャーをかけるつもりはないが、日本人として寿司には一家言ある。そんなこちらの視線に気が付いたのかもしれなかった。

アナゴやウニといった特殊なものこそなかったが、品揃えはなかなかで、寿司だけでなく天ぷらなんかも注文することができた。肝心の味はというと、これが意外と悪くない。いや、むしろ美味しい。一年ぶり

念願の寿司、もといSUSHI。久々に握るお箸を持つ手にも力が入る。

の寿司というのもあるが、何よりネタが新鮮で、十分に満足のいくものだった。

僕たちは、それはもう恥ずかしいぐらい一心不乱に寿司を食べた。

「お腹減らしてきてよかったねえ」

エリちゃんは満面の笑みを浮かべていた。

「ホントだねえ。僕たちって、食べ放題のプロかもねえ」

僕もすっかり調子に乗って、軽口を叩いた。結局ベルトの穴をずらさないとならないほどお腹一杯になるまで、食べて食べて食べ続けたのだった。

最後の方は中国人女性も「こいつらまだ食べるのか！」とでも言いたげな雰囲気で、完全に呆れ顔だった。恥ずかしく、ただひたすらにセコイ話なのだけれど、僕たちにとっては、この寿司の食べ放題がアフリカ最大の食事の思い出となった。

tomo

十年後のコメント

耐えてアフリカ――バックパッカーの間ではよく知られる格言だが、実に言い得て妙だと思う。僕たちにとって、とりわけ忍耐が強いられたのが食事情だった。アジアのように気軽に外食できる文化がなく、夜は治安上の懸念から無闇に出歩けないという話はケニアの項でも書いた。
そんな中で最後に出合った寿司、いやSUSHIなのである。こうして日本にいる身で読むと、正直、大げさだなあと突っ込みたくもなった。けれど、当時の僕たちにとっては至福の時間だったのである。

十年後のあとがき

tomo

一丁前に結婚式などという畏れ多い催しを開いたのは、世界一周へ旅立つ二週間前のことだった。その二次会で、来てくれた方々へ記念品に添えて渡すカード——サンクスカード、サンキューカードなどと呼ぶらしい——を用意するにあたり、困ったことになった。感謝のメッセージに加え、普通は新居のアドレスを記述するものだが、僕たちはこれから旅立つ身。新居どころか、住所不定になる予定だったのだ。

どうしたかというと、突貫でホームページを立ち上げ、そのＵＲＬを記載することにした。友人・知人への近況報告というか、安否確認というか、旅の模様をたぶんそれなりに更新していくので、良かったら見て下さい、といったゆるい主旨で始めたサイトだ。まさかそのサイトが書籍化されるとはまったくの想定外だった。

——世界一周デート。

ホームページのタイトルをこう決めたのは、確か仕事帰りに深夜のファミレスで二人で相談していたときだったと思う。何せ十年も昔の話なので記憶もおぼろげだが、僕たちにしては珍しくすんなりと意見が一致して決まったことは覚えている。

いまでこそ旅先からネットに旅行記や写真をアップするのは一般的だが、当時は圧倒的に少数派だった。ブログすらまだ登場していない時代で、僕たちのようなサイトは「リアルタイム旅行記」などと呼ばれていた。似たようなサイトが少なく、まだ珍しかったのだろう。帰国後にいくつかの出版社から書籍化のオファーをいただいた。

二〇〇五年、『世界一周デート　トモ＆エリの６０７日間ハネムーン』（ＴＯＫＩＭＥＫＩパブリッシング）として単行本が刊行された。本書はその文庫化を意図して企画したものだが、蓋を開けてみると単なる文庫化では済まなくなった。

単行本をお持ちの方はパラパラめくっていただくだけで一目瞭然なのだが、もはや加筆訂正というレベルではない。話の流れこそ変えようがないものの、文章表現などほとんど全部を書き直した原稿もある。内容自体、いま読み返すと赤面したくなるような青臭い話ばかりなのだが、加えて文章があまりに見苦しい出来だと感じた。

「元の原稿があるし、ちゃっちゃと見直して仕上げちゃおう」

などと楽観視していたのが一転、終わりの見えない修正作業に陥り、気が付いたら原形を留めていないというオチがついた。「文庫化」ではなく、「リメイク」と言った方がふさわしいような気がする。

一つ補足すると、今回すべての原稿に「十年後のコメント」を付けた。十年も経てば、色々と状況が変わっていたりもする。だからいまの視点で、僕たち夫婦の近況やら、現地情勢の変動ぶりやらを少し紹介している。

実は最初の単行本を刊行するにあたり、当時のホームページの内容の半分、いや三割も掲載できなかったのが心残りだった。だから今回は改めて完全版として、単行本でこぼれ落ちてしまったエピソードを数多く拾い直した。極力コンパクトにまとめたつもりだが、とてもじゃないが一冊では収まりきらなくなった。

本書の旅はこの後、南アフリカから飛行機に乗って一気に北上していく。後編となるヨーロッパ・北中南米編も絶賛作業中で、近いうちにお届けできればと思う。

自分でも色々と発見があった本作だが、しばしばドキリとさせられたのが、文中の登場人物の表記として「おじさん」「おやじ」などが多く使われている点だ。いまやすっかりオッサンの仲間入りを果たした身としては、十年前の自分が眩しい。

最後に、貴重な機会をいただいた幻冬舎の永島賞二さんと杉田千種さんに心より感謝します。文庫化するなら幻冬舎文庫で！　と密かに夢見ていたのが実現し、嬉しいです。

ではではみなさん、後編もよろしくお願いします。

二〇一三年一月六日　吉田友和

この作品は二〇〇五年三月TOKIMEKIパブリッシングから刊行された『世界一周デート　トモ&エリの607日間ハネムーン』を改題し、大幅に加筆・修正のうえ再構成したものです。

幻冬舎文庫

●最新刊
7年目のツレがうつになりまして。
細川貂々

7年前、夫がうつ病を発症した。闘病生活を送る夫と仕事に本気を出す妻。ゆっくりと、だけど大きく変化した夫婦は、「人生、上を目指さない」というモットーにたどりつく。シリーズ完結編。

●最新刊
どうしても嫌いな人
すーちゃんの決心
益田ミリ

カフェの店長になって2年めのすーちゃんにはどうしても好きになれない人がいる。クラス替えも卒業もない大人社会で、人は嫌いな人とどう折り合いをつけて生きているのか。共感の4コマ漫画。

●最新刊
アダルト・エデュケーション
村山由佳

女子校のクラスメイト、年下の同僚、弟の恋人、叔母の夫、姉の……。欲望に忠実だからこそ、人生は苦しい。自らの性や性愛に罪悪感を抱く、十二人の女たちの、不埒でセクシャルな物語。

●最新刊
復讐したい
山田悠介

遺族は犯人を殺してもよい——。最も残虐な方法で犯人を殺すことに決めた遺族の選択とは!?「復讐法」に則り、絶海の孤島を舞台に愛する人を奪われた怒りが爆発する! 背筋の凍る復讐ホラー。

●最新刊
女がそれを食べるとき
楊逸・選 日本ペンクラブ・編 井上荒野 江國香織
岡本かの子 小池真理子 幸田 文 河野多惠子
田辺聖子 山田詠美 よしもとばなな

恋愛と食べることの間には、様々な関係がある。9人の女性作家による〝食と恋〟をテーマにした傑作小説を芥川賞作家・楊逸が選出。読めば甘美なため息がこぼれる、贅沢なアンソロジー。

世界一周《せかいいっしゅう》デート

怒濤《どとう》のアジア・アフリカ編《へん》

吉田友和《よしだともかず》　松岡絵里《まつおかえり》

平成25年4月10日　初版発行

発行人――石原正康
編集人――永島賞二
発行所――株式会社幻冬舎
〒151-0051東京都渋谷区千駄ヶ谷4-9-7
電話　03(5411)6222(営業)
　　　03(5411)6211(編集)
　　振替00120-8-767643
印刷・製本―近代美術株式会社
装丁者――高橋雅之

幻冬舎文庫

ISBN978-4-344-42013-7　C0195　よ-18-2

幻冬舎ホームページアドレス　http://www.gentosha.co.jp/
この本に関するご意見・ご感想をメールでお寄せいただく場合は、
comment@gentosha.co.jpまで。